中国公共治理实践案例：
社区治理现代化

郑晓华　编著

内容简介

随着我国城市化的快速推进，社区的类型和治理内容均发生了巨大的变化。一方面，社区的类型由单一到多元；另一方面，社区的治理内容也由简单到复杂。社区治理关乎地方的面貌与稳定，成为地方政府治理的重要内容。本教材主要用于地方治理或社区治理课程，试图通过社区治理中的突出问题搭建社区治理的教学学理框架，内容覆盖社区融合、社区营造、社区协商、社区合作、社区赋权与社区自治等。通过集中居住的大型社区“攀亲结对”探讨了情感治理如何推进社区融合；通过村改居“桑梓人家”的共建，厘清了社会组织、社会工作者等多主体如何专业化地助推社区营造；通过复杂环境下加装电梯的实现过程，解析了政府在社区自治中扮演的重要作用，剖析了新形势下政府与社区自治的关系；通过分析城市治理中头痛的“群租”治理难题的破解之道，探索了地方政府进一步赋权社区和居民的路径；通过对社区电动车停放的治理，探讨了协商治理与协同治理如何有机互动，推动社区全过程人民民主治理；通过总结社区破解“停车难”的成功经验，刻画了中国场景下社区合作治理的实现机制；通过建立商居联盟，商居混住的老城区社区共创社区新价值；最后一个案例是全链条自治的社区典范，践行了新时代的社区全过程自治。

本教材适合各高校公共管理专业学生和从事公共管理实践的人员阅读。

图书在版编目(CIP)数据

中国公共治理实践案例：社区治理现代化 / 郑晓华编著. -- 上海：上海交通大学出版社，2024.10(2024.11 重印). -- ISBN 978-7-313-31507-6

Ⅰ. D669.3; D63

中国国家版本馆 CIP 数据核字第 20240K2X96 号

中国公共治理实践案例：社区治理现代化

ZHONGGUO GONGGONG ZHILI SHIJIAN ANLI: SHEQU ZHILI XIANDAIHUA

编　　著：郑晓华

出版发行：上海交通大学出版社　　地　　址：上海市番禺路 951 号

邮政编码：200030　　电　　话：021-64071208

印　　制：上海万卷印刷股份有限公司　　经　　销：全国新华书店

开　　本：710 mm×1000 mm　1/16　　印　　张：12.5

字　　数：211 千字

版　　次：2024 年 10 月第 1 版　　印　　次：2024 年 11 月第 2 次印刷

书　　号：ISBN 978-7-313-31507-6

定　　价：68.00 元

版权所有　侵权必究

告读者：如发现本书有印装质量问题请与印刷厂质量科联系

联系电话：021-56928178

序　　一

杨开峰
全国 MPA 教育指导委员会秘书长

公共管理硕士(MPA)教育旨在培养能够综合运用政治、经济、法律、管理、现代科技等多学科知识和科学研究方法解决公共管理实际问题的高层次、应用型、复合型公共管理专门人才。不同于其他硕士教育,MPA 教育具有鲜明的应用性与实践性导向,其教学过程注重培养学生在实践中发现问题、分析问题、科学决策和采取行动的实战能力。研究表明,案例教学是实现这一目标的最有效手段之一。

为提高 MPA 教育质量,提升 MPA 教育主动适应社会经济发展的功能,全国 MPA 教育指导委员会积极推动案例教学在各办学单位的普及和提高,多次举办全国优秀案例评选活动,每年开展数场 MPA 案例教学师资培训与研讨会,并组织案例教学现场观摩活动。2017 年,全国 MPA 教育指导委员会成功举办了首届“中国研究生公共管理案例大赛”,并在新增专业学位授权点基本条件中纳入案例入库指标,在专业学位评估指标体系中纳入优秀案例编写指标,力争进一步提高广大师生编写案例的积极性和入库案例质量,进一步推动 MPA 培养模式的改革创新。

上海交通大学是全国首批 MPA 学位教育的办学单位之一,拥有优质的生源和很高的办学质量。上海的地方治理创新在国内处于领先地位,为 MPA 案例撰写提供了非常多、非常好的素材。上海交通大学 MPA 教育积极探索培养模式的改革与创新路径，把案例教学作为提升教学质量的重要手段，积极鼓励 MPA 师生编写教学案例，组织案例教学观摩课，将热点案例及时引入 MPA 课堂。目前上海交通大学 MPA 案例库的建设初见成效，已有一批案例入选中国专业学位案例教学中心的公共管理案例库以及上海市 MPA 教学案例库，为进一步推动 MPA 案例教学打下了良好的基础。

必须承认，中国 MPA 案例教学目前还处于初步发展阶段，需要有一个学习和逐步探索的过程，相信在全国 MPA 师生的共同努力下，MPA 案例教学体系将日渐成熟，由此推动 MPA 培养模式不断创新，更好地为深化改革和推进国家治理能力现代化的大局服务。

杨开峰

2017 年 9 月 10 日

序　二

上海交通大学国际与公共事务学院成立于2003年6月，学院成立之初就确立了“为民族立生命，为万世开太平”的立院宗旨，全面实施人才强院、学术立院和国际化的发展战略，着力营造“博学、明德、奋进、和谐”的学院文化。在大家的共同努力下，学院的核心竞争力和社会影响力不断提升，全力培养心怀天下、放眼国际的复合型公共管理人才。

作为全国首批24所MPA培养单位之一，上海交通大学MPA教育中心一直注重案例教学。经过多年探索，该中心已拥有了一支案例编写和教学经验丰富的师资队伍，还特别成立了公共管理案例研究中心，以中国实践为沃土，积极挖掘案例资源。截至目前，师生团队合作开发的54个案例入选中国专业学位公共管理案例库，教师广泛使用案例教学，在培养高端复合型应用型人才方面发挥重要作用。

迄今为止，学院已连续7年举办上海交通大学研究生公共管理案例大赛，积极参与教育部学位与研究生教育发展中心和全国MPA教指委主办的中国研究生公共管理案例大赛，并在第四届、第五届中国研究生公共管理案例大赛中获得最高奖（总冠军、特等奖）和其他多个奖项。在此过程中成长起来多位擅长案例开发和案例教学的教师，并取得全国MPA优秀教师、案例最佳指导教师等荣誉称号，多次在全国会议和兄弟院校中分享经验，参与其他院校师生的案例工作培训指导等。我们持续研究中国故事、书写中国故事，组织出版中国公共治理实践案例系列教材，在构建中国自主知识体系和国际公共管理理论对话中做出上海交通大学的贡献。

我们组织出版的中国公共治理实践案例系列教材，是在我院参选中国专业学位教学案例库入库案例的基础上，按照特定主题依次编撰而成的。作为交大国务学院案例研究和教学的主要代表之一，郑晓华副教授曾多次向全国同行介绍案例开发和编写的经验，已先后于 2018 年、2020 年、2022 年出版了《中国公共治理实践案例：政府、社会与市场》《中国公共治理实践案例：城市秩序塑造》《中国公共治理实践案例：实现公共价值》三册系列案例教材。

第四册即本册将社区治理现代化过程中的重点难点作为故事场景，结合国内外社区治理的前沿理论深入剖析了 8 个生动的案例，形成了《中国公共治理案例实践：社区治理现代化》一书，涉及大型居住社区、商居混合型社区、城市老旧小区等多种社区，关注了基层政府解决城市社区群租、加装电梯、“停车难”等诸多现实问题的方法，同时总结和提炼了这些复杂社区治理的成功经验，对于实践问题的解决和治理知识的积累都是很有价值的工作。

上海交通大学公共管理教育秉承功以才成、业以才广的育人理念，以打造案例教学为目标，继续开发中国公共治理实践案例，持续提升案例教学质量，未来我们还将不断向公共管理实践部门、公共管理教育的同行求教。

上海交通大学国际与公共事务学院　院长

2024 年 9 月 19 日

目　　录

案例一

情感融合社区
——大型居住社区“攀亲结对”

摘　要：从原有居住地迁入大型居住社区的居民需要面对陌生的环境和邻居，其生活方式发生了极大的变化，令人难以适应。鹤沙航城大型居住社区以“人”为中心，构建多层次的情感，重铸了社区居民的共同体意识，因地制宜摸索出适合新社区的情感治理模式。在过去的十年中，鹤沙航城从情感治理1.0版本升级到情感治理2.0版本，社区情感治理在不断优化升级。居民在从陌生人到熟人再到主人的过程中，逐步形成了由党建引领、空间重塑、居民参与、社区技术应用、社区志愿维护五大要素组成的社区情感治理路径，为社区治理赋能增效。

关键词：大型居住社区；情感治理；共同体

一、案例内容

（一）引言

早在2003年，上海就开始了对保障性住房社区的规划建设。2005年，上海出台了《上海市配套商品房和中低价普通商品房管理试行办法》。2008年底，《国务院办公厅关于促进房地产市场健康发展的若干意见》正式下发，意味着党中央、国务院对大规模实施保障性住房建设正式做出重要战略部署。2009年下半年，上海市政府在肯定“大型居住社区”这一建设机制的基础上，提出由“大基地”转变为“大社区”，且在规划上更为突出城市社区的整体发展理念。与此同时，上海逐渐从以动迁安置房为主迈向构建廉租房、经济适用房、公共租赁房、动迁安置房“四位一体”的保障性住房体系，而航头的鹤沙航城则是上海市第二批大型居住社区。

（二）鹤沙航城大型居住社区

鹤沙航城大型居住社区是上海市大型居住区保障房建设基地之一，位于上海市浦东新区航头镇东北角，北与周浦镇接壤，总占地面积为5.03平方公里，约占航头镇总面积的十分之一。辖区以动迁安置房、经济适用房、廉租住房为主，住宅建筑面积达305万平方米，预计导入3.9万户，约15万人口。2012年11月，经中共上海市浦东新区委员会组织部批复，中共浦东新区航头镇鹤沙航城社区委员会正式成立。2015年11月，鹤沙航城社区被纳入上海市首批郊区基本管理单元名单。截至2021年1月底，鹤沙航城已建立19个居委会及工作站，管辖32个小区，已登记人口7.8万人，实际入住居民约7.5万人，主要来自黄浦、杨浦、闸北、虹口、普陀、浦东等地。

随着鹤沙航城内的各小区陆续交房，来自中心城区的居民因动迁安置、申请经济适用房等原因也陆续搬迁而来。与此同时，来自航头本地的农村村民因动迁安置也陆续搬迁至鹤沙航城居住。对于所有搬迁而来的居民来说，面对的是与以往完全不同的生活环境。对于来自中心城区的居民而言，交通、医疗、教育等公建配套设施尚不能完全满足他们的需求，银行金融服务、购物等商业配套设施的缺乏，与从前便利的生活形成巨大落差；对于本地动迁安置的农民而言，动迁后变成集约化居住，身份由村民变为市民，其长期在农村养成的生活习惯、生活理念使其难以适应城市管理的要求。可以说，入住的居民不管在生活上还是心理上都很难融入新的家园。

（三）从熟人社会到陌生人社会：钱老伯的社区融合困境

钱老伯，1949年生，是土生土长的航头人，在动迁前居住在航头镇的牌楼村谈弄10队，原本以务农为生。在务农时，他与老伴每天凌晨3点就得起床，草草吃过早饭后就载上前晚准备好的约200斤蔬菜，骑着自行车进城卖菜，大概凌晨五六点就能到达福建路浙江路附近，一般能在中午前将蔬菜卖完，而回到家吃上中饭大约在下午1点。中饭后的时间也并不悠闲，下午钱老伯要和老伴一起在田间劳作，喂猪喂鸡喂鸭，这是他们赖以生存的根本。到了晚上6点，老两口吃晚饭。饭后，便要整理第二天要出售的蔬菜。晚上9点，他们便早早休息，准备第二天的劳作。日复一日，年复一年，勤劳的钱老伯和老伴一起努力，在 2002 年造起了漂亮的小洋房。

2006 年，钱老伯一家迎来了人生中的一大喜事——宅基地动迁。2012 年，钱老伯一家正式迁入鹤沙航城的沉香苑二街坊。而通过土地换镇保，钱老伯和老伴的生活得到了保障，不再像以前当农民的时候，一不劳作就怕朝不保夕。

上楼后，钱老伯一下子多出了很多空闲时间，而长期劳作养成的习惯让他闲不下来，所以他主动找到居委会成为小区的“老娘舅”。作为小区的调解员，他见证了小区的变化，也遇到了小区管理面临的各种问题，主要是以下几方面：

一是花园变菜园。沉香苑一期、二期是本地农民回搬小区，小区入住居民大多与钱老伯一样，有着务农的经历。小区绿地一开始就被闲不住的老阿姨、老爷叔变成了菜园，绿化几乎被破坏殆尽。经过居委会、物业、楼组长、志愿者等多方努力，小区绿化已经恢复。

二是楼道堆物。部分动迁居民尚有一部分自留地，有些想要在自留地上搭建暖棚的居民会在小区楼道内堆放竹子、薄膜等物料，挤占公共空间。

三是拖缴、不缴物业费。农村生活不存在物业费，而上楼后，很多老年人不能理解为什么要交物业费。即使物业费在政府补贴下只需每平方米 0.7 元，也不能使大家按时缴纳物业费。经过物业、居委会的多方努力以及年轻子女对长辈的劝说，目前物业费收缴率达到了 98%。

四是人员流动性强，素质参差不齐。由于本地动迁户拿到的房数一般多于自住数量，所以会将多余的房子对外出租，又由于租金相对较低，导致入住的租户结构复杂，层次较低，乱吐痰、乱停车现象多发。

钱老伯认为，本地动迁小区治理之路还很长。要想治理好动迁小区，就要转变思想，让这些本地动迁而来的居民从以前在农村管好自己门前的“一亩三分地”到以业主身份参与小区治理。

（四）再造个体联结：“攀亲结对”项目的缘起

2012 年，濮阿姨申请购买了瑞浦嘉苑的经济适用房，本是黄浦区居民的她，为了追求更为宽阔的室内空间和更舒适的环境，主动选择迁来航头镇鹤沙航城。

提到“攀亲结对”，濮阿姨难掩心中的喜悦。瑞浦嘉苑是“攀亲结对”项目的首批居民区之一，而濮阿姨是小区首批结对的市区迁居居民之一。回忆刚到鹤沙航城时，濮阿姨说道："一开始多少还是不适应的，刚过来的时候人生地不熟，小区入住率也不高，居民之间更不熟悉。交通不太方便，就医也相对比较困难，最主要的还是周边买菜不太方便。到了晚上就悄无人烟，也没有跳广场舞的伙伴。"这是濮阿姨在迁来后的感受，而买菜问题是她最头疼的，最初由于不熟悉周边，买一包盐都要到浦西，打车也不方便，有需要去医院、银行等还是会选择前往浦西。

"后来政府来了解居民的需求。"濮阿姨指着菜场方向说，"小型便民菜场与社区文化中心很快建立起来了。"为濮阿姨等首批迁居居民解决了民生配套问题。大型配套耗时长，先用小型"软件"弥补，这是鹤沙航城社区党委解决民生问题的小智慧。

"然后当时，书记选了我，当了第一批攀亲结对的对象。真的，我老高兴了！"比起买菜问题，濮阿姨似乎对"攀亲结对"项目更加满意。平日就热情乐观的濮阿姨报名参加了瑞浦嘉苑与鹤鸣村的"攀亲结对"活动，并被居民区党支部书记选为第一批"攀亲结对"的居民之一，与鹤鸣村村民王阿姨建立起不是亲人胜似亲人的关系。"阿拉一道包饺子，聚餐，唱沪剧，有时候她还给我送自家种的蔬菜，真的老高兴的，很好的。"谈到"攀亲结对"活动，濮阿姨频频点头称赞。在她看来，她和鹤鸣村王阿姨年龄相仿，有共同话题，建立了亲戚一样的关系。社区居委会组织这些"攀亲结对"的居民与村民参与农家乐、耕种采摘、制作农家美食或是沪剧歌唱等活动。居委会包车带居民前往鹤鸣村进行一整天的农家体验，也会在节假日将结对村民带来居委会活动中心，与结对居民写春联、聚餐、表演等。其余的活动、联系主要由结对村居民之间自行开展。

濮阿姨早已和王阿姨互加微信，两人不时聊天分享生活喜悦。每逢收获季节，王阿姨也会将新鲜的蔬菜赠送给濮阿姨。

（五）从个体联结到空间营造："攀亲结对"项目的迭代升级

提到"自治共治"，南馨佳苑居民区党支部沈书记连称不易。2012 年时，居委会辖南馨佳苑、恒福家园两个小区，这两个小区由经济适用房、廉租房、公共租赁房混合，共有 3 600 多套住房，目前已入住居民超过 3 000 户，人口结构复杂，居民素质参差不齐，要实现"自治共治"，困难重重。

2013 年，在社区党委推出"攀亲结对"项目后，南馨佳苑作为首批参与"攀亲结对”的小区，与王楼村互为对子社区。此后，陆续有三批共计 30 户居民与王楼村村民家庭结对。沈书记表示，2013—2018 年，“攀亲结对”活动交流丰富，基本以一年 2—3 次的频率进行，确实让小区居民更好地融入航头，居民与村民，居民与居民之间的关系也更为融洽。

随着邻里彼此熟悉起来，在 2013—2014 年，南馨佳苑便开始探索楼道自治管理，推出了“鹤邻居”楼道自治建设项目。该项目前期主要由各楼道的楼组长、志愿者和党员带头，调研访谈并听取居民意见，鼓励居民有力出力，有钱出钱。在募集到楼道建设资金后，整治各类楼道不文明现象，对楼道进行装修美化，并公示所有费用。居委会和鹤沙航城社区党委也会对“鹤邻居”楼道进行评分评级，给予奖励，以激励居民切实参与楼道自治与楼道文化建设。

沈书记还说，在“鹤邻居”楼道文化建设与自治的基础上，2020 年 7 月起，南馨佳苑发起了“楼道微党课”，以一个月 2 次的频率，由党员楼组长和居民代表向社区党员和居民们介绍楼道建设情况，并鼓励各个楼道结合楼道特色，开展楼组创建工作，开展以楼道党员群众为主的各类社区志愿文化活动。某位居民表示：“我们觉得‘鹤邻居’还是很有意义的。不仅让楼组面貌焕然一新，更进一步激发了楼组居民的责任感，增加了楼组的凝聚力，为邻里之间搭建了生活和情感交流的平台，营造了和谐的楼道氛围，还增强了社区凝聚力，提升了自治共治的参与感。”

提到“鹤邻居”，沈书记有一种苦尽甘来的自豪感。“虽然南馨佳苑困难群体多，人员结构复杂，但我们基本还是把鹤邻居做起来了，就算是比较困难的公租廉租房，目前也有了突破性的进展。”提到“鹤邻居”的难点，沈书记直言，主要还是楼道居民素质的参差和部分居民的不理解，有楼道出现过居民擅自拿走楼道内公共物品的现象。由于没有探头覆盖，最后公共物品还是无法找回。“‘鹤邻居’基本完全靠居民的自觉，居民可以自愿选择不参与，但至少不应该反对或者破坏。”

截至 2021 年初，南馨佳苑 38 个楼道中，已有 23 个楼道开展“鹤邻居”建设，覆盖率已达 60%。2018 年，三栋经济适用房的楼道作为“鹤邻居”试点开展楼道文化自治建设，为其他楼道树立了好榜样。2019 年后，陆续有更多的楼道参与“鹤邻居”建设。各个楼道拥有不同的文化主题，如书香楼、幸福楼、友邻楼等。其中，39 号友邻楼更被评为“2019 鹤邻居星级楼道”。

作为“鹤邻居星级楼道”，南馨佳苑 39 号友邻楼不仅做到了“楼道美化”，更是出色地完成了“楼道自治”与“邻里互助”，实现了长效管理。除了楼道公共大厅外，39 号友邻楼每层楼都由居民自发地完成楼层整治，并根据喜好点缀绿植与装饰，让楼道变得更加温馨，真正地打造“友邻”主题。此外，每月 5 日，友邻楼开设了楼道便民服务，由楼组长兼党员志愿者吕大叔免费为大家理发，通过服务增进居民和睦，促进邻里关系。通过积极创建星级楼道，不仅让原来杂乱的环境焕然一新，更使友邻楼真正成为大家欢迎的美丽家园。

“友邻楼”的楼道美化和便民服务已经成为一大亮点，但居民们并不满足于此，还经常自发去其他街镇和居委会学习，将其他单位的优秀经验融入自己的楼道建设中。2020 年 7 月，在“友邻楼”的居民对鹤沙航城其他小区进行考察学习后，楼组长吕大叔召集自治小组人员商议，制定并张贴了“39 号楼可回收垃圾公益金楼道公约”，并利用居民丢弃的废旧木料制作了公益环保箱，收集居民丢弃的纸箱、水瓶等废旧物品，减少居民在楼道内乱堆物的情况，使楼道保持干净整洁，并进行垃圾分类。沈书记告诉我们，公益环保箱仅建立三个月，“友邻楼”就已变卖废品 7 次，取之于民，用之于民，预计每年公益环保回收箱的收益在 1 000 元左右，这笔钱也将用于楼道自身建设。39 号“友邻楼”的楼道建设者们不仅专注于打造自己的楼道，更热心帮助、指导其他楼组长根据自身楼道特点开展文明楼道建设，充分调动其他楼栋居民的参与意识，实现了“一人带动一家，一家带动一楼，一楼带动一社区”的治理目标，努力使南馨佳苑社区的“鹤邻居”星级楼道创建百花齐放，百家争鸣。

对于沈书记来说，“鹤邻居”的意义，更多在于提高楼道自治性，实现长效管理。过去，居民楼道问题大，邻里纠纷多，如今通过“鹤邻居”的楼道自治建设，充分调动了楼道居民的参与性与自治力，并增进居民和睦、邻里互助，促进楼道邻里关系。如今，通过“自治公约”，“鹤邻居”楼道有效规避了社区治理的各种痛点，内部居民矛盾也大多内部解决。“鹤邻居”楼道发挥了楼道自治与邻里互助的作用，彰显了基层自治共治的强大生命力。

（六）从社区团结到党群融合：“攀亲结对”项目的体系化建设

人口快速流入、居民需求多元化、资源配置不足，给鹤沙航城的社会治理和公共服务带来了严峻的考验。针对这些问题，鹤沙航城社区党委立足社区居民实际需求，以家园文化为纽带，以激发社区群众自治活力为目标，不断探索、努力打造多元主体共同参与的“社区共同体”，并推出了以“攀亲结对，促进城乡融合”为主题的实践项目，让入住居民能更快融入航头，安家更安“心”。

1. 党建引领，以丰富的形式和内容建立居民与航头的情感联系

(1) 基层党组织、基层党员引领，丰富“攀亲结对”形式

鹤沙航城社区党委是介于镇党委与大型居住社区中各居民区党(总)支部的基层党组织，是社区建设和社区治理的领导力量。社区党委研究、制定了在鹤沙航城大型居住社区开展“攀亲结对”的实施方案，正式确立了“攀亲结对”以一系列活动的形式开展。社区党委进行号召，发挥党组织的引领作用，推动辖区内的居民区与镇域内的13个行政村签订党建共建协议书，搭建党建平台，开展党建活动，将“攀亲结对”落到实处。

居民区层级的党(总)支部与签约的行政村党(总)支部作为党的最基层组织，是联系群众的第一线，发挥着直接联系、宣传、组织、团结群众的作用，发动居民区里的居民参加“攀亲结对”活动，为辖区居民提供服务。

居民区党(总)支部书记、社区党员则发挥着共产党员的表率和引领作用，带动社区居民参与社区活动，推动了“攀亲结对”的开展。

在党组织及党员的推动下，“新航头人看航头”参观活动、“鹤沙航城，我的家”征文活动、“下沙烧卖技艺大比拼”技能活动、“傅雷家书读书会”交流活动陆续开展，让入住居民近距离、全方位感受航头镇的历史文化，提升居民对所在社区的亲切感。在节庆期间，党(总)支部会联合举办社区联谊会、弄堂游戏运动会等集体活动，以此吸引更多的村、居民参与，丰富多彩的社区活动也无形中增添了大家的归属感，增进了居民之间的情感联系，为推动社区共同体的形成打下了坚实的基础。

(2) 问需于民，区域化党建引领丰富“攀亲结对”内涵

鹤沙航城社区党委通过组织咨询活动、居民代表恳谈会等形式与居民当面交流，倾听他们的心声。社区居民的意见主要集中在关乎民生的就业问题、看病难问题上。鹤沙航城社区党委直击问题要害，通过党建联建、政企联动，分别与康桥、周浦、浦东医药三大园区达成共建合作意向；充分整合优化区域化党建资源，充分利用东方医院、仁济医院、南航医院、鹤沙卫生服务中心等联盟单位的医疗资源。邀请企业召开现场招聘会、组织大型家门口健康义诊活动等，“助业手牵手”行动和“五个一”健康工程取得成效，缓解了社区居民就业难和看病难的问题。

至此，“攀亲结对”项目不再只是简单的熟人、亲人关系，它被赋予了更多内涵。

2. 多元主体参与，重塑社区情感

(1) 发挥社区组织主体作用，推动居民有序参与

居委会(工作站)作为社区中的正式组织之一，也是社区治理中不可缺少的关键主体之一。居委会是“攀亲结对”具体活动的组织者，一是组织发动社区居民，如楼组长、支部党员、志愿者等成为第一批参与者；二是积极与行政村结对，借鉴行政村的工作优势，实现资源共享；三是筹备各种“攀亲结对”活动。居委会在“攀亲结对”方面取得的成果见表 1-1。

表 1-1　鹤沙航城社区居村“攀亲结对”户数统计

序　号	居/站	村	结对户数
1	南馨佳苑	王楼村	60
2	昱星家园	沉香村	38
3	昱丽家园	牌楼村	20
4	金沁苑	鹤东村	20
5	瑞浦嘉苑	鹤鸣村	20
6	航武嘉园	果园村	20
7	东茗苑	梅园村	20
8	沉香居委会	沈庄村	60
合　计			258

(2) 激发社区人员热情，营造情意满满的社区氛围

社区党组织通过发动居民楼组长与村民小组长、党员户、志愿者户结对为“和谐亲家”，将现代都市生活理念带入乡村，而乡村朴实真挚的情感也温暖着居民。如昱星家园与沉香村首批结对的家庭相约至牌楼村参观新农村景象，而在社区“百家宴”“中秋联谊迎国庆”等活动中，农村亲家被邀请品尝城市亲家的厨艺并观看自编自导自演的节目。几次联谊之后，大家慢慢熟识起来，私底下也会互通信息，聊聊家常，说说心里话，逢年过节还相互走动。更有南馨社区居民会在农忙时帮结对亲家王楼村的村民种菜，干得热火朝天。而一起

制作和品尝烧卖、塌饼、馄饨更是拉近了大家的感情。

(七)“鹤邻居”楼道建设,促进居民自治

汇仁馨苑小区是经济适用房住宅区,小区为 28 层二梯四户的格局,共有 11 栋楼,总户数 1 194 户,小区居民都是近 5 年陆续动迁来的,他们主要来自杨浦、黄浦、浦东新区。刚开始各家住户互不相识、互不往来,有的居民之间的关系一度非常紧张。楼道乱堆物、墙面“牛皮癣”等问题也颇为严重。

2018 年底,为创新社会治理、加强基层建设,以建设美丽家园为契机,航头镇鹤沙航城社区“鹤邻居”楼道创建工作正式启动。各楼栋陆续实施“一长四员”制度,订立楼道公约,保持楼道环境卫生,倡导设置楼道自治公益金。汇仁馨苑作为最早参与楼道改造试点的小区之一,经过几年的实践,不仅做到了改造全覆盖,而且 11 栋楼道在这一过程中打造出党员楼、亲子楼、和谐楼等各具特色的楼道文化,全部被评为最高等级的“特色鹤邻居”三星楼道。

1. 居民自治共同创建楼道,楼道建设百花齐放

(1) 党建引领推动居民有序参与

“鹤邻居”楼道建设是鹤沙航城社区党委结合实际情况制定的,得到了各居民区党(总)支部的积极响应,其中也包括了汇仁馨苑党支部。在接到创建动员后,党支部在支部党员中积极发动,把党员组织起来,把群众动员起来,充分发挥党组织核心堡垒作用,凝聚党员群众力量参与“鹤邻居”楼道建设。

馨颂楼位于汇仁馨苑 9 号楼,是小区内首个以党建打造的特色楼道,9 号楼共 112 户,居民 239 人,其中党员 12 人,退休人员 165 人,基本都来自浦东新区。“鹤邻居”在推行之初,就得到了楼道内党员同志们的积极配合。他们听说要改造,纷纷出钱出力。这几把椅子就是楼里的居民贡献出来的,把家里的椅子拿出来作为楼道内的爱心座椅,让腿脚不便的老人有一个可以歇脚的地方,充分利用楼道空间做一些有意义的事。党员们还自发组建了一支“小红旗”巡逻队,专门定时在楼道内、小区内巡逻,发现不文明的行为及时制止,得到了很多居民的认可和赞扬,发挥了党员带头,整治社区的先锋模范作用。馨颂楼的改造建设得到了楼道内党员和居民的大力支持,居民们将一个脏乱差、非机动车乱停放的楼道变成了一个干净、整洁、有爱的楼道。居民们在改善楼道环境的同时,也提升了自己的自治意识和归属感。

(2) 多元力量赋能楼道建设

“鹤邻居”星级楼道建设秉承社区主导、支部引导、居委会动员、居民参与、物业保障、部门协同的工作原则，充分调动居民的自主参与意识，引导居民在楼道建设中发挥主体作用。

鹤沙航城社区党委研究制定了《航头镇鹤沙航城社区“鹤邻居”楼道创建实施意见》，在制度上保障了“鹤邻居”项目的实施；社区党委先后设立了管理机制、督查机制和评比奖励机制，为楼道建设的长效管理提供了必要支持；各居民区党(总)支部、社区居委会则发动社区中的党员、志愿者带头参与其中，制定方案以“试点—铺开”的模式让居民切身感受楼道改造带来的变化；小区物业公司也承担起了相应的保障工作，为垃圾清理、墙面粉刷提供了有力支持；而“鹤邻居”楼道建设的实施主体——居民，在党员、志愿者、楼组长等的带领下，纷纷为自己的楼道建设发挥主观能动性和创造性。

纯黑皮质沙发、棕红茶几、杂志阅读架、吉他、玩偶……4 号楼的楼道被改造成了一个小客厅，居民说，每晚住户们吃完晚饭都来这里坐坐聊聊天，不大的楼道提供了绝佳的居民共享空间。谁能想到，这些品相不错的家具有的是居民换家具时提供给楼道的，有的是居民在杂物中收集的，而墙上的贴纸装饰有不少是居民们自己动手做的。这些点点滴滴的回忆全都记录在了厅前的照片墙上。除了最初布置时的照片，这几年照片墙上的照片也随着邻里间一起旅游、参加健身比赛等感情交流的增多而不断更新。

3 号楼有两幅壁画，一幅是彩色的山水壁画，画中红梅娇俏、绿荷肥硕，山水之间，两个大字“和谐”掩映其中。另一幅要走到电梯口才能看到，画的是两个小孩抱着兔子快乐地玩耍。这两幅看似无关的壁画背后，却包含着朱师傅和协调员李阿伯的满满深意。3 号楼某层的一室户和二室户存在邻里纠纷，一室是残疾人士，而二室养宠物狗，在进出家门时发生刮擦，从口舌之争发展到肢体冲突，两户人家因此打了 2 年多的官司。2020 年上半年，经过朱师傅和协调员多重努力，两家人最终达成和解，这便是邻里之间以“鹤”为贵的体现。朱师傅说，画成小兔一方面是因为其可爱，另一方面也是为了避免小狗直击当事人的痛点，通过这种方式让大家相互谦让，亲如一家。在朱师傅说话的时候，电梯口进出的居民纷纷与朱师傅打起招呼，也互相简单聊了下周末安排。

汇仁馨苑 8 号楼门前，有一个透明鱼缸，里面养了四五条肥大锦鲤，鱼缸里有水泵活水，鱼缸上有一个上锁的不锈钢栏杆，防止野猫抓鱼。紧挨着鱼缸的就是王大叔搞的小小的有机肥试验地，他试图把厨余垃圾发酵成有机肥。

6号楼的老卞会木工活，主动给楼道做了一个展示架；8号楼的老王擅长园艺，不仅养护了楼道花园，还搞起了有机肥试验地。居民中还有会剪纸的、会十字绣的、写书法的，他们都把自己的作品拿出来装点楼道。“鹤邻居”楼道的成功创建，让居民在发挥自己才能的过程中获得了成就感，也认识了其他邻居。

为了保持沟通顺畅，每栋楼还建立自己楼道的微信群。微信群既可以用来发布通知，公示信息，也是邻里间分享爱好，沟通交流的平台。“这个微信群让我们邻里之间更加熟悉和亲近，基本上这栋楼七八成的居民我都熟悉。”8号楼居民黄大叔说道。

2. 制度保障居民科学参与

(1)“五大员”队伍稳定力量输出

楼道创建离不开居民的广泛参与，也离不开“五大员”的带头带动作用。“五大员”是“鹤邻居”星级楼道创建工作中成长起来的“一长四员”(楼组长、安全员、宣传员、卫生员、调解员)队伍。

“为什么要推行一长四员制度呢？你们可真是问对人了”朱师傅颇为自得地说道。原来他正是这个概念最早的提出者。早在2018年前，汇仁馨苑就有一支由朱师傅带队，由小区内党员、居民组成的志愿者小队，利用自己空闲的时间服务于小区。楼组长、安全员、宣传员、卫生员、调解员这样的角色定位就是在为居民服务、楼道创建工作中出现的，他说：“小区就像学校，每栋楼就是班级，每个班级都要有班长和班委在其中起到带头、服务与管理作用。摊开的手掌没有力，当5根手指握成拳头就能汇聚大力。”

“五大员”在楼道改造创建工作中发挥了重要作用。楼道包干到个人，“五大员”和志愿者分别负责某几个楼层的日常清洁维护。“五大员”有的是退休职工，有的则把工作之余的时间都投入楼道建设。4号楼“五大员”之一的老汪尽心竭力地参与楼道建设，靠的是老婆在家做好后勤工作，给予他全力支持。最年轻的楼组长当属8号楼楼组长岑女士。她是两个孩子的妈妈，全职在家带孩子，时间相对自由，就扛下了这份重任。“汇仁馨苑作为高层住宅，主要是通过电梯通行，几乎是不走楼梯的，但是有些楼里的志愿者不仅打扫过道，还把楼梯区域整得干干净净。”朱师傅笑着说道。

(2) 听证会制度确保“居民事情居民议”

听证会是指政府有关部门、有关单位或组织和居(村)委会针对在社区实施的项目或涉及群众切身利益的重大事项，在作出决策前由居(村)委会组织社区成员代表召开会议，广泛讨论并提出具体意见的会议制度。听证会旨在发扬基层民主，实现“众人的事情由众人商量”。

在“鹤邻居”楼道建设中，居民代表、物业、居委会工作人员、开发商出席了楼道改造听证会。前后共经历了四个阶段：发起阶段（提出召开会议＋调查摸底）、筹备阶段（成立听证小组＋提出会议方案＋发布公告＋发出邀请通知）、召开阶段（宣布会议议程、纪律＋通报情况＋讨论＋代表回答咨询＋表决＋形成决议）、后续阶段（结果公示＋反馈相关部门）。最终，“鹤邻居”楼道建设方案获得了通过，并确定了试点楼道。

（3）楼道公约制度彰显共同体精神

楼道公约由楼道居民代表会议共同商讨、拟定产生，旨在保障居民共同利益，营造安全、整洁、舒适的生活环境。楼道公约会在楼道中张贴展示，由所有楼道居民自愿遵守和维护，由楼组长及楼道骨干成员实行监督。在汇仁馨苑社区的每个楼道中都张贴着这份公约，不同于法律的强制约束力，公约形成了道德的约束力，也彰显了楼道居民的共同体精神。

3. 楼道建设长效性

（1）环保公益金——稳定资金来源助力楼道建设

“五大员”稳定了楼道创建队伍的建设。那么资金呢？创建楼道时，不少居民都主动捐了一笔钱用来买工具、买装饰物。后续怎么办？汇仁馨苑首先创立了环保公益金机制。在汇仁馨苑，每栋楼下面都可以看到一个楼道环保公益回收箱，回收箱旁边是环保公益金公示表。居民将生活中产生的可回收垃圾扔进回收箱，五大员每天通过“两网融合”收购点进行变卖，变卖的资金纳入楼道环保公益金，有专人负责记录登记在公示表上，一个月下来，卖了多少钱、这笔钱怎么用了，全都要跟居民汇报。对大部分楼道来说，每个月卖上几百块钱是常有的事。这些钱怎么用？是换一批装饰物，给楼里的孤寡老人送慰问，还是楼下小花园买新种子？这些都由“五大员”和居民共同决定。“五大员”管理公益金，使用公益金则需要听取居民的建议并与楼道志愿者协商。汇仁馨苑抓住了市政府推行垃圾分类的契机，在小区楼道中设置可回收垃圾桶，让进出的居民随手投放可回收垃圾，既可以使居民养成垃圾分类的好习惯，又可以培养居民们的节俭美德。环保公益金保证了楼道日常维护的资金，让楼道管理有了造血功能。

（2）星级评定提供长效保证

在9号楼的公益金公示板上，除了废纸板回收的收入之外，还有一笔700

元整的收入,那是9号楼楼道三星奖励收入。朱师傅说:“汇仁馨苑每栋楼门前都有这样一个牌匾——特色鹤邻居。”鹤沙航城社区在“鹤邻居”楼道创评标准的基础上,凡是符合党建、睦邻、服务“三特色”之一的楼道,就会被授予“特色鹤邻居”称号。汇仁馨苑11栋楼,幢幢都是“特色鹤邻居”,但这个称号并没有那么容易获得。目前,在鹤沙航城社区两百多幢参与“鹤邻居”创建的楼道中,只有60幢是“特色鹤邻居”。

“鹤邻居”楼道创建分为四个等级:“鹤邻居”一星、“鹤邻居”二星、“鹤邻居”三星以及“特色鹤邻居”。星级评定不是一劳永逸的,每半年还会巡查考评一次,不符合标准的楼道会被摘牌处理,缺失功能的“特色鹤邻居”会被降级为“鹤邻居”。不同楼道星级对应不同的奖励政策:初评为“鹤邻居”的楼道可以获得一星400元、二星500元、三星600元的奖励,复评保级的楼道根据等级,可以相应获得300元、400元、500元的奖励;对初评为“特色鹤邻居”的楼道相应追奖300元,复评保级的追奖200元。

楼道创建津贴、热心捐助、环保公益金,三方面运作资金共同为日常维护提供了资金支持,也激励了居民参与的积极性。如今的汇仁馨苑楼道干净整洁,居民邻里关系日渐融洽和谐,垃圾分类有序推动,社区自治活力稳步提升。这样的汇仁馨苑是鹤沙航城“鹤邻居”星级楼道创建的一个缩影。

朱师傅坦言,相对于鹤沙航城的其他小区,汇仁馨苑的楼道创建工作已走在前列,但是他们也提出了新一年的工作计划,争取将工作做得更好。

(八) 结语

迁入鹤沙航城的居民面对的是陌生的环境、不同的生活,他们需要融入这样的新社区。在大型居住社区的管理和服务方面,可供借鉴的经验甚少,实际管理中所面临的困境和问题也需要进一步研究探讨,因地制宜地摸索出适合新社区的治理方法。航头镇人民政府面对鹤沙航城社区,不等不靠,一是主动进行体制创新,设立“两委一中心”,即鹤沙航城社区党委、鹤沙航城社区委员会、鹤沙航城社区中心。充分发挥党建引领作用,搭建多样化平台,积极推进社区居民之间的融合以及与航头的融合。二是在2013年有计划、有步骤地推出“攀亲结对”项目,促进陌生社区向熟人社区、亲人社区的转变,构建社区邻里情。三是航头镇党委、政府以及鹤沙航城社区党委也清楚地认识到“攀亲结对”项目主要是在社区新建、居民刚入住时期实施的,具有明显的阶段性特征。因此,在2018年,鹤沙航城社区推出“鹤邻居”项目,以楼道建设为抓手,建立长效机制，鼓励居民与政府一起参与社区治理，推进主人社区的打造。在两年内，已涌现出如汇仁馨苑这样居民自治达到较高水平的小区。鹤沙航城社区居民自治之路值得花更多的时间去观察，通过鹤沙航城社区的案例，我们看到了基层社会治理的智慧。

思考题

1. 什么样的治理机制适合大型导入型社区的发展需要？
2. 什么样的治理手段有利于突破大型导入型社区的治理困境，构建和谐宜居的社区生活环境？
3. 社区情感治理在大型导入型社区中的必要性何在？
4. 进一步完善社区情感治理的路径有哪些？

二、案例使用说明[①]

（一）课前准备

在上课前，若条件允许，教师可印发纸质版案例（或分享电子版案例资料）。在多媒体教室，最好是桌椅可以移动的教室授课，方便学生分组讨论。针对 MPA 学生上课时间集中但学生精力难以集中的特点，在发放纸质版案例的同时展示配套 PPT 图片或播放相关视频（网上有视频片段），以更直观、更有冲击力的方式在课堂上充分展示案例。因此应在课前将相关图片制作成 PPT 并筛选与该案例相关的代表性视频，按照教学计划提示本案例的具体使用时间，以引起学生关注。

（二）适用对象

本案例适用于公共管理、政治学专业的本科生、学术型硕士生和专业硕

① 案例使用说明仅在首个案例展示，后继案例统一参考该说明即可。

士、MPA 学生，另外在干部进修或培训的教学中同样可以使用。

该案例适用于《公共管理学》《社区治理》及《中国政府与政治》等课程的教学。

三、案例目标定位

（一）核心教学目标

（1）社区情感治理的必要性；
（2）社区情感治理的主体；
（3）社区情感治理的路径；
（4）社区情感治理的目的。

（二）应掌握的知识点

（1）社区情感治理的内涵特征；
（2）中国特色的社区情感治理；
（3）社区情感治理与党的群众路线的结合；
（4）社区情感治理奠定社区自治生态。

（三）思维养成和观念转变

（1）新时代的社区情感治理深化党群工作内容；
（2）社区情感治理逐步助推社区走向融合；
（3）社区情感治理的主体、内容、路径均开放包容；
（4）社区情感治理形成坚实的社区自治基础。

（四）能力提升

（1）新型复杂社区的治理能力；
（2）复杂社区治理中情感方式的具体运用能力；
（3）党建引领，联系群众、融合群众的实际能力；
（4）夯实社会基础，营造社会共同体的工作能力。

四、教学内容及要点分析

(一) 案例导入性问题

(1) 大型居住社区出现的背景。
(2) 城市发展中的空间规划和社会、社区发展有什么规律?
(3) 如果你是大型居住社区的居民,你对所在社区有哪些期待?
(4) 你认为生人社区转变为熟人社区的必要性、方法、路径有哪些?
(5) 你对该居住社区的政府、居委会的期待是什么?

(二) 案例讨论要点

1. 政策背景

住房问题是政府和公众关切的重大社会问题,也是与公众息息相关的重要民生问题。随着我国社会不断发展,公众的住房需求有增无减,并且逐渐对住房的整体品质提出了更高要求。为了缓解日益突出的住房问题,我国出台了一系列住房政策,尤其对保障性住房加大了集中建设力度。这些集中建设的保障性住房相连成片,从而形成了新的社区。

上海是全国住房改革的先行之地,特别是近年来,为适应社会对于住房供给和保障的需求,上海探索出了一种住宅集群规划和建设的新途径,即开展大规模的保障房建设。自 2003 年起,上海开始规划以保障房为主的大型居住社区建设,先后在浦东、宝山、闵行、奉贤、嘉定、青浦、松江 7 个区统一规划、组织实施 37 个大型居住社区建设。大型居住社区在市域内的布点和推行,是在回顾上海居住区规划与建设的发展历程和经验的基础上,结合当前的社会现实进行的,其选址多在市区周边和郊区,因而大多融合了农村社区和城市社区的特点。大型居住社区的建立对于城市中心区的人口疏散、地理空间内人口的再分配、城市交通格局重构、公共资源的重新配置等都产生了重要的影响。

2. 社区情感治理的成效

(1) 1.0 版"攀亲结对"取得成效

社区情感治理1.0版的“攀亲结对”产生于鹤沙航城大型居住社区新建、社区居民刚刚入住的时期。在这个时期，来自中心城区的居民有着市民优越感，对来自农村地区的居民有种“低看一眼”的态度；反过来，在社区的本土居民则对来自中心城区的居民有着刻板印象，认为他们“门槛太精”“不好相处”。如何破除差异造成的隔阂，让居民在新家找到“新朋友”，打破陌生感，建立归属感？以“情感”为核心要素的“攀亲结对”便是以上问题的答案。

居民之间的交往需求是客观存在的。从更深层次来说，这样一种交往需求是中国人传统文化中对“熟人”“亲人”关系的观念重视，在此基础上形成的情感纽带具有更持久更广泛的效果。以这种情感需求为基础的“攀亲结对”促进了居民对航头的情感认同。“攀亲结对”以融入、融合与融洽为目标，坚持“民生为先”的理念，通过党建引领搭建载体，促进居民安居乐业，为平安稳定的社区环境夯实了基础。

从“城乡家庭”之情到“村居”之情，“攀亲结对”围绕居民与航头、居民与村民/居民、居民与社区三对关系有序开展，这促进了陌生社区向熟人社区、熟人社区向亲人社区的转变。这样一种基于“亲缘”的情感治理，是社区治理模式的创新。

(2) 2.0版“鹤邻居”取得的成效

汇仁馨苑社区“鹤邻居”楼道是居民“自治+共治”的成果。在案例分析过程中，我们看到了居民参与获得了制度上的保障，而通过参与楼道建设，居民的情感得到了增进，从而自发地参与垃圾分类、乱堆物整治、文明养宠等治理行动，发挥了主体作用。从原先的“旁观者”到“参与者”的身份转变，是居民“主人情感”在治理中的投射。

“鹤邻居”楼道建设大会战在鹤沙航城大型居住社区全面展开，大型社区中的其他社区也如汇仁馨苑般，如火如荼地开展了楼道改造，截至2021年底，鹤沙航城大型居住社区的20个居民区共计908个楼道中，有691个楼道参与了“鹤邻居”建设，占比76.1%，其中一星楼道477个，二星楼道110个，三星楼道31个，特色楼道73个。在20个居民区中，有7个居民区达到楼道建设百分百覆盖。在参与“鹤邻居”楼道建设的过程中，居民之间有了更进一步的了解，建立了更深厚的情感，对社区有了更强烈的归属感与荣誉感，这是鹤沙航城大型居住社区情感治理2.0版本所取得的进一步成果。

(3) 党群融合阶段的体系化建设

第一，坚持党建引领，发挥党与群众血肉联系的情感优势。坚持党建引领，包含了基层党组织的引领、党员引领和区域化党建联盟的引领。基层党组织在社区治理方面发挥着独一无二的作用。社区情感治理与党的精神引领是分不开的，党建工作要充分融入社区情感治理中。

在党组织层面，航头镇党委、鹤沙航城社区党委、各居民区党（总）支部、鹤沙航城区域化党建联盟都发挥了党的坚强有力的作用。与居民面对面进行需求调研、依靠区域化党建联盟单位的资源解决居民就业等需求、开展活动帮助居民融入航头融入社区等，党组织真正地融入了群众当中。

第二，重塑社区，调动人力资源，为情感造血。社区不仅仅是物理上的有形空间，也包含了组织、人、资源等。社区情感治理的过程，不仅是社区事务的治理，更重要的是以情感治理为契机和切入点，以社区居民为中心，以关系的建构为重点，实现社区、各居民区层面的组织、人、资源等要素的重组和再造。

在组织方面，情感治理 1.0 版本的“攀亲结对”构建了新生大型社区与新搬迁居民的情感关系，重组和再造了社区空间内的资源；情感治理 2.0 版本的“鹤邻居”比起 1.0 版本，除了重组和再造各小区空间内的资源，又依托楼道这一实体空间，在引导居民参与楼道改造，赋予楼道新的意义的同时，也增进了居民对楼道、对社区的情感。在人员方面，两者都有社区党（总）支部书记、社区工作者、社区党员、楼组长、志愿者等积极参与，带动了身边居民参与。但是 2.0 版本的“鹤邻居”，比起 1.0 版本，居民从被组织参与转化为主动积极参与，并且这种参与渗入了社区治理，真正建立了居民对社区的主人情感，发挥他们在社区治理中的主体作用。在资源方面，1.0 版本的“攀亲结对”由整个大型社区的区域化党建联盟单位做支撑，2.0 版本的“鹤邻居”则在各个社区中开展。相比 1.0 版本，其能获得的党建联盟单位的支持稍弱，这点取决于各社区党（总）支部的党建联建单位的资源情况。但是，2.0 版本“鹤邻居”获得的社会资本更直接，各社区中不乏社区达人、能人等具有一技之长的居民。这些原本蕴藏在社区中的社会资本长期处于未被激活的状态，“鹤邻居”楼道改造的广覆盖性使得这类社会资本得以被发现、激活。

第三，运用社区治理技术，辅助激发情感。2017 年，《中共中央 国务院关于加强和完善城乡社区治理的意见》正式印发，意见明确要求实施“互联网+社区”行动计划，加快互联网与社区治理和服务体系的深度融合，运用社区论坛、微博、微信、移动客户端等新媒体，引导社区居民密切日常交往、参与公共事务、开展协商活动、组织邻里互助，探索网络化社区治理和服务新模式。在社区层面引入治理技术，能使居民之间、居民与社区之间的互动更加频繁、便捷、高效,情感也得以在交互中增进。在鹤沙航城大型居住社区的情感治理之路中,现代通信技术不可或缺。

第四,重塑社区情感和精神,让社区治理有“温度”。社区治理工作必须将“人”这个最重要因素放在社区治理的中心位置,从居民的操心事、烦心事、揪心事做起,通过治理传递党和国家的“温度”。而这个“温度”就是党和国家与居民的情感。解读鹤沙航城大型居住社区的情感治理之路,不难发现其将居民置于治理的中心,紧抓居民“情感”这一核心。居民在初来乍到的时候往往会产生陌生感、不适感、与之前生活的落差感,进而对社区产生了带有一些负面色彩却又不得不接受的情感。鹤沙航城社区党委正是抓住了这一点,开展“攀亲结对”,通过各种活动让居民互相熟悉、解决居民就业就医等关乎居民切身利益的问题,这些举措重塑了居民对社区的情感,在把陌生人社区变成熟人社区的同时,建立了居民对鹤沙航城大型社区的归属感。而“鹤邻居”更加深化了居民对社区的情感,唤醒了居民的主人意识。

第五,营造共同体精神,保障社区居民的参与。在鹤沙航城大型居住社区情感治理路径中,居民的有效动员是情感治理的首要保证,对居民情感的营造是有层次有目标地推进,营造出的“情感”最大限度地确保了居民参与社区事务的广泛性和治理深度。而听证会、公约等进一步规范了居民参与社区事务的方法和程序,保证居民在参与社区治理时能够顺畅地表达意见,并通过谈论协商达成合意,达成共识,也为推进规模化和常态化的社区协商打下坚实的基础。情感的营造、参与的保障与居民深度参与三者之间形成良性循环,在这一次次循环中,居民的互动交往重构了他们之间的关系网络;而围绕一个个公共议题进行的协商进而达成共识规范,在平衡个人利益与公共利益的同时,也产生了新的价值认同和公共精神,造就了社区共同体。

第六,建设志愿者队伍,确保社区治理的长效性。社区作为相对独立完整的地域性人群社会生活共同体,更需要自我管理、自我教育、自我服务、自我约束,这就离不开自组织机制的保障。社区自组织的组织化程度越高,其稳定性就越强,社区就越有活力,其管理难度系数也会变小。鹤沙航城大型居住社区的情感治理目标是打造主人社会,让居民对社区有责任意识,进而主动成为社区治理的主体。在2.0情感治理深化版本中,居民通过楼道改造,首先对自己的楼道产生主体责任意识,再发展成对自己居住的社区产生主体责任意识,而这份责任意识,是通过参与各个志愿者队伍来体现的。

3. 鹤沙航城大型居住社区情感治理的待完善部分

(1) 党建引领与社区情感治理的共融程度有待加强

中国共产党是社区治理的领导者，这一点毋庸置疑。然而，在鹤沙航城社区情感治理的过程中，党建引领目前更多体现在工作上的嵌入，还需要进一步融入社区治理中。其有待加强的部分有以下表现：一是各基层党组织的组织引领作用参差不齐，对政策理解程度不同，执行程度也不同。在“鹤邻居”楼道建设中，各居民区的楼道建设成果、居民积极性等差异明显；二是党组织关系在单位的党员需要进一步参与社区事务，发挥党员先锋模范作用；三是在把党的正确主张变为群众的自觉行动这一要义上，社区党组织需要更好地引领群众自觉成为社区治理的主体，增强主人意识；四是区域化党建需要进一步打破地域限制，打破管理的限制，进行更多符合居民需求的治理实践；五是党组织要做好社区共同体精神、社区文化的培育和建设，组织更多的社区活动和服务，进一步激活居民参与社区治理的内生动力；六是党组织的工作要从社区居民层面拓展至社区组织、社会组织层面，形成共建共享的格局；七是各地开展的以党建引领社区治理的方式在不断地创新，但其内容仍较为单一，对解决社区中的冲突和各方利益关系的协调等问题的回应及时程度还有待加强。

(2) 社区重塑程度有待提升

社区治理需要多方共同参与，尤其是以居民为核心的自组织。在鹤沙航城大型居住社区的情感治理过程中，“鹤邻居”在各个社区中催生的自组织队伍有限。整体而言，在鹤沙航城大型居住社区内的社区自组织数量较少，规模较小，其参与社区事务的范围较窄，主动参与社区治理的程度也较低。要进一步破除居民观念上的限制，培育涵盖整个鹤沙航城大型居住社区的社区共同体。

而居民委员会在社区治理实践中承担了很多政府职能部门布置的细致工作，还带有“行政化”色彩，这一点需要通过基层治理改革，以更好地发挥居民委员会在自我管理、自我教育、自我服务上的自治功能。

社区治理的关键越来越取决于社区居民主人意识的建立以及他们参与社区事务集体行动能力的培育和塑造。鹤沙航城大型居住社区目前正处于情感治理的关键时期，即主人社会的打造过程中。“鹤邻居”的“一长四员”、社区达人等都是以中老年群体为主，年轻人寥寥无几，因此青年群体的主人意识需要进一步激活，对社区的情感认同也需要进一步构建，他们参与社区公共事务的意愿和能力有待重塑。

(3) 居民有效动员的水平有待提升

居民的有效动员不仅表现在动员他们参与更多类型的社区事务，还表现在他们自发主动地对社区事务提出治理议题。情感治理 2.0 版本的“鹤邻居”是居民围绕社区环境进行的治理，在社区事务类型上略显单一，诸如充电桩设置、消防设施维护、电瓶车充电及停放等涉及居民切身实际利益的议题较少，同时，面对这些较难解决的问题时，居民们并未自发地提出议题并进行协商决策，而是停留在抱怨、投诉阶段。

(4) 社区居民参与渠道需要进一步拓宽

在鹤沙航城大型居住社区的情感治理中，听证会等制度规范了居民参与的方式，但渠道略显单一。居民诉求的多元化与诉求表达机制的单一形成了矛盾；同时，“参与”本身需要居民付出一定的时间成本。

对于与社区居委会保持密切联系的居民，他们对于社区事务的参与渠道了解得比较清楚，但是还有相当一部分居民，他们中有分不清居委会、业委会的概念和职能的，有不愿参社区事务且认为社区治理是政府机关的职责的，有不知道如何参与社区事务的。由此可见，居民对社区的概念、参与社区公共事务的渠道需要进一步宣传普及。

(5) 智慧治理在社区治理中的应用程度不够

信息化时代的城市社区需要智慧治理，不但要通过智能化方式提升社区的“智力”，而且要通过和谐的治理主体间关系与恰当的治理方式，实现“慧”的治理。在情感治理实践中，各种智慧手段的应用是提升情感营造的重要因素。各种现代技术手段在社区智慧治理中有三点主要作用：第一，及时收集社区居民各类需求，跟踪其情感动向并对其需求进行及时回应，从而将社区居民的需求和利益连接起来；第二，加强社区各主体之间的沟通联络，在互动的过程中营造良好的情感氛围；第三，打破物理空间的限制，使各参与主体实现线上和线下的双向协商互动，共同参与社区事务的治理。从这三方面来说，社区智慧治理的应用能有效地提高社区治理的效率，提升社区居民的认同感和归属感，从而增强社区的凝聚力，这对构建社区共同体具有重要的意义。

鹤沙航城大型居住社区在智慧治理手段的应用上仍有待提升，智慧治理可以让居民参与更便捷，同时降低社区治理成本，因此可作为新的治理突破点。

4. 鹤沙航城大型居住社区情感治理的待完善部分的原因分析

(1) 从社区情感治理主体性角度分析

基层治理要以“人”为本，处理好与“人”相关的各种关系。社区情感治理是围绕社会共同体成员来开展的，以促进成员间关系的构造和情感的正向再生，从社会共同体转向社会治理共同体。党组织、党员、居委会、居民、社会组织等都是社会共同体成员，发挥社区治理功能的主要是党组织、居委会等。

情感治理不仅是对居民之间的情感再造，也包含了党组织、居委会等各类主体与居民的情感再造，各共同体成员的主体性都需要加以凸显。从情感治理的主体性的角度来看，社区情感治理中存在的问题主要包括：一是居委会减负不够、去“行政化”不够。居委会忙于各种台账资料、各条线会议、各种平台数据填报等，落实行政事务占用了较多的时间，这必然压缩居委会与居民之间的情感互动时间；二是多数居委会的工作人员并不居住于本小区，这使得他们天然地把与居民打交道作为工作之一，在主观认识上不愿意为建立情感联系投入精力；三是大多数居民在碰到事情时才会与居委会打交道，其作为社区共同体一员的意识也不够强烈。

(2) 从社区情感治理公共性角度分析

社区情感治理过程中必然涉及对基层公共事务的处理，也就是要回应居民的需求。要坚持问题导向，聚焦民生关切，兜起兜好社区群众关心的“万千事”，切实解决群众“急、难、愁、盼”问题。通过一件件实事解决居民的问题，这是外生情感的注入。但是由于鹤沙航城大型居住社区的地理因素和政策因素，一方面地区资源的有限性造成居民多元需求难以全部得到及时回应，社区群体分化与空间分异现象日益突出，公共服务设施均等化供给难以满足居民差异化的需求。同时，社区居民不了解各种表达需求的渠道，导致需求反馈不及时；另一方面，社区能提供专业服务的社会组织较少，社区居民自组织也较少，不利于情感建设。这增加了社区居民与其他治理主体发生冲突的可能性，而冲突则意味着回应居民需求的失败。

(3) 从社区情感治理积极性角度分析

社区情感治理需要促进的是正向情感在社区中的流动，通过正向情感的流动抑制负面情感的出现。正向情感的产生，需要外生情感的注入促进内生情感的再生，同时立足内生情感，增强社区治理的内在动力。外生情感的注入包括但不限于“送温暖”“送清凉”“节日慰问”等。情感投入会带来情感资源的积累,从而形成正向情感氛围。但情感联结也有其脆弱性,若社区工作人员在工作中出现重大失误,或者代表政府门面的工作人员态度恶劣,均会使社区居民的情感受到挫伤。

反之,对于居民而言,作为个体的情感游离于社区之外,维系社区共同体的情感基础不断被现代社会的发展冲击着。"理性经济人"的思维使得人们对社区公共事务的认知极为消极。将民众对社区公共事务的消极转为主动参与,需要充分挖掘和调动内生情感资源,依靠时间将情感沉淀。对社区居民而言,一方面缺少实质参与社区治理的能力和时间,另一方面又缺乏内生情感积极性,事不关己高高挂起的心态较为常见,这就导致居民与其他社区治理主体之间的互动的缺乏。对居委会工作人员而言,"完成任务"的心态也较为常见,缺乏投入时间和精力用于情感认同建设的积极性。

(4) 从社区情感治理柔性角度分析

社区情感治理是一种柔性的治理方式,不同于刚性治理,它是非制度性的回应。如何妥善解决问题、有效化解矛盾,考验着治理主体对"度"的掌握。干群之间的情感联系应是健康积极的情感联系,这有利于基层工作的开展。但情感"异化"后,对民众来说,可能造成其"靠关系解决问题"的思维模式,对基层工作人员而言,过度重视人情,可能造成治理的排他性,从而带来不良影响。这会让"情感"失去其本身的价值和力量,无法发挥其柔性治理的正向能量。

5. 进一步加强人口导入型社区的治理的路径

浦东新区航头镇鹤沙航城社区坚持以人为本,积极探索人口导入型社区治理的有效途径,形成了党建引领,社会各方广泛参与的多元治理模式,实现了从社会管理向社会合作多元治理的转变,其实践经验为破解人口导入型社区的治理困境提供了有益参考。

(1) 坚持聚焦党建引领抓统筹

在加强基层社区治理中,要始终坚持党的领导,充分发挥"党建引领"的作用,推动党建引领社会和市场主体参与基层社区治理。对于人口导入型社区而言,总的思路就是要围绕体系、功能、机制、载体和队伍五大要素,把党的领导贯穿于社会治理的各方面和全过程。区域化党建是重要抓手,要切实用起来、转起来,往深入抓、往实里抓,通过区域化党建凝聚社会治理的最大合力,以自治为重点,以共治为关键,以德治为基础,以法治为保障,在"四治一体"推进中让党建引领有载体、有路径、有支撑。一要做强枢纽平台,通过搭建合作共享的开放式空间，进一步推动党建带群建促社建；二要加强管理引导，推动居民广泛参与，更好地满足群众需求，不断提升服务水平。此外，要充分运用好行政组织党组和社区党委这两个引领社区共治和居民自治的重要平台，行政组织党组要切实加强对职能部门派出机构的综合协调，社区党委、社区党员代表会议要切实加强对社区委员会、社区代表会议等自治共治平台的引领统筹，更好地发挥党建的引领作用，不断提高党组织的群众组织力和社会号召力。

(2) 坚持聚焦重点任务抓推进

对于一个全新的人口导入型社区而言，如何激发社会多元参与是重点任务，重点是要实现从"管理"向"治理"的转变，从而形成群众的事情同群众多商量，大家的事人人参与这种居民自治、社会参与的局面。要厘清政府和市场、社会的关系，善于借助群众的智慧、市场和社会的力量来推进工作。要发挥居民自治作用，调动居民自我管理、自我服务、自我监督的积极性，提升业主大会、业委会的自治能力，强化居委会的指导、服务和监督功能，引导专业社会组织积极参与社区公共事务管理。一是要进一步夯实基础，做实"三会一章一约"等基本议事形式，发挥好听证会、协调会、评议会"三会"制度以及居民自治章程和居民公约的作用；二是要建立健全以议事协商为重点的民主决策机制，特别是"1＋3＋N"(即一个党组织召集＋居委会、业委会和物业公司"三驾马车"共治＋各种形式的居民协商议事平台)形式的联席会议机制，健全自下而上的议题形成机制，有序引导居民全程参与自治事务；三是要切实发挥社会组织作用，凝聚力量，引导生活服务、公益慈善、文体活动、专业调处四类社会组织加快发展。

(3) 坚持聚焦难点问题抓突破

要坚持问题导向，聚焦民生关切，兜起兜好社区群众关心的"万千事"，切实解决群众"急、难、愁、盼"问题，让导入型社区的居民能够深度与当地融合，先安居、再宜居，植根于此。一要在改善社区人居环境上下功夫。要尽快完善社区配套基础设施，加强社区环境综合治理，做好社区绿化美化净化、垃圾分类处理、噪声污染治理等工作。二要在加快社区综合服务设施建设上下功夫。要将城乡社区综合服务设施建设纳入当地国民经济和社会发展规划、城乡规划、土地利用规划等，以新建、改造、购买、项目配套和整合共享等形式，逐步实现城乡社区综合服务设施全覆盖。三要在优化社区资源配置上下功夫。要发挥社区规划专业人才作用，广泛吸纳社区居民参与，科学确定社区发展项目、建设任务和资源需求。要探索社区居民在社区资源配置、公共政策决策和执行过程中有序参与听证、开展民主评议的机制，要注重运用市场机制优化社区资源配置。四要在改进社区物业服务管理上下功夫。要加强社区党组织、社区居民委员会、房管办事处等相关部门对业主委员会和物业服务企业的指导和监督，建立健全社区党组织、社区居民委员会、业主委员会和物业服务企业议事协调机制。要探索完善业主委员会的职能，依法保护业主的合法权益。总而言之，要聚焦安全隐患和顽症难题，加大协调解决的力度，着力解决社区居民最关心、最现实的民生问题，使社区居民更有获得感和归属感，从而热心投入社区治理事务。

(4) 坚持聚焦队伍能力抓提升

社区工作者是社区治理和基层建设的骨干力量。坚持聚焦队伍能力抓提升，一是要抓好带头人队伍建设。要对党组织书记开展全员培训，在实践中加强锻炼，让书记成为全能型、专业型、主动型的社区治理积极倡导者和行动者，努力打造党性强、有魄力、能干事的干部队伍。二是要激发社区干部队伍活力。要进一步推动社区干部深入社区察实情、出实招、办实事、求实效，在社区治理上创新突破、比学赶超，培育社区治理的行家里手。要在职业发展和薪酬激励等方面拿出有效举措，形成一揽子计划，充分调动人员积极性。三是要加强人员业务培训。通过教育培训、全岗通实践锻炼等途径提高社区工作者的素质和能力，通过政、社、学、研、企等合作方式培养善于从事基层党建、社会治理、社会工作、老年服务等方面的专业人才，提高社区综合治理水平。

五、理 论 依 据

将情感这一要素重新带回社区治理中进行研究，阐释社区中的情感治理实践，挖掘情感与基层治理之间的关系机制无疑是一个值得深入，也必须被进一步研究的课题。要坚持和完善共建共治共享的社会治理制度，建设人人有责、人人尽责、人人享有的社会治理共同体，构建基层社会治理新格局，开拓公共管理学情感治理的边疆，回归对情感，对心灵的重视。

社区情感治理理论认为，社区治理的本质是特定空间范围内社会性和公共性关系的调整，其中心任务是争取个体联结与社区团结的互动共生和情感建构，最终形成既有活力又有秩序的公共生活。玛丽·盖伊和莎伦·马斯特拉奇认为现在是公共管理学术进行情感转向的时候了，社会断层只能被情感而不是大数据所治愈。要想让民众参与，首先要让民众关心和热爱，民众对政府的感觉必须是民众与国家接触的起点和终点。

情感是城市基层治理共同体的重要组成部分，在陌生化城市和原子化社会中发挥着联系个体与群体、个体与国家的重要作用。面对日益复杂化和多元化的基层社会，情感治理可以缓解个体或群体的相对剥夺感，再造群体内的情感联系，实现个体到社区团结的情感转换，从而推动社区公共性的再生产。潘小娟认为，在基层情感治理中，以主体为标准，可将情感分为外生情感和内生情感。外生情感亦即由外界注入的情感，是指基层社会共同体之外的行政人员、社会服务人员等相关人员在为共同体提供服务的过程中与共同体成员互动所产生的认同感和向心力。内生情感则是指基层社会共同体成员之间因共同居住、共同生活而形成的认同感和归属感。内生情感产生的基础比外生情感更为稳定，能助力基层治理的良性可持续发展。社区情感的建立与维护往往需要民心政治的责任感召与党群结构、特定政治文化和具体化治理场景的嵌套整合。与韦伯式的科层组织不同，中国政治情境下的党政科层体系兼具科层性与社会性，在基层治理场域更是以党群关系的情感互动和街头行政的人格化特征实现柔性治理。

基于情感的属性和特点，潘小娟将基层情感治理定义为：在基层治理中，基层社会共同体成员以及其他相关人员运用情感策略，通过满足情感需求，促进正向情感再生来构建共同体的情感联系，协调基层各种社会关系的行为和过程。按照其定义，基层情感治理具有如下特点：一是主体性。基层情感治理要围绕共同体成员来展开，凸显他们的主体性，注重他们的情感投入，促进他们的正向情感再生。二是公共性。基层情感治理的对象是基层公共事务。三是积极性。基层情感治理促进的是正向情感，并通过正向情感的产生抑制负向情感的出现，转化消极不满情绪，调动积极向善情感，以形成良好的基层社会生态，维持基层社会良性运转。四是包容性。基层情感治理是建立在相互理解、相互体恤、相互认同的基础上的，强调同理共情、互助共济，追求互利互惠、共生共荣，具有很强的包容性和调和性，有助于基层社会关系的协调。五是柔和性。基层情感治理是一种柔性的治理方式，一种非制度性的回应手段，它有助于减少因采取刚性措施可能带来的抵触和阻力。

从“攀亲结对”项目的整体运作来看，“结对制”从最初旨在再造个体联结的关系建构导向，转向通过空间营造助推社区公共性重塑的社会团结导向，最终转向以体系化建构为目标的党群融合导向。这一过程不仅重塑了社区内的个体关系网络，而且推动了党群关系的情感化互动。

六、案例教学的课堂操作[①]

本案例可以用于专门的案例讨论课。授课时采取分层讨论逐步推进的剖析法，时间在125—135分钟(此处假定学校将政治学、公共管理学均设置为3个学分、3个学时；班级规模在45人左右)。

具体操作步骤：

(1) 首先请学生熟悉案例，教师简单介绍案例，引导学生围绕教学目标展开思考，介绍时间在20分钟左右。

(2) 分组展开讨论，每组人数控制在5名学生左右，最多不超过7人。一个班一般会产生6个左右的小组，讨论时间约15分钟，总计在18分钟左右。

(3) 每个小组根据小组讨论的结果选派代表分别发言，该小组的其他成员可以做补充。其他小组的成员可以质疑提问，观点不与前边已阐述的观点重复。每组发言和提问时间控制在7分钟，共计40—50分钟。

(4) 教师同步将学生阐述的核心观点记录在黑板上或在电脑上打出并显示到投影屏上。

(5) 教师整合大家的观点，将分析案例的讨论引导到如何解决问题的思路上，时间约3—5分钟。

(6) 将各小组依据上述探讨性问题或案例讨论要点进行分组，由各小组自主选择议题，先到先得，时间约2—3分钟。

(7) 组内讨论方案5—8分钟后进行汇报，每组的汇报时间不超过5分钟，该环节在40分钟左右。

(8) 教师根据讨论汇报情况对案例进行理论升华，该环节的用时8分钟左右。

---

① 案例教学的课堂操作仅在第一个案例展示，后继案例统一参考该课堂操作说明即可。

七、参 考 文 献

[1] 向德平，向凯. 情感治理：驻村帮扶如何连接国家与社会[J]. 南开学报(哲学社会科学版)，2020(6)：84 - 93.

[2] 田先红，张庆贺. 城市社区中的情感治理：基础、机制及限度[J]. 探索，2019(6)：160 - 172+2.

[3] 潘小娟. 基层治理中的情感治理探析[J]. 中国行政管理，2021(6)：6 - 10.

[4] 冯仕政. 社会治理与公共生活：从连结到团结[J]. 社会学研究，2021，36(1)：1 - 22+226.

[5] 文宏，林仁镇. 情感嵌入：城市基层治理共同体建构的实现逻辑——基于佛山市南海区的实践考察[J]. 社会科学研究，2023(2)：43 - 52.

[6] 程士强. 从冲突到融合：社区治理共同体构建的情感之维[J]. 江海学刊，2023(3)：130 - 138.

[7] 方雷，弓豪. 新时代党建引领基层情感治理的机理与路径[J]. 江淮论坛，2023(2)：97 - 102+193.

[8] 徐明强. 中国科层制的情感属性：源流、定位与比较[J]. 政治学研究，2022(5)：127 - 137+156.

[9] 程军. 精准扶贫：当代中国国家治理的情感逻辑[J]. 深圳大学学报(人文社会科学版)，2019，36(3)：116 - 124.

[10] 何雪松. 情感治理：新媒体时代的重要治理维度[J]. 探索与争鸣，2016(11)：40 - 42.

[11] 郭根，李莹. 城市社区治理的情感出场：逻辑理路与实践指向[J]. 华东理工大学学报(社会科学版)，2021，36(2)：121 - 135.

[12] 徐明强. 基层政府治理中的"结对制"：个体化联结与情感化互动[J]. 探索，2021(5)：137 - 150.

[13] Guy M E, Mastracci S H. Making the Affective Turn: The Importance of Feelings in Theory, Praxis, and Citizenship[J]. Administrative Theory & Praxis, 2018, 40(4): 281 - 288.

案例二

多主体营造社区
——“桑梓人家”共建

摘　要： 成都崇州“桑梓人家”农民集中安置小区通过社区公共空间营造，推动“社区居民—社区组织—社会组织—社区—政府”五方联动，成功实现社区的共建共享。案例剖析农民集中安置小区在社区营造过程中所产生的多元治理的难点、痛点，通过研究“微基金”运营等，试图找寻农民集中安置小区共建共治的理论依据，以及激发集中安置小区居民参与共建共治的动力源泉，期望能够将这种方式进行推广，在全面推进农村社区共建共享中提供经验。
关键词： 农村社区；共建共享；社会组织；社区营造

一、案例内容

（一）引言

“桑梓人家”农民集中安置小区是梓潼镇兴裕社区目前唯一一处农民集中安置小区，居民主要是原梓潼镇天寿村和真武村 2 个村的村民。2014 年，该社区由政府统一规划修建，2015 年居民经公开抽签分户入住。社区支部书记程永强说：“（这里的）居民来自不同村落，从原本基于‘血缘、地缘’的熟人社会变为‘走动难、交往浅’的弱熟人社会。在进入集中居住区前养成的随意性和懒散性给社区居委会管理带来了许多困难。”居民房前屋后堆放杂物、垃圾乱倒等现象随处可见。社区先后组织志愿者帮助居民进行清理，前脚刚刚理顺，后脚居民又乱堆乱放。社区居委会一班人为此想了许多办法，也没有多大效果。

2018 年，社区通过居民选举，产生了 19 位居民代表，并从中选任楼栋长对社区进行自治管理，但是 19 位居民代表中，只有 5—6 位居民代表在日常生活中发挥了楼栋长的部分作用。据走访调研了解，桑梓人家社区的楼栋长除了在 2018 年成立初期召开过居民群众会，协助小区收垃圾清运费后便再无其他作为，楼栋长机制基本形同虚设。

(二) 集中安置社区的治理困境

1. 公共活动匮乏，情感融合难

桑梓人家社区住房分配政策的随机性和公平性使得村民从以前的散居到现在的集中居住，从原本基于“血缘、地缘”的熟人社会变为“走动难、交往浅”的弱熟人社会，很难有机会能够聚集在一起休闲娱乐、沟通交流。

居民唐阿姨说：“我是从天寿村搬过来的，以前我们乡坝头不通水、不通气、泥巴路，生活出行不方便不说，害怕以后儿子娶不到老婆，我们第一时间报名参与搬迁项目。从 2015 年入住桑梓人家，在这儿住到 4 年的时候，唯一一次居民聚会是 2019 年 1 月东二巷巷道自发举办的坝坝宴，20 多户居民‘打平伙’(AA 制)聚集在一起共度春节。平时小区生活节奏加快，大家都忙着打工挣钱，打工回来，各回各家，大门一关谁也不认识谁，难得聚在一起聊天，有时候遇到问题也不能及时进行沟通交流，为一些鸡毛蒜皮的小事产生矛盾和摩擦，弄得邻里关系一点都不和睦。”

居民李大爷说：“我是从真武村搬过来的，我住在这儿小区环境是比原来好了，但是一点邻感情都没有了，天天这家关门抵户，那家关门抵户，没得人说哈话，摆一哈，更不要说打点小麻将了，天天就搬个椅子在门口憨坐着。”

2. 争夺公共空间，利益协调难

桑梓人家社区居民生产和居住分离，打破了原有自给自足的生活方式。为了生活的便利性，社区居民在社区公共空间种植瓜果蔬菜、圈养家禽、堆放农具等，破坏社区仅有的绿化带和原本统一规划的门后三米居民生活空间，也因此导致社区居民之间的矛盾加深。

居民秦大爷说：“在乡坝头住习惯了，不买菜，门前屋后都种了菜。现在搬到小区不方便种菜，就想门口栽几根葱葱蒜苗，煮饭的时候随手掐几根，方便。

刚搬到小区大家还是有这个习惯，但是又没有空地让大家种植，有些人干脆就在绿化旮旮角角种点常用的佐料，葱葱、蒜苗、香菜、藿香这些；另外有些人就过分了，要种大棵的蔬菜，把绿化带原来的花草扯掉，不间断地种植当季的蔬菜。大家就经常为这些吵架。”住小区西巷的张叔叔说：“说到这个绿化带，我们这边更来气。不晓得谁带些菟丝子回来栽在我们那边的绿化带，菟丝子发得快得很，而且一下就爬满一棵树，绿化带里面那片稍微矮点的树子上全部都缠满了，过不得好久这些树子就要死。”（菟丝子是一年生攀缘性的草本寄生性植物，园林植物受其寄生危害，轻则影响植物生长和观赏效果，重则致植物死亡，对于园林植物的危害很严重。）社区支部书记程永强说：“各住户的房屋后边有 3 米宽空间归各户自行管理，就想着小区居民离开原来的自留地，这个空间就预留给大家种点蔬菜，结果居民们用来种菜、堆杂物、硬化改成后院坝等层出不穷。更过分的是有些居民还在绿化带里面种菜，屡禁不止，邻里之间也因此经常扯皮。”

3. 治理体系空转，自治运转难

2018 年在镇政府、社区居民委员会的引领下，社区通过居民选举产生了 19 位居民代表，并从中选任楼栋长对社区进行自治管理，但是 19 位居民代表中，只有 5—6 位居民代表在日常生活中发挥了楼栋长的部分作用。

社区支部书记程永强说：“就像搭班子一样，我们挨家挨户地动员讲解，是把班子成立了，但是并没有真正发挥它的统筹协调作用。”镇政府驻村领导冯波说：“我们把前期工作做好了，还是需要楼栋长他们自己积极主动为大家服务，不能因为大家原来不是一个组或者说一个村的人就少沟通少交流。除了我们经常到小区走访了解居民的所思所想，还是很需要楼栋长们与大家多沟通多交流，搭建‘居民——社区——政府——社区——居民’顺畅良好的交流渠道。”居民石伯伯说：“选这个楼栋长，我们还是想选点年富力强的，跑腿都快点嘛，但是年富力强的大部分都是家里的顶梁柱，都在打工，有些时候就没有时间管理小区这些日常事务。”居民杨大爷表示：“现在谁还想无私给我们服务哦。人家那些年轻的要出去挣钱，像我们这种上年纪的也做不下来啊。那些选出来的楼长栋长一天也不可能随时围着大家转嘛，人家自己还是自己有事。”居民秦阿姨说：“选楼长栋长不容易，选出来的楼长栋长也不容易。我以前都当过小组长，不好当。做得好，讲礼的人还是要说声感谢。但是有些人枉自，做得再多，只要有一件事他觉得你做得没有让他满意，就一直记恨你。”

4. 治理权责模糊，多头管理难

桑梓人家社区是原梓潼镇天寿村和真武村外迁居民的集中居住地，居民虽然统一居住在社区，但是土地归属以及行政管理依旧属于原有的村级行政单位。目前桑梓人家社区的日常事务虽可以由社区居民委员会进行属地管理，但社区居民委员会对小区的熟悉度不高，因此与场镇进行分开独立管理。

社区支部书记程永强说："小区居民都是原天寿村和真武村的居民。刚来我们不熟悉，但是还是要将小区居民凝聚起来，就到小区挨家挨户地走访，了解居民的基本情况，有些居民也是很愿意和我们多聊几句，还是有不愿聊的居民，觉得自己不是社区的户口，自己不是这儿的人给你们说那么多没必要。"居民曾叔叔说："我们虽然搬出来了，但是就像被遗弃的人一样，户口在真武村，住在社区，有时候人家住在村里的人都晓得有些事了，我们都还没收到通知。"居民饶叔叔说："搬来小区这么久，像没人管我们一样，电瓶车到处停，绿化带乱七八糟，我们除了基础设施有点改善，其他恼火。"

5. 缺乏主体意识，协同共治难

政府、社区居委会不停地投放资源，忽略居民内生动力的形成，让政府、社区居委会的压力不断增大，同时让居民对政府形成过度依赖。

镇政府驻村领导冯波说："小区居民认为小区的建设和管理都是政府的事情，与自己没有关系。路灯坏了找社区修，绿化带没人管理等政府解决。一次二次多次，政府、社区不断地解决问题，不仅没有彻底解决问题，还造成居民不满。"社区支部书记程永强说："经常政府、社区刚刚把路灯、垃圾桶等这些问题解决，维持不了多久又出问题。为了小区的长效治理，我们考虑到大部分居民白天忙工作，我们在小区张贴宣传单，再通过线上问卷征集居民对小区管理等公共事务的想法、建议等。可这种单向的信息推动收效甚微，2 个星期后只收到 3 条建议。"居民蒋叔叔说："现在住小区，有事就找政府、找社区。"居民王婆婆说："我们这栋住得离社区办公室近，找社区方便得很，走过去就是，难得去找其他人。"

（三）组织协同，走出治理困境

1. 创设治理项目，搭建治理平台

2018 年，社区组织社区居住的全体党员、干部和群众代表召开社区综合形象和卫生环境整治座谈会。在会上，程书记主要结合环境卫生整治和社区形象工作对居住品质的关系进行了讲解，调动居民主动参与的积极性。他说：“桑梓小区是我们共同的家，现在我们所处的位置是场镇，是梓潼场镇的镜子，我们大家一定要改掉原来乱丢杂物、随意堆放的坏习惯，让我们共同的家变得干净整洁，这样我们居住在里面才能住得舒心，活得开心，生活品质才能提高，努力让全镇人民看到后都很羡慕，都喜欢居住这样的小区，要想做到这样就必须靠我们全体居民的共同努力，特别是在座的各位骨干人员的带头和打范。”会上大家纷纷发言，表示愿意带头示范并带动群众参与。

程书记向上级汇报桑梓人家社区目前的情况，并请求支持，时任党委书记王晓梅同志建议：“可以考虑引进社工组织，由第三方组织协调共同参与，引导居民的行为习惯。”程书记立即前往崇州市社工组织协会进行对接，积极争取，并到温江区光华社区、成都市清源社区、邛崃市花园巷社区、都江堰市堂街社区等进行学习，在崇州市社工协会的支持下，梓潼社区与崇州市一心社会工作服务中心结对，通过在社区成立“微基金”，争取成都市慈善总会的资金配套，设立“别墅型宜居社区，居民能力提升”项目。

2. 助推民主协商，建构公共规则

以社区“微基金”为切入点，以村民投工投劳投智慧的方式，通过公推公选建立资金管理团队，经过讨论，就资金的使用、管理达成共识，形成初步的社区基金运作机制，并就社区问题开展行动，以解决社区公共问题的过程来对社区自组织进行赋能，实现居民共同愿景，为居民参与创造条件，组织互动，营造共建共享的社区氛围。

2019 年 4 月，程书记带领居委会一班人，与一心社工用两周的时间对桑梓人家社区居民进行分区域前期需求调查，发现居民对社区环境有改善的想法和行动。居民王叔叔说：“在公共的区域绿化带部分，我们可以自行种植一些自己喜欢的花草。”居民李阿姨说：“可以把小区有些绿化带藤蔓及杂草进行清理，禁止乱扔垃圾，垃圾就应该放在该放的地方，垃圾扔在绿化带里面，太没有素质了。”基于社区调查摸底的情况，社区居委会与社工组织在桑梓人家分区域进行“微基金”讨论，讲清楚什么是“微基金”、“微基金”的使用原则，协助和推动居民思考公共绿地的环境改造想法，希望从社区居民的需求出发，结合政府对桑梓人家社区的改造，鼓励居民积极参与社区公共事务，发挥居民在社区发展中的作用，从而增强居民对社区的主人翁意识和对院落的认同感与归属感，共同营造高品质的生活环境。

2019 年 4 月 16 日下午 18:30，社工组织前往桑梓人家社区清凉街东二巷围绕“微基金”组织了讨论会：“微基金”有多少钱？覆盖范围是什么？资金的使用原则有哪些？讨论会上，大家展开了激烈的讨论：“我们来做这件事情能不能发工资？”“有些人不做事情，只是享受怎么办？”“可不可以栽几棵大盆栽？”一连串的疑问被居民提了出来。

2019 年 4 月 17 日、4 月 24 日，程书记与社工组织一起前往桑梓人家社区东一巷、西二巷继续就“微基金”的资金使用原则、社区真正的需求、怎么善用资源等问题与居民进行讨论，经过大家激烈的讨论，居委会最终收集到不同巷道的需求与想法，东一巷的居民表示：“‘微基金’的钱肯定不够所有人一起来用，我们有钱出钱，有力出力一起来做。”西二巷的居民表示：“我们可以分楼栋先收集大家的想法，到时候再进行汇总。”程书记等与桑梓人家东西巷道的居民约定 4 月 29 日进行信息汇总反馈，制定下一步的行动计划。

宣传动员并非一帆风顺，每次会议都会遇到同样的问题。“‘微基金’的钱就那么一点能做什么？”“路灯监控可不可以整一下？”“来做的人多少钱一天的工资？”大家有很多想法，也有很多疑问；从不说话到开始发言；从小范围质疑到开小会讨论；从撑头人表态到撑头人反馈信息。宣传动员就是需要将所有的信息准确地传递出去，在听见不同声音的同时，给予居民思考的时间，提醒大家不要太快做决定，只有社区认真思考了，才能够给出最合适的方案。

2019 年 5 月 6 日，居委会组织桑梓人家楼栋长、兴裕社区各小组队长正式开展桑梓人家项目意见收集会。程书记在会上简要对前期工作进行了总结，对“微基金”、时间安排、前期动员大会情况、“项目怎么来？项目做什么？”“资金(使用)原则是什么？”等进行了进一步说明与解惑。

程书记说：“我们希望能通过社区‘微基金’和村民投工投劳投智慧的方式讨论我们项目怎样开张，同时对资金的使用、管理达成共识，形成初步的社区基金运作机制，对小区存在的问题开展行动，以解决小区公共问题的过程来对社区自治组织增强赋能，实现居民共同愿景，营造居民参与、组织互动，共建共享的社区氛围。”

大家对于时间安排表示认同，石叔叔说：“现在已经 5 月了，如果再不行动，植物成活率就不高了。”刘阿姨说：“我们已经在商量买什么、谁去买了。”同时程书记表示：“对于还在思考的西巷，我们也再次给予时间进行商量与考虑，就约定 5 月 9 日在社区或通过电话联系的方式进行信息的反馈，要不要做？

在哪里做？想怎么做？5月14日正式召开社区‘微基金’启动会，开始行动。”

2019年5月14日，社区“微基金”正式启动。程书记、一心社工、东巷撑头人石叔叔、曾叔叔、植物爱好志愿者在社区工作站开展了筹备会：“改造的方案是什么？”“怎么分工？”“记账的注意事项是什么？”在实地走访社区公共绿化地时，发现部分花台种满了蔬菜，程书记说：“在实施改造的过程中，撑头人无法协调的事情社区可以出面协调。”植物爱好志愿者就种植经验也支了不少小妙招：“绣球花易打理，并且花期长还美观。在一些空的墙壁周围可以种植蔷薇，依附在墙上也很漂亮。”实地勘察结束后，撑头人石叔叔与曾叔叔决定回去后再次与大家讨论，继续细化方案。“哪些地方种什么？需要多少棵？”“这些花的价格是多少？”“公共区域改造行动管理小组成员分别是谁？”大家约定5月27日最终确定实施方案。

5月27日下午6点，一心社工、出纳曾定洪、会计蒋顺明、记工秦宇、采购石建中、饶明以及热心居民确定行动方案：“哪些地方种什么？种多少棵？”“确定每家投多少工？”“什么时候动工？”“后续维护怎么办？”面对这些问题，大家决定使用头脑风暴法。随着头脑风暴的进行，各种观点也被不断提出：“先把公共区域少的种了才好确定公共区域多的怎么安排。”“要用‘腻子’确定位置，这样才知道要挖多少个窝。”“‘腻子’要分大小，这样就可以确定是种蔷薇还是茶花。”

经过1个多小时的讨论，东巷撑头人和社区居民最终确定于6月3日早上8点开始除草、6月4日和6月5日进行种植，三天分区域同步进行，大家齐心协力共同打造美好家园。达成共识后，一心组织在大家的见证下，将第一部分资金拨付给出纳曾定洪。与此同时，会计蒋顺明记录了“微基金”的第一笔账目。

6月2日晚，大家便收到了出纳发来的会计、出纳、采购人前往花圃购买植物的微信视频。植物运回桑梓人家后，他们选了一批比较“秀气”的花进行种植、浇水。石叔叔说：“因为通知大家伙集体行动是6月3日，刚开始只有他们3个人在种植，后来陆陆续续地加入了6个人一起(种植)。”

6月3日，桑梓人家公共绿化带改造行动热火朝天地开始了，东一巷集中整治路边花台及配电房，东二巷集中整治连接梓潼大道的绿化带；年长的阿姨除草，年轻的劳动力挖土；有负责浇水的，有负责搬运杂草的，一切井然有序……撑头人石叔叔说：“昨天花拉回来后，有些必须马上种，所以昨天就开始了，刚开始就几个人，慢慢地大家看着后一个又一个地加入进来。”会计蒋叔叔说："这么大的天，大家早的6点过起来就开始了，每家每户都出了人，有些实在忙来不了的专门出钱请人来做，志愿活动都是自愿，愿意来的就来，大家团结起来把这个事做好。"虽然当天温度超过35°，但是大家依然干劲十足地分区域同步进行美化行动。为了预防有人中暑，后勤组买来了藿香正气水。晚上7点后，当天的行动结束。

历时约2个月，社区"微基金"实施方案阶段结束，完成了从宣传动员到行动方案的制定，确定了具体做什么？怎么做？哪些人投工？在政府的支持下、居委会引领下、社工组织协调下，由居民推选出桑梓人家管理小组，带领社区居民共同调查与讨论，并确定桑梓人家东巷公共绿化带改造行动的规划方案、人员分工、后期管理维护制度等。东巷公共绿化带改造成功，让居民们初次感受到共建共治共享的成果。

3. 运用治理规则，协调利益冲突

东巷历时2个月的公共绿化带改造行动圆满结束，还在思考的西巷做出了怎样的举动？2019年4月，"微基金"项目启动时，居委会在征求意见时以西巷大多数居民比较关心的绿化带菟丝子整治和管理作为公共议题，调动居民参与社区公共事务集体行动的积极性，但西巷居民认为1万元没办法做多大的事情，要动员居民投工、投劳、投资都十分困难，况且没有愿意出面协调的撑头人。经过2个月的社区动员——信息公开——达成共识，西巷居民决定放弃申请机会。

东巷绿化带改造行动如火如荼地进行，而西巷寄生植物菟丝子却越来越多、越来越茂盛，大部分植物因菟丝子的寄生而枯萎。大家也想了很多办法，"没事就拔""打点药""咨询相关方面专家"……可菟丝子却越来越多，多到2米高的桂花树树冠上布满厚厚一层，甚至连野草也被缠绕寄生，大家却对它无从下手。

东巷居民的集体行动和绿化带的改变，使得西巷居民从"不关心"到"看稀奇"到"小讨论"再到"一起干"，改变慢慢发生着。居民秦玉彬阿姨说："看到东巷的变化，我就开始想，别人能干成的事情，我们怎么就干不了？菟丝子的问题已经很严重了，我们自己居住的小区，自己都不管，谁还来管？干脆我来撑个头干这件事，我可以挨家挨户去做动员。"

为拯救"小区绿肺"，撑头人秦阿姨挨家挨户动员。秦阿姨说："我逢人就聊我们绿化带菟丝子的问题，开始好多人都是一笑了之。后来我就去找程书记，想让社区继续引领我们干这个事情。程书记大力支持，我也就底气十足。慢慢地，赞同我的人就多了。我们以深受菟丝子困扰的西巷及楼栋为主，通过面对面、微信聊菟丝子对我们造成的困扰等方式，最终决定要坚决把菟丝子消灭。”于是，西巷居民就开始筹划怎样解决“菟丝子”问题：第一，保留原有桂花树，但是需要将枝、叶全部去除，只留主干；第二，矮的草木全部拔除并翻土晾晒；第三，重新种植新的植物。

秦阿姨说：“我们最先认识到菟丝子问题严重性的几家人一方面鼓励街坊邻居加入‘菟丝子’歼灭行动；另一方面还要让大家意识到这件事是我们西巷居民的事情，不是社工的也不是社区的，只有大家齐心协力才能把自己的居住地变得更好。”

消灭菟丝子虽是涉及每个居民个人利益的事，不过要想达成集体行动却相当不容易。为促使大家齐心协力，社区、社工组织、志愿者创造机会，运用参与式工作方式，协助开展以小区居民为主体的端午节包粽子活动。不仅让居民感受到团结和行动力的巨大力量，也通过此次活动挖掘更多愿意为社区做事的积极分子，开始培养邻里之间讨论公共事务的习惯和氛围，凝聚了社区居民的心，促使居民达成共识。

2020 年 8 月 26 日，程书记邀请一心社工协助西巷及楼栋的居民代表，一起讨论如何消灭菟丝子。杨叔叔说：“泥土有点薄，到时候可以再增加点泥土，不然栽种的植物也不容易活。”张阿姨说：“这盘把菟丝子处理了以后还是要再检查仔细，千万不能再留一点，免得又长很多起来。”蒋叔叔说：“过两天我们先去市场看一哈花草的价格，钱要省到用。”经过 1 个多小时的讨论，大家达成共识：第一，资金使用原则：公开透明、能省就省；第二，推选管理小组：记工杨伟、采购李世诚、蒋顺鑫、记账张彬、出纳秦玉彬；第三，当晚小区居民自带工具，先把所有杂草、坏死的植物全部清理，以方便打药，从源头把菟丝子全部消灭；第四，社区做好支持工作，负责对泥土和红砖进行询价，并反馈给居民；第五，下周项目管理小组去市场核实价格后，再做详细规划及经费预算；第六，一心社工协助管理小组确定改造方案(包括改造范围、植物种类、预算成本等)。

为了节约资金，社区居委会与一心社工商量，开展志愿者活动、提倡志愿服务，并与小区商家一起设立志愿者积分活动，商家与社区居委会签订互助协议，商家为志愿者积分筹集资金，用于购买志愿者活动的奖励物资；社区居委会和一心社工组织居民开展绿化志愿者活动，将志愿活动时间折算为积分，每个季度兑现积分奖励，利用“微基金”购买花卉苗木进行栽种。

社区和居民代表们一起确定具体改造方案，大家还一致表态，资金少，有什么困难都要自己克服，行动过程中大家自带工具和水杯，能省则省。程书记说："这是我们的家，我们要齐心协力建设与爱护。"一场由社区支持、居民参与和决策、社会组织协作的菟丝子歼灭行动拉开了帷幕。

第一次居民集体行动：8月26日晚上，居民集体清除绿化带的杂草和枯萎植物。天黑了，小区路灯还没有亮，连管理小组秦阿姨都说明天再干，可大家都说要收拾完，把垃圾清理好再走，最后用电瓶车的车灯照着继续干。第二天一大早，居民们趁热打铁，开始给绿化带喷洒药水，不给菟丝子留下任何喘息机会。

第二次居民集体行动：9月3日下午，社区运来了红砖，居民自发用红砖将花台砌好，并且铲除了之前余留的植物深根，清理干净原来废旧的减震带。

第三次居民集体行动：9月4日，花台的泥土堆砌好了，栽种了居民捐赠的茶花与铁树，并规划了绿化带的最终设计造型。

第四次居民集体行动：9月8日，管理小组根据前三次集体行动的经验，有序地进行分工，将居民捐赠的150斤麦冬苗与购买的绿植花卉全部栽种完毕。

从2019年的"不关心"到"看稀奇"，再到2020年的"小讨论""一起干"，在整个过程中，在政府和社区的大力支持下，通过社工组织设计，由居民推选出来的项目管理小组带领社区居民共同调查与讨论，确定了桑梓人家社区西巷公共绿化带改造行动的规划方案、人员分工、后期管理维护制度等。整个行动预算为1万元，但居民们通过精打细算，节约了近6 000元。居民们表示："节约的钱，我们还想修停车棚、安充电桩、修补坏掉的路面，还有好多事情需要做，不节约点怎么行。"秦阿姨感慨说："以前居民看别人做，现在变成了自己亲自做，居民志愿者活动就是好，花小钱就能撬动居民共同参与，以后我们还要多搞这样的活动，既绿化了小区，又增进了邻里感情。"

（四）激发治理活力，营造社区共同体

1. 开展社区公益活动，培育居民公共精神

2020年1月，"桑梓人家　同心共治"农村社区参与式发展项目正式开展。同年4月，"微心愿"等项目陆续展开。社区工作人员、社工组织开始宣传，走访收集居民想法。2020年5月8日，社区正式召开了第一次"微心愿"项

目宣讲会，帮助居民了解项目资金来源、目标、如何收集“微心愿”等，参会的社区工作人员、社区楼栋长代表、居民代表等，一传十、十传百，让更多居民了解参与项目。

考虑到大部分居民白天忙于工作或农活，为提高效率，社区和社会组织设计了线下海报宣传，通过线上问卷征集居民对桑梓人家社区管理等公共事务的想法、建议等“微心愿”。居民赵叔叔说：“哪天社区还是带我们出去看一下其他地方怎么打造自己的小区的哇，我们还是可以借鉴借鉴。”居民李阿姨说：“我们小区还是好久没有办活动了，还是可以趁着节日搞点活动。”

根据大家的意见，社区和社会组织反复讨论，重新梳理、调整方式：第一，带领社区居民代表外出参访，拓宽社区居民视野，以更有效地关注社区公共事务；第二，请有经验的老师实地勘察走访桑梓人家社区，提建议明方向；第三，以大家感兴趣的节日公益活动为主，在活动期间收集微心愿，调动大家参与讨论的积极性；第四，分区域入户访谈，了解每一户居民的“微心愿”。

2. 助推社区公共交往，建构社区公共领域

社区居委会和社工组织通过不同的方式，引导居民学会表达，让居民实实在在地感受参与。社区通过走访了解到，居民们普遍表达了对“端午节”公益主题活动的浓厚兴趣。对此，社区把握机会邀请一心社工专门策划“端午节”活动，在社区内张贴海报、借助小区骨干的力量，通过微信宣传“端午节”活动，创造机会让社区不同区域的居民相互熟悉，活跃社区氛围。同时，社区也希望借助“端午节”活动宣传的契机，收集居民对小区管理的意见及看法。在一心社工的引导下，社区居民成功开展了端午节活动，不仅建立起社区主体角色，还组建了桑梓人家唯一一个沟通交流微信群。更重要的是，大家从一开始的敷衍变得开始愿意去思考和表达真实的想法。

王阿姨说：“这个方法可以，社区把一心社工请来，也没有给我们做决定，我们都发表意见，他们一步一步给我们说怎么开展，大家齐心协力，很有参与感。”

刘叔叔说：“以前都是社区给我们说做啥子，现在我们自己讨论决定，我们不明白的地方，他们给我们出谋划策。”

吴阿姨说：“开始我都不想来的，结果看到大家都来，我还是过来看一哈。现在不像原来了，只是听到然后做，现在要说自己的想法，得到大家认同后就按我们自己的想法做。”

2020年7月7日，社区工作人员、社区居民骨干前往郫都石羊社区、新津平岗社区进行参访，学习这些社区的先进经验。这次参访活动主要围绕三个问题进行：第一，如何收集居民的“微心愿”？第二，面对居民提出的“微心愿”，要采取什么行动？第三，社区和社会组织在实现“微心愿”中扮演什么角色，能给予什么协助？参观之后，居民童大哥表示：“平岗社区绿化带管理模式可以借鉴，同时我觉得设立‘社区问题清单’这个方式特别好，问题征集、任务认领、处理结果，整个过程公开透明。”居民黄阿姨对此表示赞同：“是的，我还是这样觉得，只有我们自己才知道自己想要啥子，大家把自己的想法说出来，列个条目，一目了然。”

3. 开展联建共治，丰富社区公共资源

政府针对前期收集的问题清单，搭建政府、社区、社工组织、居民之间的对话平台，掌握问题清单的跟进情况，进行多方沟通协调。社区及时提供支持，一方面就问题清单的内容进行排查和处理，并将处理结果在社区进行公示；另一方面针对问题清单中的未解决事项，提出由社区出面协调的建议。社会组织作为协调方，及时向居民反馈问题清单的处理进度，与居民共同探讨问题清单中哪些是政府、社区可以解决的；哪些是社会组织可以提供支持的；哪些是需要居民自己协商解决的，以此梳理桑梓人家社区公共事务管理多元主体的角色与职责。

2020年8月，崇州市遭受特大暴雨，桑梓人家社区在一个月时间内出现房屋积水4次，水深及腰。对此，社区提议在问题清单中增加一项防汛抗洪措施并得到居民一致认可，最终与居民达成共识，将问题清单中19项问题变为7项小区居民“微行动”事项。居民徐叔叔说：“防汛抗洪这些应急的事项需要列入清单，有备无患。”居民秦叔叔说：“这些灾害严重影响我们的生产生活，写进问题清单很有必要。”

4. 引导居民参与，提升居民自治能力

如何建立起桑梓人家社区的可持续管理机制？怎样做到有人管、有钱管、有制度管？真正地做到共建共治共享，这是桑梓人家社区试图解决的问题。

程书记再次和一心社工一起就前期居民共同梳理的社区公共事务清单问题和投票结果，协助社区居民用参与式的工作方式，成立社区监控安装管理小组，以集体行动协商处理的方式解决安装监控这一议题，了解社区居民对安装

监控的具体需求并进行宣传动员，征集监控安装的原则、资金使用原则、管理小组推选的标准和要求等，并向社区进行反馈，争取社区支持，在具体将每一件事完成的过程中逐步建立起符合社区实际情况的可持续管理机制和居民参与平台。

社区和一心社工组织召开桑梓人家社区监控管理小组推选大会，推选出4位管理小组成员负责桑梓人家社区监控的安装事宜，分别担任会计、出纳、技术总监、采购。

推选出的管理小组成员对安装监控缺乏信心，担心在监控安装的过程中社区居民不理解、不配合自己的工作。秦阿姨说：“我们有时候想得比较简单，也不像程书记、社工妹妹们那样有工作经验，对这么大型的工作还是有点发怵。”石大哥也说：“我们在这方面工作经验还是缺乏点儿了，考虑问题也可能没有书记他们考虑得周全。”因此，程书记和一心社工根据管理小组可能面临的困难和问题，有针对性地设计和开展了不同形式的协商会。协商的内容包括：如何制定各项制度，如何规范小组成员的行为，如何与社区、社工组织、居民沟通，如何协调矛盾，如何推进项目进度等。

管理小组正式成立后，先后完成了社区监控的布点、寻找监控安装公司进行比价、与社区进行磋商、对监控布点进行公示、进行监控安装竞争性谈判、社区监控的安装等工作。最后，管理小组复盘讨论后续可持续管理行动。以上每一个环节都由管理小组带领社区居民共同完成，让居民们感受社区是我们自己的，我们要一起共同治理。曾叔叔说：“就这样整，三个臭皮匠顶个诸葛亮，大家一起出谋划策，把我们小区整巴适。”秦大哥说：“在行动的过程中，有啥疑问大家及时提出来，小组组织我们大家讨论，协商好就办。”

桑梓人家社区居民在社区和社工组织的陪伴下，运用参与式的工作方式，根据社区公共事务投票结果，开展了社区监控的安装、社区公共绿化带的管理与维护、社区路灯的安装、社区春节活动等居民集体行动，让社区居民真正对具体的资源具有决策权，推动不同的项目管理小组带领居民自主进行项目方案设计、物资采购、采取措施、维护资源等集体行动，真正发挥主人翁的作用，推动项目持续进行。

在桑梓人家社区的整治和规范工作中，居民参与是关键，社区党委领导是核心，社工组织引进是跳板和润滑剂，三者共同发力是做好基层工作的有力抓手。桑梓人家社区共建共治共享的管理理念和居民自我管理、自我发展的整治成果得到了崇州市相关部门的认可。2019 年，桑梓人家社区被评为崇州市最美小区；2020 年，桑梓人家社区志愿者活动被评为崇州市志愿者活动典范，先后有周边区县前来学习考察。

（五）结语

在实地访谈桑梓人家社区共建共治经验的过程中，我们能真切感受到社区居民之间的互助友爱。农民集中安置小区通过多方共同努力，竟能如此旧貌换新颜。但这样的场景在“微基金”等治理媒介退位后，如何在根本性的制度建设、更多资金来源、治理能力建设上有所保持和突破？这是个需要进一步思考和探讨的问题。农民集中安置小区的治理永远在路上，通过协同治理提升基层社区治理能力，是不断增强人民群众获得感、幸福感、安全感的必然要求。

思考题

1. 政府为何要推进社区治理？其政治性和社会性意义何在？
2. 如何理解多元治理中的各个主体之间的关系？
3. 政府在推动社区治理的过程中有哪些手段，面临哪些挑战？
4. 社区营造的手段或路径有哪些？它们在社区多元治理体系建设中发挥着什么样的作用？
5. 社会组织助推社区营造的优势和路径有哪些？

二、案例目标定位

（一）核心教学目标

（1）政府推进社区营造，构建多元治理体系的原因；
（2）政府推进社区营造，社区营造推进多元治理体系的措施；
（3）社区多元治理的持续性；

(4) 社区多元治理的先进性。

(二) 应掌握的知识点

(1) 社区多元治理体系;
(2) 社区多元治理的实现路径;
(3) 社区营造过程中社会组织的参与;
(4) 社区营造过程中的居民参与。

(三) 思维养成和观念转变

(1) 社区治理路径不断发展变化;
(2) 社区营造在社区建设中的重要意义;
(3) 社区治理中的多元主体参与;
(4) 社区共同体理念的形成。

(四) 能力提升

(1) 提升构建社区治理体系的能力;
(2) 增强建设社区多元治理体系的能力;
(3) 提升社会组织营造社区的能力;
(4) 提升协调公众参与的能力。

三、教学内容及要点分析

(一) 案例导入性问题

(1) 如果你是社区居委会书记,你将如何解决社区治理资源不足,居民参与程度低的问题?

(2) 如果你是社会组织的工作人员,当居民对社区公共事务态度冷漠时,你会怎么做?

(3) 如果你是对社区公共事务有所要求的居民,在社区治理效果不佳,社区公共空间管理混乱的情况下,你会通过什么样的方式谋求改变?

（二）案例讨论要点

1. 如何撬动社区多元治理——社区营造

“社区”不仅是一个地理空间意义上的共同生活场域，也是一个社会文化意义上的共同体，更是国家治理意义上的基本单元。与西方社会自发形成的“社区”不同，中国治理语境下的“社区”是国家助推社会成长的产物，本身具有建构主义色彩。因此，社区治理共同体的建构过程本质上就是社区营造的过程。所谓社区营造，就是要将居民的居住区建构为一个具有场所认同感和人文关怀的“大家庭”，其内容主要包括对社区地域范围内“人文地景产”的整体营造。学者陈其南认为，社区营造是一种社区居民自主参与并从自身需求出发，构建“社区共同体”的思维模式，是政府规范向居民自治的过渡，是提高社区自组织能力，挖掘社区特色文化的过程。

桑梓人家社区的社区营造过程表明，中国式社区营造本质上是以面向生活的公共议题建构、面向交往的公共空间重塑和面向共治的公共规则设置激发社区多元主体的治理活力，建构共建共治共享的社区治理共同体的组织过程。可见，与西方语境下的社区营造不同，中国式社区营造具有鲜明的国家创制导向，是兼顾秩序与活力双重治理目标的共同体建构过程。

桑梓人家社区的社区营造经历了从“政府包揽，居民躺平”到“政府牵头，居民参与”再到“居民主导，政府协同”三个阶段。在治理主体方面，也历经了单一治理主体到三方治理主体再到多元治理主体的转变，其运营模式、决策主体发生了转变（见表 2-1）。

表 2-1　社区营造的各个阶段演变

阶　段	决策主体	运营模式	特　点	价值判断
单一治理主体	政府	政府全权负责	政府包揽，居民躺平	治理资源相对缺乏，基层治理问题不断涌现
三方治理主体	政府主导、居民和社工组织参与	政府主导、居民参与、借助社会力量	政府牵头，居民参与	社区治理难以长期而有效地运转

续 表

阶 段	决策主体	运营模式	特 点	价值判断
多元治理主体	居民主导、社工组织和政府参与	居民主导、居民项目小组管理、社工组织引领、政府协调配合	居民主导，政府协同	推进社区自主管理机制长效运行

(1)“政府包揽，居民躺平”阶段

在桑梓人家社区治理初期，居民凝聚力相对薄弱，对于公共管理者而言，社区日常事务由政府包揽，政府不断投放资源，人力、物力、财力压力也不断增大，居民形成了“有问题找政府”的惯性思维。在处理社区日常事务的过程中，政府缺乏对居民的了解，与居民产生了一定的距离，造成了信息不对称，日常工作无法顺利开展。信息不对称一方面由于社区管理的“多样化”导致居民在反映问题时往往不知从何说起，同时一些管理事务的相似或者重叠，导致社区相关业务人员存在推诿现象，加剧了信息不对称；另一方面，居民参与意识薄弱。散居到聚居意味着生活节奏的改变，居民因生产生活需要无暇顾及不涉及自身利益的事务，用淡漠的态度对待社区工作，放弃了对社区管理与决策的权利，同时也制约了社区的发展。

政府作为单一治理主体全权负责有很大的局限性。在日常工作中，居委会承担了政府分派的很多日常工作，在社区治理的过程中带有一定的行政色彩，容易让居民产生排斥感。同时，过多的分派工作使得居委会无暇顾及社区的日常管理。

居民需求并不是一成不变的。居民的需求包括出行需求、环境需求、换房需求等。居民在聚居后，因生产和居住分离，产生了对居住习惯的需求、生活空间需求、情感融合需求等。显然，居民对聚居的期望在不断地发生变化。从散居到聚居的居住方式带来了家庭结构、代际关系、社会网络和社区治理等社会结构和制度的变迁，使居民在搬迁初期因生计空间断裂，难以实现社区融合。因此单一的治理主体已经无法满足居民的新需求，治理主体的改变势在必行。

(2)“政府牵头，居民参与”阶段

由于政府包揽的管理模式已经难以为继，因此社区开始从管理向治理转向，公共管理者试图引入社区外的社会力量，共同推进社区治理。在这一过程中，居民对社区公共事务的参与发生了变化。在本案例中，居民从提一些关于“微基金”的无关紧要的问题，到关注“微基金”具体使用规则，一步步地达成共识，逐渐提高对社区公共问题的关注程度，到最后愿意为社区问题开展行动。引入“微基金”后，社区营造成为撬动社区内治理杠杆的支点。

面对社区居民对于社区事务相对冷漠的现状，公共管理者所借助的突破口是一件“小事”，即公共绿化带的营造。借助社会力量的支持，在社区设立“微基金”，通过社区绿化带改造这件小事，让居民们亲身体会到“微基金”的大力量。在完成东巷的绿化带改造之后，原本相对保守的西巷居民也逐渐转变思想，开始主动参与社区事务。

在这一阶段，社区治理从原本的政府包揽转向政府主导、社会力量协助、居民参与，社区内潜在的治理资源被调动起来，参与社区治理。同时，居民参与极大地提高了居民们对于社区公共管理者的信任程度，突破了居民和政府之间的信任壁垒。

三方治理主体虽然在社区治理中取得了一定成效，但其持续性仍存在问题。“微基金”打破了居民和政府之间的信任壁垒，但是仍是政府主导，借助社会力量，居民被动参与，社区治理持续性难以得到保障。

(3)“居民主导，政府协同”阶段

随着居民们参与社区事务的热情日渐高涨，公共管理者的角色逐渐从居民们的“保姆”转变为居民们的助手。在桑梓人家社区内安装监控的过程中，从提议到执行，居民们成为社区公共事务的主角，政府在这个过程中的主要任务是协调配合，社工组织适当发挥引领作用，配合居民们选出来的管理小组开展工作。社区内的各种治理力量参与社区公共事务治理，社区多元治理体系日趋完善。

在整个社区营造过程中，“微基金”起到的是抛砖引玉的作用。一是促进社区自组织的建立和发展，由于“微基金”在项目申请资格上进行了限制，所以能够推动基层治理单位成立相应的自治组织，或者选择更能推进项目的自治组织，推进农村安置小区自治组织的从无到有，从弱到强。二是凝聚社区居民的共建共治意识，获得“微基金”后的规范管理行为，成为基层民主议事的重要议题。由于个人利益与公共利益的选择冲突，会在一定程度上激发社区居民主动或被动地参与基金监督。三是推动基层协同治理模式的建立和完善。要想在用好政府财政负担的下拨资金之余，解决社区具体问题，推进社区治理从基础设施建设到“软环境”的锦上添花,就需要政府、社会组织、社区和居民等多方的交流和协同发力。四是推进社区自主管理的长效运行,“微基金”属于非持续性保障资金,在完成申报的项目后可以不再给予资助,但是对于不断更新项目且协同治理效果显著的小区并未设限,这会在一定程度上激励已享受资助红利的社区向基层协同治理“深水区”迈进。

在社区营造的理念中,公共空间的营造是社区内各个主体关系破冰的关键一步,通过难度相对较低的公共空间营造,形成社区内的互信,提高社区内的凝聚力,推动居民关注社区公共事务。但社区共同体的形成,并不仅仅停留在公共空间营造上,唤醒社区中沉睡的多元治理力量,共建美好社区,这才是社区营造的最终目标。

2. 多元治理视角下的社区营造之路

社区治理体系建设不能一蹴而就,而一个良好的社区氛围则是社区治理体系建设的重要前提。桑梓人家社区在社会力量的协助、社区居委会的组织、居民的参与下,从“微基金”切入,推动社区营造,最终实现“旧貌变新颜”,整个过程如表 2-2 所示。桑梓人家社区所面临的问题,也是许多社区正在面对的,无论是新建社区还是农民集中居住社区,都存在社区社会资本薄弱、居民对公共事务关注度较低的问题。因此,本案例中的经验,可供其他社区的公共管理者参考。桑梓人家社区的成功之处在于通过社区营造建立了如图 2-1 所示的多方参与主体作用框架。

表 2-2 多元治理视角下的社区营造之路

阶段	运营模式	特点	价值判断
破冰阶段	微基金	调动居民参与社区治理	打破社区内的治理壁垒,增进居民和居委会之间的信任
转变引导阶段	微心愿	创造机会让社区居民相互熟识,活跃社区氛围	引导居民表达、知情、参与,搭建信息反馈渠道,达成共识,将社区问题转化为集体行动
融合自主阶段	微治理	从个体到公共意识的转变,自己的社区自己管	逐步建立起符合社区实际情况的可持续管理机制和社区居民参与平台,居民对具体的资源真正掌握决策权

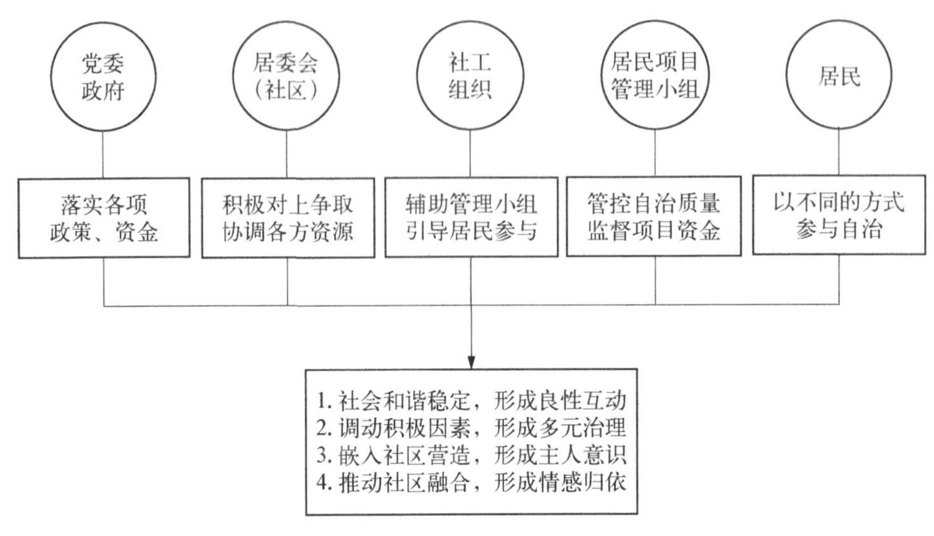

图 2-1　多方参与主体作用框架

(1) 积极培育居民的社区精神，提升居民参与度

增强居民对安置小区的认同感和归属感，提升居民参与安置小区公共事务的积极性和主动性，关键是要拓宽居民参与安置小区治理的渠道，让居民在自我管理、自我服务、自我教育、自我监督中自觉养成积极参与治理的精神。首先，要引导居民在民主管理中发挥作用。通过建立社区网站、张贴宣传通知等各种方式实行居委会工作公开，增加社区管理的透明度。对影响居民生活的大小事情通过召开听证会、楼道会等形式解决。其次，开展各类丰富多彩的社会活动和互助活动，融洽邻里关系，消除矛盾纠纷，满足社区居民多方面的精神需求，并通过树立社区活动积极典型，引导居民自觉参与社区管理，形成和谐邻里、平等互助的良好社区风气。

(2) 健全社区治理体系，彰显社会力量

杨可认为，多元主体共同参与治理的关键在于如何让社会组织和社区居民有效参与，这就需要完善社区治理体系。解决社会组织的发展问题需要从提升社会组织的公信力和培育高效专业的工作队伍出发。一是要尊重社会组织的参与地位，将其视为社区治理的重要成员，并加快政府职能转变，让政府和民间组织真正做到合理分工，相互补充。二是增强社会组织信息公开透明度，建立健全内外监督机制，把对社会组织的行业检查纳入法治轨道。社会组织内部可设立监事会，着重监督做出重要决策和执行的成员，保证其行为符合社区居民的利益和社会的要求。同时，社会组织也要主动接受社会各界的监督以提升自身公信力。三是要完善相应的组织评估机制，制定合理的行为规范和行业标准，淘汰社区治理参与能力差，公共服务供给质量低下的社会组织。四是与高校深入合作，为社区治理引进专业人才，并整合专业社会工作者和熟悉社区情况的社区工作者形成专业队伍。鼓励员工互相学习交流，表彰和奖励那些为社区作出贡献和坚守职业道德的社区工作者，增强工作人员对社区工作的归属感。五是建立健全社区工作的薪资制度和奖惩机制。

(3) 明确政府机构职责权限，优化治理结构

要进一步理顺社区管理体制，建立由党委负责、社区办和民政局牵头、相关部门配合、社会广泛参与的社区服务管理体制，加强对社区服务功能建设的组织协调、指导服务，解决社区服务发展中的各种问题。对经批准进入社区的各项行政事务，要明确工作的权责范围和经费标准，严格落实“权随责走，费随事转”。针对成都安置小区治理实际情况，要增强社区治理的包容性，以保证社区工作的顺利开展，并通过合理的途径提高社区的自治能力。例如，政府增强对社区的资源支持力度，根据不同社区的实际情况引导社区民众探索适合本社区的自治模式，树立标杆或向其他自治探索成功的典范社区学习，如院落自治、楼宇自治等。在基层工作中，要努力克服形式主义问题，设立更加简单灵活的基层工作评价考核指标，根据政府和居民的需要开展社区工作，在减轻基层组织工作负担的同时将社区工作落到实处。

(4) 拓宽社区资金来源渠道，提高资金利用效率

要想拓宽社区资金来源渠道，一方面可以由当地政府引导和鼓励社会力量承担其能够承担的功能，根据社区公共服务的要求等各种因素合理划分社区服务项目；另一方面主动接受民间组织或个人的捐助，并对捐助的组织或个人给予税收优惠和表扬，提高社区建设中民间力量参与的积极性。不同的社区可根据自身不同的情况设立专门的社区发展基金，本案例中的“微基金”在社区治理中就起到了重要作用。资金的投入及分配要从社区群众需求着手，深入社区，贴近群众，专款专用，提高资源的配置使用效率。

(5) 运用现代化管理方法，着力提升社区管理和服务水平

从加强服务型社区建设、建立服务型社区的保障体系、紧扣服务重点、提升社区管理人员的素质四个方面，提升社区管理和服务水平。根据当前安置小区治理现状，结合以上四条建议，可运用现代化的管理方法，提升社区治理水平。首先要转变社区管理理念，将原先对居民进行行政管理变为向居民提供服务，切实落实好各项服务措施。第一，要保证社区管理不“缺位”，不“越

位”。第二，社区要建立相应的保障体系，来确保服务型社区在建设过程中不走样、不偏离目标。积极发挥管理服务的主体功能，逐步健全管理组织和服务机构。对于居民经常反映、反映强烈的一些问题，要有明确的办事程序，提高解决问题的效率。在上述基础上，运用大数据等现代技术，提炼出一套适合本地社区管理的现代化治理模式。

(6) 充分挖掘、发挥好党组织在社区治理中的优势

在当前的城市社区治理格局中，只有通过党建引领，发挥党组织的政治优势，才能克服社区治理中的各项问题和短板，全面提升社区治理能力。一是充分发挥党建引领的凝聚效用：资源整合与平台建设。二是党建引领的带动效用：项目牵头与机制保证。三是党建引领的服务效用：民生服务与民主保障。在发挥好党建作用的基础上，切实强化党建引领作用，进一步推动干部人才下沉一线，通过向上级党组织申请等方式，鼓励引导更多的专业人才参与社区治理，也可采用“双报到”机制，做好社区日常工作。

四、理论依据

(一) 多元治理理论

多元治理是以法治为基础的多元主体共同治理，是我国社会治理实践探索的经验总结，也是实践中形成的新要求。作为社会治理的制度创新，多元治理主要包括四大特征：多元主体；开放、复杂的共治系统；以对话、竞争、妥协、合作和集体行动为共治机制；以共同利益为最终产出。多元治理不是政府退出，不是“小政府、弱政府”，而是“小政府、强政府、大社会”的共同治理模式。

目前，社区在多元治理探索中已取得了一些成就：江苏某社区通过政社互动、三社联动、驻区单位共建共享、民主决策日等有效机制提升社区治理水平；广州某社区通过引入社会力量，发展居民自治组织，通过社区参与有效改善社区外来居民与本地居民之间的隔离现象，激发社会活力，提升居民的社区归属感。这些社区多元治理取得的成绩表明，多元共治的理念和精髓在实践中的确可以充分调动社会多元主体对社区治理的积极性，进行符合当地实际的有效探索，并取得较好的治理成效。

（二）多元主体及其定位

多元治理体现在“多元”，政府主导、居委会执行、社工组织倡导、居民参与、“微基金”助力，要想使“多元”在社区治理中各自发挥特长，形成更具凝聚力的“一元”社区，使社区治理能激发内生动力，推动社区持续发展，促进社区活力不断增强，就要把“多元”各方的能动性挖掘得更加深入。多元主体的功能如图 2－2 所示。

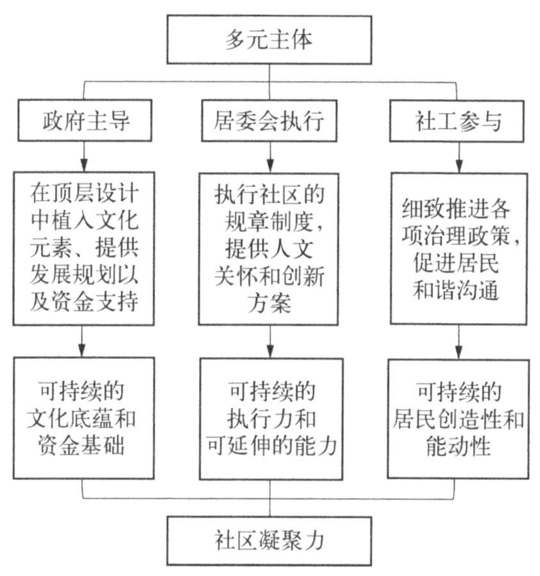

图 2－2　多元主体的功能

1. 政府“元”的角色定位和功能定位

社区的文化元素植入、发展规划以及资金支持由政府来做顶层设计，使社区具有可持续的文化底蕴和资金基础。在本案例中，政府的“元”能力主要通过“微基金”体现。通过将“微基金”引入社区，政府为社区长期持续开展多元治理提供了必要的支持。桑梓人家社区在“微基金”的支持下，充分发挥居民的长项，通过种植各种花卉，有效改善了社区的人居环境。在今后的社区治理中，“微基金”还可以支持居民将社区打造成主打休闲旅游的花卉观赏社区，既帮助居民获取额外收入，也为“微基金”注入新动力，使社区多元治理得以稳定延续。由此可见，政府的“元”能力主要表现为通过创造机会、提供必要支持，推动社区多元治理并使之能够长期稳定地持续下去，从而更好地服务广大居民。

2. 居委会“元”的角色定位和功能定位

在多元治理中，社区的治理规范、人文关怀以及创新方案由居委会来制定和推动，使社区具有可持续的执行力和可延伸的能力。本案例中，居委会作为政府与居民之间的“桥梁”，可与居民互换角色场景，创造居民参与解决问题的环境，引导居民发挥主人翁的能力，协调各方治理主体共同制定适合社区的治理规范。为了调动居民参与的积极性并引导其长期、稳定参地与社区治理，居委会可以让居民通过参与社区的自我管理、创新管理获得一定的激励。

3. 社工组织“元”的角色定位和功能定位

社工组织的存在有效地弥补了政府公共服务的不足。社工组织作为社会治理中自由的角色，对社区治理起到锦上添花的作用。本案例中的社工组织，在桑梓人家社区由“脏乱差”到“净静美”的治理过程中，一直紧密沟通，参与协调治理。社工组织可以看作是政府代表与居民代表中的社会代表角色，在治理政策的细致推进方面，在居民的反馈沟通方面，社工组织可以发挥更加具有创造性的作用。社工组织在培育创新型社区方面的作用是：“以共同价值探求谋求各行动主体的吸引竞争，以稳定结构的形成实现组织的分化整合，以长期的多方监管应对组织发展的冲突与变迁。”社工组织是培育农村社区社会组织的关键变量，也是创新社会治理模式的重要路径。

4. 居民“元”的角色定位和功能定位

居民是社区治理的主体，居民参与治理的积极性对于社区多元治理有着不可替代的作用。培养居民参与社区治理的积极性主要基于居民对社区的认同感和荣誉感，同时也要通过调动居民在社区治理中运用创造力取得成效，以激发其参与治理的积极性。在本案例中，桑梓人家社区的“微基金”专人专管、公开透明、使用得当，并在社区治理中显著改善了社区的人居环境。这营造了良好的社区氛围，并为调动居民参与社区治理的积极性创造了条件。环境因素影响研究理论认为：“积极的组织系统也是一种环境，它使人更具有利他行为、社会责任感及爱的能力等。”在“微基金”营造的良好社区氛围中，居民参与社区治理的积极性被激发出来，他们共同出钱出力，利用休闲时间铲除菟丝子，既改善了社区环境，也增强了居民的集体荣誉感，为持续推进社区建设打下良好的基础。

（三）社区营造理论

随着“乡土中国”向“社区中国”的转变，社区逐渐成为纵向层级体系的末梢和群体横向聚合的空间。在国家权力与社会力量的耦合互动下，社区不断呈现出多重治理形态，从而体现出迥异于传统社区营造理论的实践形态。

“社区营造”是联合国自1951年以来，在全球范围内推广的一项地区发展运动，旨在通过地方社区自身的力量促进社区协调与整合，从而为社区找到一条有效发展的道路。社区治理（社会发展）在全球不同国家和地区，因经济社会发展阶段因素限制、传统文化底蕴差异，加之具有重大影响力的社会变革或灾害的影响，有着不同的重点任务和特点。目前，社区营造可以分为日本的空间营造模式、中国的国家助推模式以及中国台湾地区的社区总体营造模式三种。

日本的社区营造主要指居住在一定地理范围内的人们为保护生活环境，提高生活质量，持续以集体行动来处理共同的社区生活议题，在解决问题的同时创造共同的生活福祉。在这一过程中，居民与社区环境、居民之间建立起了紧密的社会和心理联系。

中国的国家助推模式的目的是建立社区共同体，建立社区成员的身份认同，培育居民参与公共事务的共同体意识。在社区营造的具体过程中，居民团体和非政府组织都是非常重要的支持力量。社区营造的核心是居民参与，强调社区居民的自发性，希望居民出于自身需求参与社区建设，在参与中产生社区认同感。这种社区营造是过程式、渐进式的。

中国台湾地区的社区总体营造模式的内涵是：“以社区共同体的存在和意识作为前提和目标，通过社区居民积极参与地方公共事务，凝聚社区共识，经由社区的自主能力，使各地方社区建立属于自己的文化特色，开展相关文化活动。如此，因社区民众的自主与参与，生活空间获得美化，生活质量得以提升，文化产业经济再行复苏，原有的地景、地貌焕然一新，社区活力再现。”

结合社区营造理论的概念流变和内容拓展，我们认为，社区营造是居住在同一地理范围内的居民，持续以集体的行动来处理其共同面对的社区生活议题，在解决问题的同时也创造共同的生活福祉，居民彼此之间以及居民与生活环境之间逐渐建立起紧密的社会联系的社区治理社会化过程。

本案例中，社区营造初期的切入点是“微基金”。在如何实现社区居民公共空间的适度改造这一问题上，居民们在权衡了关系到自身利益的“是否获益？获益大小?”等问题后，其个人与共同体意识(含监督)被部分激发，在几轮磋商后出现了不一定完美的非政府组织雏形(一心社工、东巷撑头人石叔叔和曾叔叔、植物爱好志愿者等)，这是社区营造中维护共同体公共利益的首个非官方组织。该组织带领东一巷的居民在社区治理中取得了良好的效果。西二巷的社区营造契机是东一巷的示范效应，居民们感受到了维护公共利益的现实利益，并通过集体行动清除了公共空间中的菟丝子。

在桑梓人家社区营造的后期，社区营造逐渐从各项实体活动经验上升为管理机制和社区居民参与平台建设。居民真正掌握了社区共同体建设的参与权、知情权和决策权，为可持续的社区共同体打造奠定了组织基础和制度规则。

(四) 社会组织助推社区营造

社会组织在助推社区营造方面具有重要的作用。

第一，社会组织能够提供专业服务。社会组织通常由专业人士组成，他们具备特定领域的专业技能和知识。这些专业知识可以为社区提供必要的服务，如咨询、教育、研究等。通过提供专业服务，社会组织可以帮助社区解决问题，提高居民的生活质量，助推社区营造。

第二，社会组织有利于促进居民参与。社会组织可以组织各种活动，促进居民之间的交流和参与。这些活动可以包括文化活动、体育比赛、志愿者活动等，通过这些活动可以增强居民的社区意识和归属感，提高居民社区营造参与度。

第三，社会组织有利于建立合作伙伴关系。社会组织可以与政府、企业和其他组织建立合作伙伴关系，共同推进社区营造。通过合作，可以共享资源、技术和经验，共同解决社区面临的问题，提高社区的发展水平。

总之，社会组织可以通过提供专业服务、促进居民参与、建立合作伙伴关系等方式，助推社区营造，提高社区的发展水平和服务质量。

五、参考文献

[1] 吴晓林，谢伊云. 国家主导下的社会创制：城市基层治理转型的“凭借机

制”——以成都市武侯区社区治理改革为例[J]. 中国行政管理，2020(5)：91-98.

[2] 郑娜娜，许佳君. 易地搬迁移民社区的空间再造与社会融入——基于陕西省西乡县的田野考察[J]. 南京农业大学学报(社会科学版)，2019，19(1)：58-68+165.

[3] 徐刚. 微公益创投的能力堕距及主体治理——来自社区营造试点的证据[J]. 公共管理评论，2022，4(2)：167-185.

[4] 刘建军. 社区中国[M]. 天津：天津人民出版社，2020：8.

[5] 朱芒. 从社会运动口号到法律制度概念——日本的“社区营造”概念[J]. 城市治理研究，2017，2(2)：108-122+10.

[6] 边防，吕斌. 基于比较视角的美国、英国及日本城市社区治理模式研究[J]. 国际城市规划，2018，33(4)：93-102.

[7] 刘祖云，王太文. “社区营造”：理论渊源及其理论转译[J]. 理论探讨，2023(5)：62-69.

[8] 丁康乐，黄丽玲，郑卫. 台湾地区社区营造探析[J]. 浙江大学学报(理学版)，2013，40(6)：716-725.

[9] 吴海红，郭圣莉. 从社区建设到社区营造：十八大以来社区治理创新的制度逻辑和话语变迁[J]. 深圳大学学报(人文社会科学版)，2018，35(2)：107-115.

案例三

政府引导社区
——Z 小区加装电梯

摘　要： 老年人口占多数的上海老旧小区普遍面临着加装电梯的难题。上海市黄浦区 Z 小区"内天井＋防空洞"的房屋构造不仅增加了加装电梯的技术难度，而且工程牵涉一栋楼内四十余户人家更是使居民工作难上加难。两栋楼通过居民自治，与打浦桥街道、银杏居委会以及政府多部门通力协作，经过细致的居民工作、创新的工程方案和全生命周期资金管理等手段，成功实现了全市首例"内天井＋防空洞"电梯加装项目。

关键词： 居民自治；老旧小区；电梯加装；政府引导

一、案 例 内 容

(一) 引言

上海的老小区见证着这座城市的变迁，承载着无数居民的生活记忆。这些老小区集聚在黄浦区、静安区等区域内，大多建造于 20 世纪八九十年代，那时的建筑风格与现在有着天壤之别。老小区内往往房屋拥挤，道路狭窄，停车位资源紧张，房屋大多为六层高的建筑，但由于建造时间久远，经过岁月的洗礼后，楼栋的外立面和内部的设施已经变得老旧。其中，最让居民们感到不便的是出行时没有电梯。尤其是楼栋内的老年人或行动不便的人，上下楼梯成了一个巨大的难题，他们每天都需要花费大量的时间和精力来完成简单的出行，如买菜、看病等。上下楼只能搀扶着栏杆一步步走台阶，老年人本就体力不佳，尤其是在楼层较高的情况下，他们更是感到力不从心，自己仿佛被困在高层，成了"悬空老人"。这样的生活环境无疑给他们的生活带来了极大的不便和困扰。随着科技的发展和人口老龄化的加剧，老年人口的数量不断增加，对电梯的需求也日益增长，老旧小区加装电梯成了居民们共同的呼声和期望。这不仅是为了解决老年人上下楼的难题，更是为了提高居民的生活质量，让他们能够享受到更加便捷、舒适的居住环境。

近年来，上海市政府针对老旧小区加装电梯出台了一系列的指导文件和具体政策。这些政策不仅为加装电梯提供了明确的指导方向，还给予了政策、资金的支持。然而，老旧小区电梯加装并非易事。每一个老旧小区的建筑结构、房屋承重能力、空间布局等方面都存在诸多不同的先天限制。此外，加装电梯还需要考虑与原有建筑的功能融合、外观是否美观等问题。

上海市黄浦区打浦桥街道的Z小区是一个典型的老旧小区。Z小区建造于20世纪80年代，房屋的建筑结构已经较为老旧。此外，Z小区由五家单位联合建造，每一家单位设计的楼栋结构皆不相同，有的楼栋是横排式结构，有的楼栋是内天井式结构。小区内建筑都为多层住宅，六至七层不等，皆没有配备电梯。另外，由于Z小区地理位置优越，位于繁华中心街区，周边医疗、教育、文化等设施齐全，吸引了大量老年人和年轻人居住。小区20号楼、21号楼的老年人口比例高达70%，加装电梯的需求更加迫切。为了提高居民的生活质量，提高社区宜居性，为老年人打造更加便捷的出行方式，不再让老人悬于高空，电梯加装成为Z小区改造的重要项目。

（二）统一加装意见

1. 小区加装工程如火如荼，20号楼、21号楼始终未有动静

打浦桥街道在Z小区进行的加装电梯工程是逐步推进的。在整个小区启动加装电梯工程之初，打浦桥街道遵循"业主自愿、政府扶持、因地制宜、兼顾各方、依法合规、保障安全"的原则，首先在街道层面成立电梯加装工作小组，统筹各项工作，形成多部门合力、强化条块协作的工作模式。Z小区成立了电梯加装工作临时党支部及党小组，积极发挥基层党组织战斗堡垒作用和党员先锋模范作用，依托红色业委会和红色物业的"双红联盟"平台，构建电梯加装"街道电梯加装工作小组+小区临时党支部+若干楼栋党小组"（即1+1+X）的电梯加装全周期党建工作组织架构。各小组协同发力，针对不同楼栋展开

工作。

因为楼栋构造不同，每一栋楼的加梯难度大不相同。打浦桥街道先在Z小区内进行了一次摸排工作，决定先从可以实施电梯加装工程、楼栋内居民最先达成一致意见的楼栋入手，于2019年完成Z小区33号楼的电梯加装工程，这是整栋小区第一座加装成功的电梯，引得小区居民无比羡慕。

“那我们什么时候可以加装?”Z小区的20号楼、21号楼居民们出于对电梯的迫切需求，不止一次向街道和居委会发出急切的询问。但是20号楼、21号楼是典型的“内天井＋防空洞”建造结构，房屋各楼层的6户人家环绕天井，呈回字形排列，防空洞位于楼栋地下，是楼栋建造初期就设计的人防工程。街道和居委会在前期针对整个小区的摸排工作中，就已经邀请了专家进行实地勘察，但得出的结论都是两栋楼“先天条件”不足，不具备加装条件。

除了20号楼和21号楼，Z小区内还有4栋楼存在内天井构造，由于客观的工程方案难题，电梯加装项目始终未向它们倾斜。但是6楼栋的居民们加装意愿强烈，甚至有个别居民不止一次找到街道和居委会，希望政府可以牵头支持此工程。最终，2021年初，打浦桥街道和居委会决定试一试，要啃下这块“硬骨头”。

2. 政府回应民之所盼，居委会助力成立“三人小组”

根据上海市出台的文件规定，加梯需要经历大征询(小区加梯意见征询)、小征询(楼栋加梯意见征询)、签约、备案、施工、竣工验收六个阶段。在小区第一台加装电梯动工前，就已经通过了大征询环节，但是下一步的小征询环节，是一项细致的居民工作，是需要街道、居委会、楼栋内居民多方合力、一同推进的，需要全面听取居民意见、了解需求，并向居民细致解释传达加梯政策和工作流程。仅靠街道和居委会的几名工作人员对接楼栋内的几百名居民做工作，人手根本不够。街道和居委会想到了发动居民的力量，他们充分挖掘每栋楼内的热心退休党员、在职党员、社区能人，引导楼栋内成立“加梯三人自治小组”(后简称“三人小组”)，通过居民自治共治，来推动加梯工程的居民工作。

但是，该如何寻找愿意出力的居民呢？这是一项还未实行，就知道是吃力不讨好的工作。银杏居委会的社工孙老师通过梳理楼栋内居民名单，寻找有条件、有能力参与加梯工作的人选，对于人选要求，孙老师早已归纳总结出了一套经验标准，在座谈中说道：

> 我们的加梯三人自治小组都是有各自分工的：一人负责动员居民，需要在楼内具有一定的公信力，可以在居民意见不统一或者出现矛盾时出来调节，倾向于楼栋内居住时间长、熟悉邻居情况、较为年长的居民；一人负责对接电梯加装政策，需要对上海的相关电梯加装政策了解，可以为居民做好答疑解惑的工作；一人负责管理账目，因为电梯加装需要向居民收集工程费，这就意味着需要做的工作有资金收集、跑银行业务、制作账目表格，要擅长使用电脑软件，这倾向于找年轻人了。

从这套标准出发，孙老师率先找到了20号楼楼长小徐老师和21号楼楼长王老师，向她们说明电梯加装情况和启动要求，希望她们可以加入“三人小组”，并一同动员楼栋内其他居民加入。王老师已经退休，有余力参与这项工作，爽快地同意了；但是小徐老师较为年轻，孩子还在上幼儿园，本身承担楼长的工作已经花费了她的个人时间和精力，对“三人小组”工作产生了犹豫。孙老师当面找到了小徐老师，向她细致说明了加梯三人小组的分工，解释这是一项多方共同努力推进的工作，并不需要她一人承担，恳切地希望她加入工作。

最终，在居委会动之以情的沟通下，小徐老师想到自身的用梯需求，被社工孙老师打动，表示愿意加入。在后期寻觅组员的过程中，两位楼长与居委会共同上门与居民面谈，邀请有余力的居民加入“三人小组”，共同为楼栋电梯加装出力。最终，在2021年年中，两栋楼的“三人小组”成功组建，开始进行楼内居民意见征询工作。

3. 一对一，点对点，居民共同参与调节工作

Z小区在电梯加装的全过程中，始终坚守依法推进的原则，积极促进电梯的规范加装。街道和居委会严格遵循相关要求，在组建“三人小组”后，立刻开始了楼栋内加梯意见的征询工作，确保每一位业主都能参与其中，合法有效地保障每一位业主的表决权。在此过程中，两栋楼的楼长亲自到楼栋内每一户人家，一户户征集业主意见。针对楼栋内出租的房子，楼长会另外通过电话联系等方式向房东征询意见。在此过程中，楼长同时创建了两个微信群，一个业主群，一个住户群，业主群用于电梯加装的意见征集、后期资金收集等沟通工作，住户群为了方便通知发布。这个微信群方便与每一位居住在这里的居民

对接，确保租客也能全面及时地知晓信息。

在对20号楼进行初步的意见征询环节中，有几位居民对电梯是否会阻挡光线和运行噪声表达出了担忧，这也是影响到他们能否同意加装的关键因素。但是20号楼和21号楼不同于小区内其他楼栋。电梯可以加装在哪个方位，更多取决于楼栋内天井和防空洞的结构，需要研判哪个方位不会对楼栋本身的构造产生影响，是无法任意挑选方位的。在意见征询阶段，街道和居委会同步对接房管局、电梯公司等，进行了多次实地勘测，期望定下一个初步方案，来为居民们担心的问题答疑解惑，将对低层居民的影响降至最低。居民在了解到加装方案受先天因素制衡后，放下了初步的疑虑，决定先耐心等待工程方案。

在楼栋内意见征询的过程中，楼长表示，除了自身所在的“三人小组”的积极沟通和调节，楼栋内其他德高望重的居民也对这项工程的推进起到了关键作用。20号楼的楼长小徐老师在座谈中回忆道：

> 因为电梯加装反对意见最大的基本都是一层和二层的居民，有的担心房价，觉得电梯装好后，自己所在的低层的房价会跌，有的担心采光，认为会挡到自己家里的光线。我们在这个过程中，只能一对一沟通，一个一个去做工作。

楼栋内的高层居民意见征询工作非常顺利，因为大多数高层居民为高龄老人，对电梯需求非常高，基本无波折地全数通过。在后期，楼长和在楼栋内具有一定公信力的居民代表不断与低层持明确反对意见的居民沟通。最终，原先明确持反对意见的居民本着远亲不如近邻的想法，决定退让一步，不再反对。两栋楼的电梯加装工程顺利通过了楼栋内居民意见征询环节。

尽管20号楼和21号楼复杂的楼栋构造增加了勘察和施工的难度与成本，但只要是民生所盼的项目，街道和居委会便不怕“麻烦”，积极牵头推动解决这些民生实事。除了楼栋内“三人小组”和其他居民的民主协商和自治，街道也充分发挥社区党员在加梯过程中的助推、宣传和传递作用，成立了党的工作小组，在整个意见征询过程中，认真听取反对居民的意见，积极进行协商协调工作。在党建引领下，通过“三会制度”将各项难点问题摆上台，大家共同讨论，寻找解决方案的最大公约数，与居民自治共同绘制好加梯的“同心圆”。

(三) 攻克资金难题

1. 签订闭口合同,为居民权益开启保护伞

意见征询工作之后,是居民方的资金收集和与加梯方的合同签订工作。

电梯公司副总经理在初次现场勘察后,曾建议居民寻找其他公司进行合作:"一开始我们并不太愿意接手这个项目,因为场地环境太过复杂,施工成本和难度都很大。"然而,在居民的强烈要求和多次沟通下,电梯公司决定挑战这一难题。电梯公司的具体工作是负责对接居民关于电梯加装的各项事宜。在电梯加装前,电梯公司要召开居民会议、讲解方案、签订合同等;在电梯加装准备阶段,电梯公司要与设计公司、地勘公司、房地产公司对接;在电梯加装过程中后期,电梯公司还要与施工公司、监理公司、维保公司进行对接。电梯公司的工作涵盖了从前期准备到电梯安装维保的各个环节。

根据 2019 年上海市相关规定,政府对一台电梯的最高补贴为 28 万元,剩余资金需要楼内的业主按照约定比例共同出资。在前期的工程勘测和资金评估中,电梯公司对 20 号楼、21 号楼每台电梯的报价为 95 万元。

在电梯加装公司与 20 号楼、21 号楼居民们准备签订合同前,打浦桥街道出于先前电梯加装的工作经验,向电梯公司提出了必须签订闭口合同的要求。打浦桥街道城建中心王主任在座谈中介绍道:

> 电梯加装工程是一个容易出现多种突发情况的工程,因为你的前期勘探和方案设计,在实际施工的过程中,很有可能会出现情况变化。第一点是,电梯加装合同的签订和实际开工之间可能会有时间差距,因为你在实际开工的过程中,会遇到大大小小的工程问题,这些在设计图纸中无法体现出来,那么随着开工时间的延后,人力和物力的成本会上涨,闭口合同可以提前规避这两块的涨价。第二点是,就像第一点所说的实际开工过程中遇到的工程问题,这些问题是不可预知的,如果真的遇到新问题需要新方案去解决时,电梯加装的工程价格势必会上涨,那么这部分资金由谁来出呢?居民出,无法保障他们的权益。那么就要求电梯加装公司在签订合同时,使用闭口合同,无论后期工程如何进行,不可以另外向居民加价收费,闭口合同合法有效地规避了居民日后可能会遇到的资金难题。

事实证明，街道和居委会的预判是正确的。20 号楼、21 号楼的工程难度远远大于电梯公司前期勘测的预设，最终方案的落地价格远远超过了闭口合同所签订的 95 万元，单是地下防空洞的人防工程加固就花费了 60 余万元。正是打浦桥街道所要求的闭口合同才使得这个高难度的电梯加装工程项目顺利地做了下来，合法有效地为居民们提前规避了资金风险。

2. 依据施工标准，科学合理确定分摊比例

20 号楼和 21 号楼每一台电梯的加装费用为 95 万元，政府补贴 28 万元，剩下 67 万元的居民出资该如何在居民之间达成一致？在以往的电梯加装工作中，如何制定分摊比例是让工作人员头疼的难题，往往会产生许多疑问：为什么高楼层业主要出的钱就多？怎么测算不同楼层使用电梯的频率？这个标准到底怎么定？此外，还有最实际的问题——电梯加装好后，每年的维护保养费用谁来出？对电梯加装需求最高的是居住在高楼层、腿脚不便的老人，而楼内居民不乏退休人员、困难家庭，愿意出资的人少了，便会导致剩余每户分摊的金额上升，居民就更难以达成一致意见，形成恶性循环。早日将资金筹集到位意味着可以早日动工，拿出切实可行的方案刻不容缓，政府各职能部门、打浦桥街道、银杏居委会联合电梯公司展开了有益的探索。

黄浦区房管局加梯专班与区民政局积极协商沟通，通过“个人出一点、政府补一点、社会筹一点、企业让一点、邻里帮一点”的组合方式，对困难群众加梯开展帮扶试点。对绿化调整、房屋附属设施移位等特殊加梯费用“一事一议”进行补贴，进一步减轻居民加梯负担。居民们在这些政策中，通过实实在在的数字，确切的政策，切实感受到了政府最大力度的补贴，自然出资的意愿会更高，会更配合筹资工作，大家能更和气地坐下来一起商讨资金方案。

最后，参考电梯公司勘测和出具的资金方案，Z 小区经多次会议商讨，给出费用分摊比例方案为：1 层无须出资，2—7 层分别按 4.5%、9.5%、14%、19%、24%、29%的比例出资。在户主集体参与的沟通会和“三人小组”一户户的意见征询下，电梯公司给出的分摊比例方案获得了同意加梯业主的全体通过。对于资金分担比例，是否有居民会觉得价格太高无法接受呢？在座谈会上，21 号楼的楼长小徐老师回忆了一下后给出了否定的答案，居委会赵老师补充道：

(资金筹集)过程还是很顺利的，大家都很配合。因为他们(21 号)的

每一层楼人数都多，从二楼以上，他们是一梯7户，其实这样最终每一户分摊下来的资金并不会非常高。但是在我们小区里还存在其他楼栋，比如一梯4户的，如果遇到二楼，这种弃权率高的楼层，有人家放弃加装电梯，那么这层楼的资金就需要同楼层其余几户有加装意愿的居民分摊，金额就上去了，这种情况下可能会出现对加装金额有异议的情况。

2022年8月，20号楼、21号楼的加梯资金成功筹集到位。电梯公司与居民们签约成功，开启了下一步工作。

（四）解决工程难题

1. 创新解决楼栋稳定性问题

在经历过意见征询、合同签订后，电梯加装进入了细致可落地的工程设计环节。电梯加装是否会对楼栋的稳定性产生影响始终是居民关注的焦点。根据电梯公司的勘测和研究，发现如果对楼栋进行打桩，在打桩基础上加装电梯，可能影响楼栋本身的稳定结构。但是，根据《上海市既有多层住宅电梯加装技术文件编制导则》的要求，至少需要打6根桩以确保电梯的稳定性。另外，根据电梯公司以往的加装经验，新造楼的普通电梯加装通常采用桩基方式，打桩深度可能达到20米左右，对于新加装的电梯结构，地上部分主要采用钢框架结构，基础部分则采用桩基，都是需要进行打桩工程的。勘测过程中，电梯公司发现，新加装的电梯如果经过打桩后直接与老房子连接，可能会产生安全问题。

电梯公司在经过对工程长期的研究后，决定采用“软连接”技术，避免将新电梯与老房子直接连接。电梯公司决定将电梯和楼栋作为两个独立的基础，通过软连接方式进行连接。这种软连接类似于软管连接的水源和水龙头，通过电子和机械设备实现传动。具体来说，电梯轮机被放置在建筑物外部，通过软管与电梯车厢上方的动力系统相连，从而实现电梯的上下运行。与传统的电梯安装方法相比，电梯加装软连接具有诸多优点：首先，它节省了时间和金钱，不需要拆除原有建筑物结构；其次，安装和维护过程相对简单，不需要大量的专业技术；最后，软连接采用高强度钢丝绳等材料，确保了电梯的安全可靠性，可以有效防止意外事故的发生。

20号楼、21号楼电梯的加装过程不仅面临着“内天井＋防空洞”等先天条件的挑战，还需应对高压线、水泵房、化粪池等实际施工环节中的复杂问题。这些因素相互叠加，对加梯进度造成了不小的影响。对此，有居民表达了施工对管道、下水管线等可能产生影响的担忧。在此过程中，市相关部门和物业公司高度重视居民们的疑虑，逐一记录并进行了详细的评估、检查和维修工作。同时，及时向居民们反馈，消除了他们的顾虑。

此外，电梯公司表示，如果不得已对原本管道施工，他们会在加装的工程中对楼栋管道一并改造，保障好居民的生活。另外，有居民反映加装电梯导致自己家中的地砖开裂。电梯公司经过现场查看后表示，这些裂痕并不是电梯加装所导致的，但是加装电梯确实存在导致地砖爆裂的可能性，即便出现开裂问题，公司亦会主动承担相应责任，为每一户居民做好相关的维保工作。

2. 防空洞阻碍加梯施工

除了楼栋稳定性难题，居委会和街道也同步针对 20 号楼、21 号楼的内天井和防空洞两个制约电梯加装的先天因素展开工作。关于内天井问题，Z 小区内本就有六栋内天井构造的房子，六栋之一的 41 号楼在 20 号楼、21 号楼进行楼栋内居民意见征询过程中，率先在工程上找到了切实可行的方案，将电梯搭建于楼栋内部的天井中，已经启动施工，成功破解了内天井难题。但是针对楼栋地下防空洞的构造，街道和居委会持续对接相关政府部门和专家，积极寻求着切实可行的工程方案。

20 号楼和 21 号楼地下一层设有民用防空洞，在电梯加装的过程中，需要确保地下防空洞与电梯的整体结构在安全方面不受影响，同时电梯基坑的设计也不能妨碍地下防空洞内人行通道的畅通。在工程招标的过程中，经过三家专业加梯机构的评估，均认为这一任务是极大的挑战，甚至有机构认为这两栋楼完全不具备加装条件。加梯原本是一件惠民的好事，却似乎在起点就遭遇了难题。听到这个消息后，几位最早提出电梯加装需求的居民感到十分忧虑，他们甚至亲自到地下室查看情况。发现电梯可能的加装位置正好位于人防通道的正中间，但不能为了电梯加装而堵塞原本的人防通道或破坏原本的防空洞构造。他们也感受到了实现此工程的巨大难度。难道两栋楼近一百户居民的愿望真的要因为防空洞的存在而落空吗?

针对这个问题，打浦桥街道曾与多方探讨过是否可以拆除人防工程，但经过与人防单位的沟通后，街道得知 Z 小区 20 号楼、21 号楼地下的防空洞等级相对较高，无法拆除。随后，打浦桥街道又提出了第二种方案：由街道向人防工程购买这两块地下防空洞。如果可以,街道计划在不影响人防通道的前提下加装电梯,也就是将电梯直接通往负一层,并配套将负一层的防空洞改造为老年活动室等多功能空间,一方面畅通居民的上下出行,另一方面开拓新功能丰富居民的日常生活。但是,在与人防中心沟通后,发现这一方案费用极高,远远超过了政府可承担的金额,最终未能实施。

在此过程中,居民们也同步了解工程情况,甚至表示着急。为什么加装资金都交了,合同都签订了,工程却迟迟不开工?由于不是专业人士,居民们对电梯加装工程的复杂性和困难程度缺乏了解。银杏居委会赵老师在向居民就工程进度说明传达情况时,21 号楼的一位老先生表示:“防空洞现在没什么用了,干脆填掉算了。”还有居民提出:“你们能不能把防空洞打通?”这种情形让街道和居委会哭笑不得。《中华人民共和国人民防空法》第二十八条明确规定:“任何组织或者个人不得擅自拆除本法第二十一条规定的人民防空工程,确需拆除的,必须报经人民防空主管部门批准,并由拆除单位负责补建或者补偿。”同时,该法还禁止擅自改变人民防空工程的主体结构、拆除设备设施或采取其他危害工程安全和使用效能的行为。这是一个涉及了房管局、人防中心、街道、居委会、电梯加装工程方等多方的复杂问题,并不是街道和居委会单独可以决定的。在这个过程中,街道和居委会一边不断对接着各政府部门,斡旋其中,寻求可行方案,一边向居民们细致解释电梯加装所需遵守的法律法规,做好答疑解惑工作。

3. 政府协作化解加梯难题

为帮助街道和居委会从工程方面攻克电梯加装难题,黄浦区房管局牵头成立了“特攻小组”,成员包括市安监所、区规划资源局、区国动办、打浦桥街道、行业专家及电梯公司等。他们通过数次现场勘查和方案研讨会,对实施方案进行了反复论证与优化。在此过程中,市安监所与打浦桥街道更是开展了党建联建活动,将此项目作为重点工作加以推进。

经过长达两年的技术攻坚,四轮工程图纸评审后,“特攻小组”成功研究出了可行方案。首先,采用上翻梁传导结构提升防空洞顶板承载力,解决了原先限制加装的人防工程难题;其次,防空洞内新增了混凝土柱,并通过植筋的方式与原人防柱进行连接,利用 L 型支柱增强了顶板的承载力;最后,为了满足电梯基坑的最小深度要求,地上候梯厅部分被抬高了 20 厘米,解决了限制前期工程的多项难题。这一方案最终顺利通过评审,20 号楼、21 号楼两台电梯终于可以进入正式的加装环节了。

(五) 工程收尾与梯管家维护运营

1. 一切工程回归人力模式

2023年8月9日，20号楼、21号楼正式动工。两栋楼的电梯加装方式与往常在楼栋外立面进行加装的方式不同，如果沿马路或者是在小区里施工可以直接采用吊装方式，但这两栋楼只能将电梯搭建于内天井之中，大型机械无法进入，这也就要求一切工程活动在楼栋内展开。电梯公司副总经理会上对工程情况进行了介绍：

> 这两楼栋的加装难度远高于其他楼栋，电梯是装在楼栋内部的，而且楼一共有7层，内外均无法使用吊车等工具，工程需要回归到最原始的人力模式，全靠工人把水泥、钢板一点点搬运进去，在内部进行搭建组装，尤其是很长的钢板或器械，楼内还有拐弯，根本运不进去，就需要先在外面拆解后再搬运进去，整个工程就因为这个原因大大增加了施工时长。所有的材料都是从楼栋口的大门进出，只有这一个通道。材料都是工人一袋一袋背出来的，钢筋也是一根根拿进去的。一个基坑大概浇混凝土16吨，管子伸进去，工人一点点进去浇灌。

施工期间正值酷暑，施工人员一次次将笨重的钢材运至天井，再进行焊接作业等，挥汗如雨，十分辛苦。对于大多数电梯加装工程来说，最快的2个月就可以完工，但是20号楼和21号楼两台电梯却花费了6个月时间。这项工程还面临抢工期的难题，刚开始施工时，工人在楼栋内挖地灌浆，灌浆需要抓紧时间，需要趁浆水还没干掉前完成灌浆。但由于工程回归人力模式，让时间紧张了起来。工程方为了抓牢每个阶段的时间节点，无奈之下在需要赶工的那几天，哪怕在周末也要加班加点地去完成。但是周末施工会影响到楼栋内居民的休息，在周末的一天清晨，一名住户被施工声吵醒，选择直接报警。居委会得知情况后，立马赶到他的家中，与他进行面对面沟通，工作人员表示非常理解他被打扰休息的情绪，但本楼栋的工程本就难度系数高，现在还需要抢工期保证施工顺利，只能希望居民可以在这两天体谅一下。楼长和其他住户也一同劝说，表示这个工程早结束，大家都好早清净、早享受便利，如果在这种困难模式下，一定要按时施工，耽误了工程进度，只会让大家受到影响的时间更长，这将会是双方都不得利的情况。最后，楼内居民一起做工作，本着互相着想、互相便利的态度，在需要抢工期的那几天都选择包容，为整个项目提速。

除此以外，在整个施工过程中，居民的自治意识、监督意识非常强，居委会赵老师讲起了施工期间的小事：

> 现在因为电梯加装的这种负面新闻也有很多，尤其是工程的安全因素，他们(居民们)也是很关心的，都不希望这类事件发生在自己身上。像我们小区里有一台电梯，居民每天都会对工程拍照留痕，有些退休的阿姨爷叔，闲来无事时还会搬个凳子坐在那里看他们施工。他们看着这个电梯从无到有地造了出来，一方面会很有成就感，因为这个电梯是他们为自己争取来的权益，另一方面看到了整个施工过程，在后续的使用过程中会放心很多。

2024年3月，20号楼、21号楼两栋楼的电梯加装工程圆满完成，从居民提出加梯需求，到电梯成功运行，经过四年的努力，上海市首例“内天井+防空洞”工程完成，两栋楼内的居民终于感受到了出行便利，生活质量得到了提高。

2. “梯管家”助力电梯运维

电梯加装工程结束并不意味着项目结束，电梯后续的管理、更换业主后产生的诸多问题会给电梯运维带来一系列难题。甚至上海还存在个别电梯投入使用一段时间后，出现停运的现象。这往往是后期运维不到位，或者是因为缺少维护资金导致电梯无法继续运行下去。

电梯在安装完成后，还需要三笔运维资金：维保费、电费、物业费。楼栋内使用电梯的居民需要每年另付这三笔资金。但是一旦楼栋的业主产生变化，前一位业主未对后一位业主说明电梯的使用情况，出现不交纳费用的问题，就会影响到整栋楼居民的使用。是否有方法可以“一劳永逸”地解决掉这个难题呢？打浦桥街道于2023年在全市首创推出了“梯管家”服务，20号楼和21号楼就在试点实行的楼栋名单中。“加梯管理经费托管平台”(简称“梯管家”)是一个由上海市房管局物业处、黄浦区房管局、上海市房地产交易资金管理有限公司共同搭建的平台。签订电梯加装协议后，会从政府补贴的 28 万元中拿出 10 万元作为电梯加装的运维费，由第三方平台即“梯管家”统一管理，上海市房地产交易资金管理有限公司对这笔资金的使用情况进行监管。

“梯管家”的托管账户不需要居民自行开立银行账户，而是以每部电梯为单位进行开户，交由资金监管公司的子账户统一管理。监管公司按照协议受托支付给相关单位。每一名电梯所有权人都预留手机号码，每次“梯管家”扣费，都能收到短信通知。比如说，小区物业承接电梯加装的日常运维。缴纳物业费时，经居民签字认可后，物业代跑腿，统一去“梯管家”平台划账。“3 人小组”再也不用为此一趟趟跑银行取钱、去物业缴费。

当“梯管家”账户余额仅剩 1 万元时，需要电梯所有权人、使用人一起协商，再向账户集体续费，续签服务。就 Z 小区目前每台电梯每个月的花费来看，在不出现重大维修的情况下，“梯管家”账户内的 10 万元可供居民使用 10 年。此外，打浦桥街道正在对电梯内广告投放等途径展开探索，希望可以从这方面为每台电梯赚取资金，投入“梯管家”，延长电梯的使用年限。

（六）结语

黄浦区打浦桥街道 Z 小区 20 号楼和 21 号楼电梯加装的成功案例证明了在居民自治的基础上，政府各部门、社会各界以及居民的共同努力与合作是实现老旧小区改造的关键。在居民集体同意加装电梯的意愿之上，通过居民自治意识、专业创新的工程方案和安全可靠的资金管理平台，真正将民生工程落地并持续推动下去，保障居民权益，提升居民生活品质，为城市的可持续发展作出贡献。当然，这个案例仅仅是一个场景，电梯加装项目的具体实施需要根据不同小区的实际情况进行调整和优化。通过创新、破解、提升，“一类一设计、几类几方案”，终如居民所愿，成功让更多老旧小区居民享受到“一键直达”的幸福。

坚持以人民为中心的人民城市理念，使城市建设和发展满足人民对美好生活的追求。上海作为超大型城市，国家经济建设和发展的前沿，围绕民生保障的城市建设在维护人民根本利益、增进人民福祉方面要有担当和作为。打浦桥街道 Z 小区的加梯工程是实现发展为了人民、发展依靠人民、发展成果由人民共享，让现代化成果更多更公平惠及全体人民的真实写照。

打浦桥街道 Z 小区 20 号楼、21 号楼的“内天井＋防空洞”电梯加装项目，是人民享受改革开放成果、感受社会发展红利的真实体验；是城市建设破解难题、敢闯敢试、敢为人先的示范案例；是一部“小电梯”载满“大民生”，践行人民中心理念的生动故事。

思考题

1. 为什么电梯加装需要通过居民自治推进？
2. 政府在居民自治中应扮演什么角色？有哪些权力和责任？需要运用哪些手段为民生项目托底？
3. 街道和居委会在面对房管局、人防中心等政府部门和居民时，应当如何发挥好作用？
4. 遇到跨政府部门的项目，政府该如何开展协同？
5. 在“梯管家”经费托管平台和加梯全生命周期管理中，政府的责任是什么？需要在其中发挥什么作用？

二、案例目标定位

（一）核心教学目标

（1）理解和掌握行政与自治的关系；
（2）理解和掌握社区治理中居民自治的必要性；
（3）理解和掌握政府引导居民自治的重要性。

（二）应掌握的知识点

（1）居民自治的方式；
（2）社区治理体系的变化；
（3）居民自治的局限性；
（4）政府引导居民自治的方式。

(三) 思维养成和观念转变

(1) 居民自治与政府引导的关系；
(2) 政府引导居民自治的方式要创新；
(3) 政府引导与居民自治双向奔赴。

(四) 能力提升

(1) 提升行政与自治关系的复杂性认知；
(2) 增强政府引导居民自治的统筹能力；
(3) 提升社区治理主体的责任意识。

三、教学内容及要点分析

(一) 案例导入性问题

(1) 如果你是该小区居委会工作人员，面对加装电梯过程中居民不同的利益诉求与想法，你将用何种方式寻求达成共识？

(2) 如果你是该街道工作人员，面对“内天井＋防空洞”的加装电梯难题，你将如何在加装电梯中协调各类问题，如人防工程、电梯费用可能超预算等？

(3) 如果你是该楼栋居民，其他楼栋已经安装了电梯，你是否会积极主动找到居委会和街道表达加梯需求？

(二) 案例讨论要点

1. Z小区“内天井＋防空洞”加装电梯项目社区治理模式

在现代社会结构中，社区是最基本的“单元”，是连接社会中人与人之间的重要纽带。在社会治理中，社区扮演着至关重要的角色。从宏观层面看，社区是评价社会治理成效的关键一环；从微观层面看，社区是社会治理的基础和重要落脚点。

随着我国经济与社会的不断发展，社会结构日益复杂，人与人之间的关系逐渐朝着“多元化”的方向发展，对社会治理提出更多的挑战和要求，社区治理作为社会治理的微观基础，所面临的挑战尤为严峻。在此背景下，社区所发挥的作用和扮演的角色也在悄然发生变化。我国传统的社区治理模式，通常是依赖于政府的兜底和主导。从历史角度而言，这种模式确实发挥了一定的积极作用，但是随着经济社会的变迁与发展，这种政府"兜底"社区治理模式的局限性与弊端也在日益显现，无法解决现代社会治理中居民需求的复杂性与多元利益冲突等问题。

社会治理是国家治理的重要方面，要坚持和完善共建共治共享的社会治理制度，建设人人有责、人人尽责、人人享有的社会治理共同体；同时明确要加强和创新社会治理，完善党委领导、政府负责、民主协商、社会协同、公众参与、法治保障、科技支撑的社会治理体系。作为社会治理的微观基础之一，社区治理的创新是创新社会治理的重要一环，这不仅是适应经济社会发展新形势的客观需要，也是创建和谐社会的必然要求。通过创新社区治理模式，我们可以更好地激发社区活力，提升社区治理效能，推动社区治理体系和治理能力现代化。

Z小区20号楼及21号楼的"内天井＋防空洞"加装电梯项目，无疑是社区治理体系创新的一次生动实践。这一项目的顺利实施，不仅提升了居民的居住品质，也为社区治理模式的创新探索出了一条新路径(见图3-1)。具体来看，Z小区成立了电梯加装工作临时党支部及党小组，构建电梯加装"街道电梯加装工作小组＋小区临时党支部＋若干楼栋党小组"(即1＋1＋X)的电梯加装全周期党建工作组织架构。在党委发挥了总揽全局、协调各方这一核心作用的前提下，形成了"政府负责＋居民自治"的多元共治格局，为高难度的"内天井＋防空洞"项目的成功实施保驾护航。

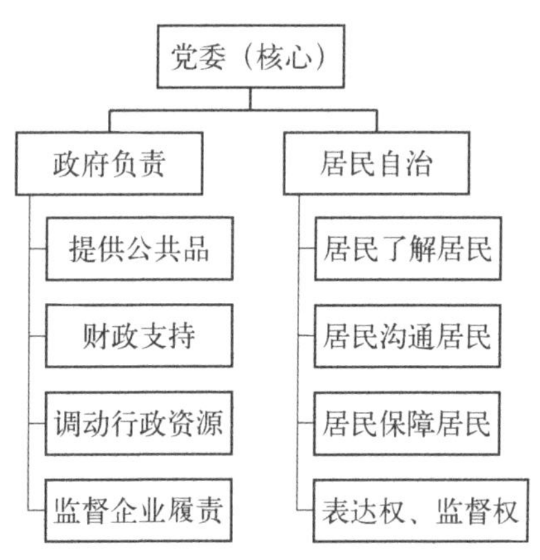

图3-1 Z小区"内天井＋防空洞"加装电梯项目的社区治理

2. 政府在社区治理中的作用

我国政府始终强调基层社区治理体系的建设。随着时代发展，社区治理体系也在不断变化，但始终不变的是人民政府始终要在社区治理体系中发挥作用。在社会治理体系的构建中，"政府负责"依旧被明确强调。

一方面，政府在社会治理中扮演“统筹者”的角色，以社区治理为例，在社区治理中，需要财政的投入，也需要调动大量的人力，同时还需要协调各方利益甚至是政府部门。因此由政府扮演社会治理的“统筹者”的角色，能更好地调动人力、物力，发挥协调的作用，确保各项治理活动能够有序、高效地进行。

另一方面，政府还扮演着公共物品的供给者角色。公共物品是具有非竞争性和非排他性的产品和服务，包括医疗、教育、国防等。仅仅依靠市场竞争机制很难满足社会对这类公共物品的需求。在公共物品的供给上，政府应通过增加财政投入、了解居民偏好等方式，不断提高公共物品的质量与数量，满足人民群众的需求。

政府负责贯穿着Z小区“内天井＋防空洞”加装电梯项目的始终（见表3－1）。

表3－1 “政府负责”在Z小区加装电梯项目中的体现

内　容	政府发挥的作用
将20号楼、21号楼加装电梯列为重点项目	引领项目实施，提供公共物品
与电梯公司签订闭口合同	保障居民利益，监督企业履责
电梯费用分摊比例的确定	提供财政支持，协调居民利益
化解“内天井＋防空洞”的施工难题	化解关键难题，调动行政资源
设置“梯管家”维护电梯后续运营	保障居民利益，调动行政资源

第一，在项目开始前，面对20号楼和21号楼高达70％的老年人口比例，为提高居民生活质量，提高居民的幸福感，上海市黄浦区打浦桥街道将该楼栋加装电梯列为Z小区改造的重点项目。

第二，在加装电梯的过程中，为解决电梯后期施工可能发生费用超出预算、居民分摊比例过高的问题，打浦桥街道在总结过往加装电梯经验的基础上，创新性地使用“闭口合同”，有效地避免了居民在施工过程中需要进一步追加资金的问题。

第三，在电梯费用的分摊比例上，黄浦区房管局加梯专班与区民政局积极协商沟通，通过“个人出一点、政府补一点、社会筹一点、企业让一点、邻里帮一点”的组合方式,合理地解决了加装电梯的资金难题。

第四,面对“内天井+防空洞”的施工挑战,政府迎难而上,黄浦区房管局牵头成立了“特攻小组”,成员包括政府相关部门、行业专家及电梯公司等,成功研究出可行的方案。

第五,电梯加装后,如何保障电梯的持续运营也是社区治理中面临的难题。上海市房管局物业处、黄浦区房管局、上海市房地产交易资金管理有限公司共同搭建了“加梯管理经费托管平台”(即“梯管家”),致力于解决加装电梯后的维护问题。

3. 居民自治是社会治理的重要途径

居民自治是完善社会治理,提升居民治理能力的重要一环。一方面,居民参与社区治理,通过基层协商、选举投票等方式,表达自身的需求和意愿,有助于实现社区事务治理的民主化,使得社区治理决策能够更加契合居民需求,提升居民满足感;另一方面,“居民事居民管”的居民自治模式可以提升居民对社区事务的参与度,能够增进居民之间的凝聚力。此外,作为生活在社区的居民,相比政府工作人员,对社区事务可能有更多的了解与切身的体会,能够及时地发现并反映社区中存在的问题。居民自治可以快速协调资源、组织力量,有针对性地解决社区事务,提高社区治理的效率和效果。

我国积极推动基层自治,2010年,《关于加强和改进城市社区居民委员会建设工作的意见》发布,进一步在城市中推动居委会的建设,提升居委会的效能,加强居委会的服务能力,促进社区治理功能的完善。2021年,《中共中央 国务院关于加强基层治理体系和治理能力现代化建设的意见》明确了基层自治在国家治理中的基石作用,进一步强调了优化村(社区)服务格局、加强综合服务、兜底服务能力建设、完善支持社区服务业发展政策等,以推动基层群众自治的深入发展。

Z小区“内天井+防空洞”加装电梯项目能够顺利推进离不开该小区积极高效的居民自治体系。在加梯过程中,小区居委会充分挖掘每栋楼内的热心退休党员、在职党员、社区能人,20号楼、21号楼成立“加梯三人自治小组”,通过“居民了解居民”“居民沟通居民”“居民保障居民”的方式,推动居民的自治共治,进一步加快加梯工程进度(见表3-2)。

表 3-2 “居民自治”在该小区加装电梯项目中的体现

内　　容	居民自治发挥的作用
主动向街道及居委会提出加梯需求	表达诉求，便于政府决策
小区居委会牵头推动，成立“加梯自治三人小组”（简称“三人小组”）	“居民了解居民”征求楼内每一户的意见，保障每一位业主的表决权
	“居民沟通居民”与低楼层持明确反对意见的居民持续沟通，增强情感联结
	“居民保障居民”“三人小组”运营“梯管家”，保障电梯后续的长久运营
在加装电梯的过程中，跟进工程进度，监督工程质量	监督社区事务
小区居委会收集居民诉求与意见，积极沟通各大政府部门	居委会自治，协调社区事务

4. Z 小区“内天井＋防空洞”加装电梯项目的实践意义

电梯是小区高楼层住户日常生活的“代步工具”，然而一些数十年前修建的老小区却没有这种便利。由于各种原因，一些老旧住宅没有安装电梯。由于没有电梯，居民生活存在诸多不便，年轻人搬东西上楼难，老年人上下楼出行也困难，孕妇上下楼更加受累。如果遇到需要急救的情况，救护人员也很难及时赶到。多层住宅老旧小区加装电梯的呼声越来越高，成为一大民生热点、难点。解决老旧小区加装电梯问题，意义重大。

历时四年，Z 小区 20 号楼、21 号楼“内天井＋防空洞”加梯工程的顺利完成，为做好老旧小区加装电梯的工作提供了借鉴与参考。

(1) 发挥党委在社区治理中的核心作用

面对高难度的加装电梯工程，Z 小区积极发挥党委在社区治理中的核心作用，建立加装电梯的临时党支部及党小组，市安监所与打浦桥街道更是开展了党建联建活动，将此项目作为重点工作加以推进。党建引领贯穿该加装电梯项目全流程。具体来看，同类项目可以通过深化党建与社区治理的融合发展，将党建工作与社区治理工作紧密结合，来发挥党建在社区治理中的核心作用。同时，推动党建引领下的居民自治。通过党组织的引导和支持，鼓励居民积极参与社区治理，发挥他们的主体作用，实现居民自治与党建引领的有机结合。最后，应加强党建与社区服务的融合。通过党组织的引领和协调，推动社区服务资源的整合与优化配置，提升社区服务的质量和效率，满足居民日益增长的生活需要。

(2) 发挥政府在既有住宅加装电梯中的作用

政府把老旧多层小区加装电梯工作作为一项民心工程，列入为民办实事项目，尽快以市政府或者住房城乡建设局、财政局名义出台相关实施细则，推动工作开展，包括成立组织、制定方案、明确目标，落实承办部门和协助部门。政府还应当出台关于加装电梯条件、业务流程、资金筹措、政府补贴、税费减免和部分业主财产损失补偿办法等各种问题的相关政策，让居民尤其是老年人享受到更多看得见、摸得着的实惠。

由市相关职能部门牵头，尽快对全市符合加装电梯条件的既有住宅进行调查摸底，建立加装电梯项目库，根据实际情况制定年度实施计划，研究出台相关实施细则。针对电梯加装过程中的审批流程烦琐问题，政府应优化审批流程，提高审批效率。例如，简化审批手续、缩短审批时间、推行网上审批等。同时，应加强审批人员的培训和管理，提高审批质量和效率。

在加装电梯的资金问题上，建立完善的补贴机制，市、区(县)两级政府可对符合条件的小区给予一定比例的补贴，具体补贴标准可由相关部门制定。在加装电梯的过程中，政府同样应该发挥监督作用，加强监管，确保加装质量和安全。政府可以加强对电梯加装工程的监管，对加装单位进行资质审核，建立健全的监督机制，确保电梯加装的质量和安全，保障居民的生命财产安全。同时，加装电梯不是一次性工程，政府也应该做好加装电梯后的后续管理跟进与监督。例如，定期对电梯进行检测和维护、加强安全管理、落实责任主体等。同时，应建立电梯管理档案，对电梯的运行状态和维护保养情况进行记录和管理。政府应加强对电梯管理的监管和评估工作，及时发现和处理问题。

(3) 发挥居民自治在社区治理中的关键作用

在加装电梯的过程中，居民自治具有至关重要的作用。居民自治不仅体现了民主参与的精神，还有助于提升社区凝聚力和解决实际问题。具体来看，可以通过以下几个方面来加强社区治理中的居民自治参与程度。

首先，注重培育居民的自治意识。通过宣传和教育活动，让居民充分认识到加装电梯对于提高居住条件、提升生活质量的重要性，以及他们自己在加装电梯过程中的主体责任和积极作用。同时，要鼓励居民积极参与相关决策和讨论，提出自己的意见和建议。

其次，保障居民参与加梯工作的全过程，例如设立“加梯三人小组”，充分发挥“居民了解居民”“居民沟通居民”“居民保障居民”的作用。在电梯招标、施工方案设计等环节，要充分征求居民的意见，确保他们的知情权和选择权得到尊重。通过组织座谈会、实施问卷调查等方式，收集居民的反馈和需求，确保加装电梯的方案真正符合居民的期望和利益。

再次，发挥居民的自治管理作用。在出资比例的确定，电梯的品牌、型号、外立面的颜色，代建方的选择等方面，可以由居民自行决定。通过居民大会或业主委员会等组织形式，进行民主协商和决策，确保加装电梯的决策过程公开、透明、合法。

最后，建立有效的沟通机制也是关键。在加装电梯的过程中，可能会出现各种问题和矛盾。因此，需要建立居民与政府、居民与电梯公司之间的有效沟通渠道，及时解答居民的疑问，化解矛盾，确保加装电梯工作的顺利进行。

四、理论依据

（一）公共物品理论

公共物品指的是具有非竞争性和非排他性的物品或者服务，是与私人物品相对的概念。其中，非竞争性是指当某人使用某种产品或服务时，不会对其他人的使用造成影响，或者说增加一个消费者的使用后，因此产生的边际成本为零；非排他性是指当某人使用一种产品或服务时，无法阻止另一个人使用，或者说阻止另一个人使用的成本趋于无限大。

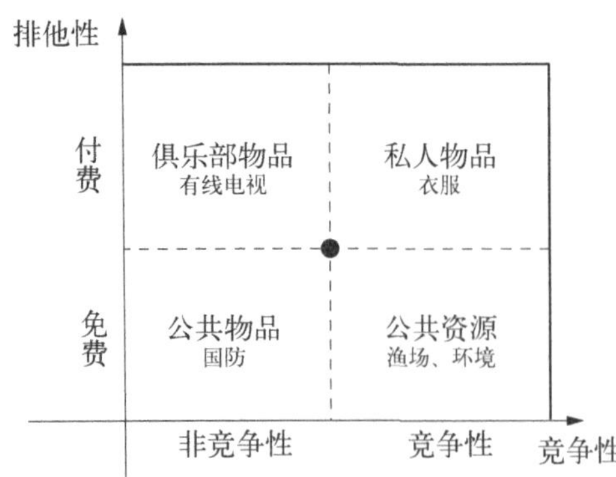

图 3-2　产品及服务的分类

根据是否具有非竞争性和非排他性，一项服务或产品又可以分为纯公共物品、准公共物品（又称俱乐部产品）、公共资源、私人物品（见图3-2）。其中，纯公共物品同时具备非竞争性和非排他性，如国防、水利设施等。俱乐部产品具有非竞争性和排他性，如图书馆等。公共资源指的是同时具有竞争性和非排他性的产品或服务，如海滩等。而私人物品指的是同时具有竞争性和排他性的产品或者服务，如商店里出售的衣服等。

在公共物品理论中，由于无法同时具有非竞争性和非排他性，私人部门往往不愿意提供公共物品，为了提高经济的效率，促进经济的发展，政府需要站出来履行职责，提供公共物品。

老旧小区加装的电梯是一种准公共物品。根据公共物品理论，政府、企业、社会组织和个体共同努力，才有可能实现公共物品供给的最优化。在这种难度如此大的加装电梯项目中，该公共物品无法由居民与企业自行提供。作为公共服务的提供者与公共资源的分配者，面对20号楼、21号楼"内天井+防空洞"的加梯挑战，黄浦区政府迎难而上，勇于担当，发挥政府在公共物品供给中的作用，通过财政补贴，积极协调各方利益等方式解决市场无法解决、企业没有意愿解决的问题。

（二）赋能理论

赋能，这一理念，实质上是指通过一系列的手段和方法，帮助个体或组织发掘并强化其内在的能力，使其能够更好地应对挑战，发挥更大的作用。赋能的理念与社区事务相结合，就产生了社区赋能理论。该理论旨在解决传统社区治理中行政强制干预与社区完全自治的二元对立问题。通过赋能的方式，既能够保持行政的引导作用，又能够激发社区的自治活力，实现两者的和谐共生。具体而言，社区赋能理论包含三个层面的内容。

第一，从个人层面来看，赋能社区强调提升社区成员的主人翁意识，激发他们的参与热情，同时通过各种途径提高他们参与公共事务的能力和技能。这样，社区成员不仅能够更好地维护自身的权益，还能够为社区的发展贡献自己的力量。

第二，从集体层面来看，赋能社区要求行政主体在尊重社区自治的前提下，为社区提供必要的支持和引导。这包括制定和完善公共规则，确保社区生活的有序进行；制定社区发展目标和理念，引领社区的发展方向；以及通过政策扶持和资源整合等方式，促进社区自治能力的不断提升。

第三，从宏观层面看来，在赋能社区的理论框架中，政府和自治不再是二元对立的关系。相反，政府应扮演引导者的角色，把握社区自治的宏观方向和理念，提供必要的行为指导和规则制定。而居民则通过积极参与社区事务，提高自身的自治能力，同时也能够推动政府社区治理水平的提升。这种互动与合作的关系，使得赋能社区成为一种更加高效、更加和谐的社区治理模式。

综上，赋能社区理论不仅为社区治理提供了新的思路和方法，也为实现社区和谐、提升居民生活质量奠定了坚实的基础。在未来的社区建设中，我们应进一步探索和完善赋能社区的理论和实践，推动社区治理体系和治理能力现代化。

五、参考文献

[1] 赵云亭，唐有财. 异质性视角下社区集体行动的合作机制与实现路径——基于S市X社区加装电梯的案例分析[J]. 天津行政学院学报，2022，24(6)：32-41.

[2] 王欢明，刘梦凡. 基层党建何以引领公共服务合作生产以促进城市社区更新？——以老旧小区电梯加装为例[J]. 广西师范大学学报(哲学社会科学版)，2022，58(6)：26-42.

[3] 李东泉，王瑛. 单位“隐形在场”对社区集体行动的影响研究——以广州市老旧小区加装电梯为例[J]. 公共管理学报，2021，18(4)：93-104+172.

[4] 李东泉，王瑛. 集体行动困境的应对之道——以广州市老旧小区加装电梯工作为例[J]. 北京行政学院学报，2021(1)：28-35.

[5] 郭圣莉，尹露. 老旧小区加装电梯政策演变及逻辑意涵——基于67份政策文本的量化分析[J]. 行政论坛，2021，28(1)：82-91.

[6] Gavrilets S. Collective action problem in heterogeneous groups[J]. Philosophical Transactions of the Royal Society B: Biological Sciences, 2015, 370(1683): 20150016.

[7] Willer R. Groups reward individual sacrifice: The status solution to the collective action problem[J]. American Sociological Review, 2009, 74(1): 23-43.

[8] Gavrilets S, Fortunato L. A solution to the collective action problem in between-group conflict with within-group inequality[J]. Nature Communications, 2014, 5(1): 3526.

案例四

社区赋权参与
——Y 小区“群租”治理

摘　要：“群租”是城市普遍存在的治理顽疾。本案例通过聚焦 Y 小区“群租”的整治历程，发现新冠疫情将“群租”对居民的影响从利益不相关或边缘相关变成了直接的关键利益相关，由此激发了居民对“群租”的巨大舆论压力和行动压力。Y 小区及时抓住这一契机，通过社区赋权，实现从做群众工作到靠群众工作的参与式治理模式，并取得了有效的成果。案例总结了基层治理主体赋权社区、将“人民城市”理念有效融入“群租”治理的经验，提炼出具有中国特色的社区治理理论框架，同时为提升城市社区治理能力提供了一定参考。
关键词：群租；城市社区治理；赋权式参与；人民城市

一、案例内容

（一）引言

大城市的高房价使得居住成本已经远远超出了外来打工人群的承受能力，随之而来的是“群租”现象在城市遍地开花。“群租”现象的存在，不仅影响着小区业主的生活质量，而且会带来极大的消防安全隐患。近年来，政府想尽办法，采取各种措施对“群租”进行整治，但“群租”现象如同牛皮癣一样难以根除，逐渐成为困扰中国城市基层社区治理的顽疾之一。

Y 小区位于市中心地段。该小区附近有地铁 8 号、10 号、14 号线贯通，公交有 66 路、306 路、929 路、969 路、980 路等，居民出行方案选择多样。在周边配套设施方面，小区毗邻豫园、城隍庙景区，东临 BFC 外滩金融中心、外滩风景区，西顾新天地、人民广场大型商圈，公交十分钟内可达上海交通大学医学院附属第九人民医院、复旦大学附属妇产科医院等三甲医院，有着近乎完备的教育、医疗、娱乐配套设施。该小区由于建设时间较早，物业管理相对松散，厅高房大的户型设计也有利于“群租”对房屋进行私自改造。以上条件使得 Y 小区成为“群租”现象的高发小区，平均每个楼栋存在 3—6 处“群租”现象。尽管街道连年整治，不断调整工作方式方法，但“群租”现象仍不断返潮。

2020 年的新冠疫情为“群租”治理带来了转机。在疫情中，“群租”造成的影响和矛盾也因病毒的传播性而扩大，受到了小区居民的极大关注。上级街道抓住这一契机，通过融入居委会、业委会、物业“三驾马车”的力量，畅通社区居民投诉渠道，通过营造群租房治理的“群众路线”，探索出一条“群租”治理的新路径。

（二）成效初现：常规方法整治“群租”

1. 群租乱象：从“花园”到“花市”

早期的 Y 小区环境优美：小区大门处的欧式立柱、中心休憩地带的人工喷泉、遍布小区的人物雕塑均表明该小区是一处面向高收入及高生活质量需求的人群建设的居民区。据该小区的居委会干部回忆，最初小区内鲜有房屋租赁现象，更不用提“群租”。然而，2003 年的全国性炒房热潮使得房价一路飙升，小区内的房产交易愈发频繁，最初的住户也逐渐搬离小区。2005 年开始，为了抑制房地产过热，中央的调控政策不断出台，随着一道道“金牌”下达，“炒房人”也与时俱进，房屋获利途径由售转租，一批批中介人员开始在小区周边冒头，急于抢占这处新的“蓝海市场”。从 2001 年起就居住于该小区的季阿姨回忆起这些变化，忍不住调侃道：“哪有什么都市花园，就是个都市花市。”

对于身处“花市”的“炒房人”与房屋租赁中介来说，要想迅速赚回本钱并获取尽可能高的收益，按照市场价对个人或家庭出租必然不是他们心中的“最优解”，用隔断重新分割原有户型，尽可能增加可居住人员数量，面向“打工人”的群租方式才能牟取更多利益。据居委会治保干部回忆，到 2010 年左右，仅小区发现的“群租”现象就有 20 余处，时有居民上门控诉群租房扰民问题，尽管数次开展整治，但多是治标不治本，巨大的利润空间仍旧让“群租房”反复回潮。

2. 最初胜利：以规为刃遏"群租"

小张是街道综治中心负责"群租"整治的专职工作人员。他从 2011 年入职街道办事处开始便深耕"群租"整治条线工作，多年的基层工作经验使他对辖区内的"群租"整治历史非常了解。

回忆起最初几年针对以 Y 小区为首的居民区"群租"整治行动，小张幽默地总结道："本以为万事开头难，结果初来乍到就把小区群租房整治了七七八八，开局就接近巅峰。"事实上，小张当时确实是遇上了政府开展"群租"整治的主动进攻阶段。2011 年 7 月《上海市居住房屋租赁管理实施办法》以市政府第 68 号令形式发布，并于同年 10 月正式实施。该实施办法首先明确了"最小出租单位"，即必须以一间原始设计为居住空间的房间为最小出租单位，同时强调不得分隔搭建出租或者按床位出租，也不得将厨房、卫生间、阳台、地下储藏室等出租供人员居住，这也就意味着房屋原始结构设计为居住房间的，不能随意分割。此外，该办法还规定了"最低人均承租面积"，即以一套住房中居住空间为基准，人均不得低于 5 平方米。新规出台为小张开展工作提供了重要支持。

随着新规出台，上海各区在"尚方宝剑"的加持下主动作为。2011 年当年，全市各地的群租整治行动如火如荼地开展起来，涌现了以闵行区万源城、普陀区中远两湾城为首的一批群租房整治先进案例。小张回忆，新规对涉及群租的各类违法行为作了极具针对性的规定，Y 小区群租房又多以搭建隔断的形式分割房间，负责认定违章搭建的城管中队与负责认定人均居住面积的街道房地办（现城建中心，又名"房办"）可根据新规直接进行现场认定，并对违法现象予以整治，对"群租"人员予以清退。"当时大规模的联勤联动执法加上新规的出台，于我们政府部门而言无疑是想睡觉就来枕头，'有法可依'四个字的意义绝不仅仅是对我们政府部门工作人员、执法人员使用公权力的限制，更是我们实现治理目标的重要保障。"小张说道。

（三）急转直下：新型"群租"卷土重来

1. 新型"群租"：针对法规漏洞改头换面

"你知道什么样的人才会学法吗？一种是真正守法的人，另一种是想钻法律漏洞的人。"小张话锋一转，讲起了这些年他在"群租"整治生涯中那些"斗智斗勇”的经历。数轮整治后，经验不足、“法律意识”不强的“群租”经营者逐渐退出“市场”，经验老到、有法律知识储备的“群租”经营者逐渐成为主流。

这些经过“市场考验”的群租经营者为了应对日益激烈的竞争环境，巩固竞争优势，为租客提供相对稳定的居住条件，达到留住客源、稳定创收的目的，他们“各显神通”，与街道检查排摸人员、执法人员“斗智斗勇”。

一是不再搭建隔断。由于在此前整治过程中，不少“群租”房因违反“不得分隔搭建后出租，不得按照床位出租”的规定而被整治，“群租”经营者不再搭建隔断，曾有隔断的则主动拆除，转而通过加设橱柜立柜、拉布帘等形式对房间进行分割。这样一来，检查人员上门时便无法以违章搭建为由对他们进行处置。尽管在《上海市居住房屋租赁管理办法》第三十二条中明确规定了对逾期不整改的单位或个人可以处以罚款，但罚款实际上也很难有效落实。一方面，房主本人一般不会承认自己应承担责任；另一方面，“二房东”作为直接的违法行为实施者，其身份一般难以查清，即使查清也大多拒不缴纳罚款，而执法部门也并无有效措施强制执行。

二是绝不轻易开门。虽然任何住户都有义务配合居委会干部、社区民警的入户检查，但我国宪法也明确规定，公民的住宅不受侵犯。这条规定给了租户们不予配合的理由，检查人员和执法人员无权强行破门。此外，即使是愿意开门的租户，也大多是已经熟练掌握了政府工作动态的群租户，他们往往以折叠床、打地铺的形式居住于房间内，遇到检查人员上门要求入户核实情况的，他们能够不慌不忙地收纳并藏匿床铺，待检查人员入户后便自称临时拜访、临时留宿。由于无法取证，检查人员只能劝离房间内人员，而待检查人员离开后，他们便卷土重来。

三是保障“后勤补给”。即使“打地铺”“折叠床”的方式已日益成为“群租”经营者及租客的主要做法，但是为了保证在空间有限的情况下收取更多租客的租金，高低床的使用仍然普遍。高低床的存在是检查、执法工作人员处置的重要依据。通常在发现高低床后，街道执法人员会清点数量并进行拆除，同时劝离群租人员。对此，“群租”经营者也早有准备，通常是上午高低床刚被拆除，中午他们就能联系到人来清理现场，下午新的一批高低床就能重新进入房间。以该小区一处群租房为例，上午街道工作人员才对一处群租房进行整治，仅 1 个小时后，居委会干部在巡逻时就发现有三轮车陆续运来新的床板准备重新搭建。对此，街道不得不重新组织人员上门再次整治。而对于“群租”经营者来说，几张高低床的损失相对于其高额的利润来说根本不值一提。2021

年，小区的房屋整租的价格在12 000元/月，20人每人每月的租金合计24 000元/月。而一张简易高低床的售价约为240元，如果直接从货源地进货还可以进一步压低成本，10张高低床的进货价合计只需2 000元左右，“群租”利润空间之大由此可见一斑。

四是确保“稳定客源”。要在高度竞争的“群租”市场中获得尽可能高的收益，把房屋变成员工集体宿舍是“群租”经营者的首选。太阳都市花园一期小区周边餐馆饭店众多，在近几年的检查中，工作人员在租客群体中确实发现了众多来自周边餐饮行业的从业人员。对于“群租”经营者来说，这些“客源”一方面有固定的收入能保证交纳房租；另一方面，由于承租方多为店铺经营者，对人员的管理也相对到位，有的员工宿舍中甚至出现了“宿舍管理制度”，能够有效减少租客之间的矛盾，从而减少意外发生；而租住员工多为外地来沪务工人员，他们不仅因收入较低无法以整租或合租等合法形式租赁房屋，而且由于租住地点通常靠近工作地点，通过步行或者骑行的方式便可到达，可以节省通勤费用。这使得“群租”成为租客们的不二选择。

2. 多管齐下：“九龙治水”收效微

面对新型“群租”，Y小区由主动进攻陷入了被动防守状态，整治工作由此前的“猫捉老鼠”变成了“猫和老鼠”。据小张介绍，长期以来，街道的整治工作采用的是多部门分段整治的方式。如城运中心（原网格中心）负责接收办理12345“群租”线索举报案件，综合执法队（城管中队）负责违章搭建的认定及拆除，城建中心（房办）负责人均居住面积的裁定与“群租”行为的认定，派出所负责执法过程中的秩序保障并对房屋中的消防安全隐患进行排查整治。这种整治方式看似参与部门极多，但实际效果不佳，其原因在于各部门往往只能做好自身负责的工作内容，对超出部门管理权限的情况，大家都会尽量避免跨部门整治的越权行为。“‘群租’涉及的问题比较复杂，以前通常大家都是各管各的，比方说我们这边接到了有关违章搭建的线索，必然会上门查看并依法处置。但是如果说在上门检查过程中发现居住人员超量，那也应当交由房办部门认定，我们自身只能进行劝导。如果跨部门执法，万一引发社会舆情就得不偿失了。”综合执法队的一位工作人员在调研中如是说道。事实上，此类“九龙治水，各管一段”的情形早就引起了街道的注意。原先的整治方案中也规定了由街道平安办作为牵头部门，承担协调各办的责任。然而，各科室、部门都有各自对应的条线工作，组建一支联合上门检查执法的队伍需要消耗相当的时间成本。“甚至有的时候，好不容易凑好时间上门，遇到租客不予配合开门，整治工作也不得不临时中止。”小张补充道。

对位于该小区X号楼1101室的整治历程充分反映了以上治理困境。追溯投诉历史，1101室早在2018年就有“群租”记录，早先为接待“散客”的日租房，因进出人员频繁混杂，多有扰民现象，投诉颇多，后经过几次整治，原二房东退出后，另一二房东陈某进场，建起了“员工宿舍”。因宿舍内部“管理不佳”，又因扰民现象发生而引发了多次居民投诉。自此，该处房屋就引起了街道的高度重视，被纳入了常态化回头看的“黑名单”。近几年，由平安办牵头，多次集结各部门、单位工作人员对1101室上门查看整治。然而，二房东陈某经历多次整治，又深谙相关法规，他对街道工作人员的检查手段早已熟悉，更知道如何应对。据工作人员回忆，最初，街道以先期约谈的形式要求陈某自行整改，陈某现场也表示愿意配合，而一到约定自行整改期限，陈某便会及时疏散房客至其经营的别处房屋中，营造出租客早已自行搬离的假象。在早先的检查过程中，街道在针对其他小区的联合检查中就发现疑似原住于该处“职工宿舍”的部分租客被转移至别的房屋暂住。

针对此类情况，街道很快将X号楼1101室列入重点关注名单，即使在没有投诉的情况下也会反复上门查看，严防返潮，但是对其重点照看的成果并不能令人满意，几次“回马枪”式的突击检查均被陈某用人在外地无法开门、房间无人无法开门等理由搪塞了过去，或是通过与街道检查人员约定检查时间的方式为自己争取时间，以确保在入户检查的一刻，营造出一个合法合规的合租房屋的假象。2021年8月，街道又一次收到针对该处房屋的投诉单，街道委托居委会上门查看，发现“群租”返潮迹象。通过对租客的询问，得知此处房屋负责人依旧为陈某。此人在接通一次电话后便保持拒接状态，拒绝沟通，居委会只得告知租客自行整改。2021年8月13日，街道工作人员按期复查，房间内无人应答，二房东电话依旧保持拒绝状态，租客表示正在上班并声称返回房屋需要2个小时。因街道各部门时间有限，当日均有其他工作安排，只得暂停行动。8月16日，街道委托居委会再次上门确认，敲门依旧无人应答。当日下午，居委会干部在巡逻中发现房屋疑似有人员进出，且进出人员身着保安制服。居委会干部将此情况上报街道，经由市场所、城管等部门研判，认定此人为某商务楼保安人员，街道平安办随即顺藤摸瓜，与该处安保项目负责人进行联系，询问该处房屋是否为员工宿舍、其员工是否在此居住，负责人拒不承认。8月19日晚，经居委会值班干部确认，该处房屋夜间有居住人员返回。街道收到消息后，结合此前掌握的人员上下班动向，于次日一早组织检查，派出执法人员上门查看。房屋内居住的租客因上班需要，在街道工作人员的劝说下开门，现场发现高低床多达17张。经由市场所、综合执法队等部门牵线，街道与租客工作地负责人进行联系，要求其告知并陪同二房东按时参与约谈。在铁证如山的情况下，负责人不得已联系二房东。当日，街道向该处房屋二房东开具整改告知书。8月26日，群租房联合整治工作组上门复查，发现并未整改，随即进行现场整治，共拆除高低床15张，敲除隔断1处。

针对1101室的整治虽然最终取得了成效，但绝非最优之举，"'群租'是一个动态现象，不可能所有的'群租房'都靠我们工作人员、居委会干部一个个跑断腿，蹲点守候，不计任何成本地去解决。然而，居民并不理解我们，他们往往只在意能不能整掉，往往头天一个投诉电话，第二天眼看着没有结果就是另一个投诉电话。在居民眼里，投诉到了我们就应该火速解决，但是流程不是这样的，哪怕我们当场发现、认定了居民口中的违法事实，但是出于程序规范化和保护被执行人合法权利的需要，我们也无法立刻响应群众这种寻求政府救济式的诉求。"整治小组的工作人员在访谈中说道。

（四）柳暗花明："群租"涉疫激发群众力量

1. 矛盾升级：居民自发动员揭底"群租"乱象

2022年新冠疫情期间，租户与其他居民的矛盾也达到了顶峰，邻里纠纷逐渐在楼栋乃至小区中扩散开来。此前，大多数没有受到直接影响的居民对于"群租"多是一种"事不关己"的心态，并不打算将他们"赶尽杀绝"。然而，随着"群租"住户中的阳性人数不断增加以及小区管控持续加强，楼栋内居民的态度迅速发生变化。同时，疫情防控也使得"群租"经营者应对检查的策略失效。一方面，因为特殊时期保障物资的发放以实际居住人数为准，租户们惯用的虚报人数的方法不攻自破；另一方面，为了保障自身健康和日常出行的利益，小区"群租"清零成了广大居民普遍关心的事情，居民们在担忧的同时，开始在楼栋和小区群内表达不满，纷纷指责居委会、物业、业委会不作为。

在此期间，1101室因为出现了阳性感染者而再次引起居民关注。2022年4月2日，1101室发现阳性感染者，小区业主群瞬间炸开了锅，除了对居委会、业委会、物业的谴责和抱怨，阳性感染者的出现也让X号楼居民感到十分担忧。"这个X号楼1101的'群租房'，里面有人阳了运不出去，一查一间房子里住了 20 多个人，你说这个风险有多大，我和老头子闷在家里都不敢开窗，吓死了。他们口罩也不好好戴，还吐痰，素质很差，对自己不负责，对别人也不负责。居民对他们意见很大。"季阿姨说道。

1101 室的"群租"问题引起了小区居民的关注，在围绕该问题的交流中，居民们陆续发现了 Y 小区内的其他"群租"现象。为了让居委会听到小区居民的呼声，很快就有居民开始互相收集、报送楼栋间的"群租"现象并要求居委会提交街道即刻整治。此前少数居民碎片化、口号式的"群租"整治诉求逐渐转变为报送整治线索的实际行动。

2. 明确诉求：展现治理"群租"的群众力量

居民群体在互相收集、报送楼栋间的"群租"现象的过程中，逐渐产生了受到其他居民信赖的"话事人"。此时，因 1101 室居民在核酸筛查中随地吐痰，引发了居民们在业主群中集体反对。居委会干部在这次事件中很快就锁定了一批互动积极、表达有条理、能够整合群众意见的居民。这批居民恰好都是以楼组长、老党员为主的"话事人"。居委会很快与他们取得联系，平息了居民间的纠纷。

随着居民中的"话事人"的加入，一条协商式治理群租的路径也在居委会眼前铺开。居委会决定以 X 号楼 1101 室为首要整治对象，并在 1101 室的阳性感染者由收治点返回小区的集中时段，开展一场公开约谈。"那天 1101 室的租客要回来，很多居民说不能放他们回来，我们肯定没有这个权力，参与议事的楼组长和居民代表也都能理解。所以我们协商下来，打算在广大社区居民的见证和支持下，有条件地接收他们。"居委会治保条线干部李老师说道。2022 年 5 月 4 日，最后一批 1101 室的租客返回小区，与想象中登记信息而后放行的流程不同，门岗处等候多时的居委会及物业负责人提出，如不依次承诺小区管控结束后限期搬离 1101 室，则不予放行；如承诺后依旧不按照约定搬离的，则物业将会限制该处人员及物品出入。"当时正好也是大白天，我们就要求返回的租客集中在小区门口，对他们提出要求，这是我们委托楼组长和居民商议好的事情，一方面是要让居民都看到我们对待'群租'问题的高度重视，引导居民合理寻找办法解决诉求；另一方面也是要给租客足够的压力，不要以为度过了这次'大劫'，今后的群租生涯就是'一片坦途'。"居委会治保条线干部李老师补充道。小区居民的决心让租客出乎意料，他们只得拨通了二房东的电话，告知了目前的特殊情况，要求二房东解决问题。此时的二房东陈某也终于认识到了小区居民对抗“群租”的决心，他通过电话主动与居委会取得联系，请求居委会、业委会告知物业给租客们放行，并承诺小区一经解封，即刻疏散人员，重新调整安排住处，放弃此处房屋。在确认陈某本人的肯定答复后，租客们终于得以通行，但通过这次公开约谈，他们终于明白了1101室绝非他们合法合理的“应许之地”。

2022年6月初，陈某在小区群正式向业主们告知1101室已全部搬离。1101室的搬离，不仅获得了小区居民的一致好评，对其余“群租”现象也起到了震慑作用。这一典型案例成为社区走上“群租”整治群众路线的开端。

(五) 机制再造：动员有方创新社区治理

1101室整改成功是一个很好的开头，更让街道认识到在社区治理中发动群众的重要性。原来费尽九牛二虎之力也难以办到的事情，在居民全力配合、支持和压力下，老大难的“群租”问题迎刃而解。更值得关注的是，在社区治理回归常态后，社区与居民建立的“强联系”仍然在发挥作用。随着越来越多的居民开始认识到“群租”可能带来的诸多安全隐患，整治“群租”就成了全体居民的共识。随着一条统一的“战线”形成，如何依托群众力量，打出“群租”治理组合拳就成为街道需要思考的问题。

2022年7月22日，街道召开了社区工作会议。街道党工委副书记在会上指出，要将“群租”整治的理念再次扩大，把“整治”转化为“治理”，一方面要通过新成立的网格工作站不断强化各部门协同治理能力的建设，积极回应居民诉求；另一方面也要鼓励居民参与“群租”的整治工作，依托社区现有的“零距离家园”理事会，鼓励居民主动上报线索，为群众提供议事平台，依托人民智慧，实现人民愿望。

1. 面向实战：机制再造助推问题高效响应

为了充分整合辖区内的行政、执法力量与各治理主体资源，街道总结了网格化管理经验，以辖区内主干道为界，设置了三大网格工作站并建立实体工作阵地。各网格工作站设置站长一人，副站长一人，抽调城运中心、建管中心、派出所、城市综合执法大队、市场监管所、居委会、物业企业人员共同入格办公。通过组织架构的重新组建与协同办公阵地实体化建设，回应社区治理中协同缺失的难题。

在实际运作过程中，街道建立了问题发现、受理派遣、问题处置、协调督办、核查结案五个环节的标准化运作流程。街道城运中心通过多渠道发现问题，统一受理，并根据事件的所属区域，派单至相应的工作站，由工作站调配各职能部门派驻和联络力量快速处置，街道城运中心负责督办（见图4-1）。“大部队”化为“小分队”后，九龙治水窘境得以化解。同时，更高频次的排查力度和更快的响应速度无疑让居民对政府的工作效率与责任心有了更为直观的感受。

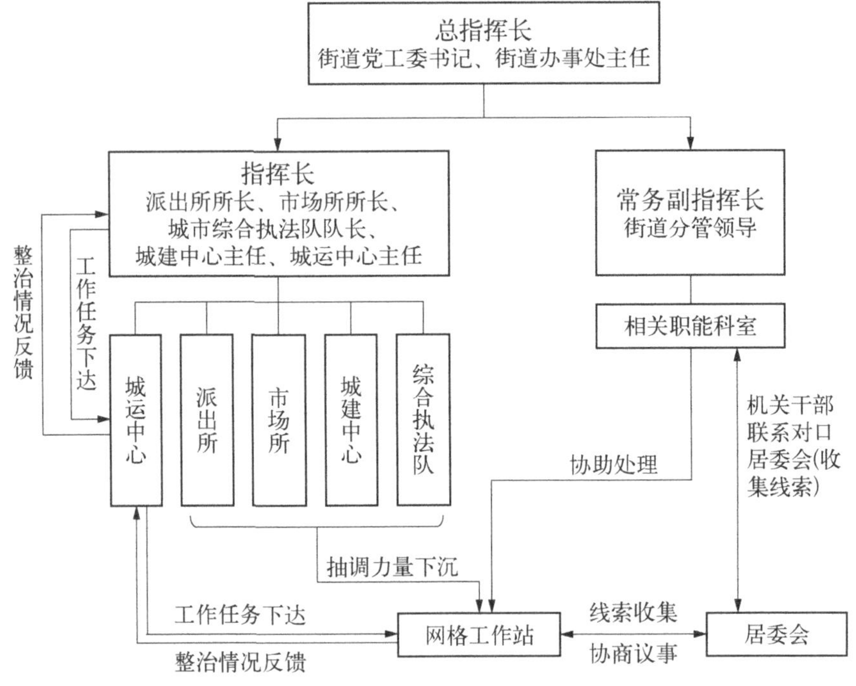

图4-1 社区精细化治理组织架构与机制流程图

2. 高效动员：党群纽带发挥社区居民力量

街道通过社区治理组织架构的调整与机制的更新，回应了居民对良好生活环境的诉求，提升了居民的感知度。同时，居委会也积极跟进，针对社区内“群租”现象较为严重的问题，不断完善社区与居民一对一沟通桥梁——“零距离家园”的建设。“零距离家园理事会是在有关部门指导下组建的居民联席会议平台，我们打算对这个平台进行完善，在居委会、业委会、物业之余，将乐于参与、有意参与社区治理的居民融入我们的会议平台中。这样一方面能够体现社区治理中的全过程人民民主，加强我们和居民的联系；另一方面，我们也期望通过这种形式加强居民的主人翁意识，从而探索出一条‘群租’治理的群众路线。”居委会干部解释道。这条路线如何打造，居委会也给出了他们的方案。

一方面是加强与网格工作站的联络，促进政民之间的良性沟通。结合网格工作站的定期联络机制，由居委会牵头，促成了零距离家园理事会和网格工作站联络走访制的结合。以季度为单位，邀请来自网格工作站的执法力量、物业及业委会等社区治理主体召开会议，并邀请相关楼栋的楼组长、党员等居民代表共同参会。会上由网格工作站、居委会、业委会、物业工作人员分别总结当季度针对“群租”等社区治理问题的工作开展情况，形成了面向社区居民的工作汇报制度。同时，会议也会邀请以楼组长为代表的社区居民对近期排摸走访到的“群租”线索进行报告，并交由网格工作站工作人员协商处理。此外，物业及业委会也积极通过该平台围绕群租现象可能产生的隐患和居民代表进行沟通，群策群力减少“群租”行为可能带来的各类安全隐患。

另一方面是构建居民与社区的“强联系”，引导居民共同参与社区治理。得益于防控工作开展期间居委会与社区居民形成的“强联系”，居委会方面也开始挖掘楼栋中热心参与社区工作的居民。在街道的指导下，“零距离楼组”也开始着手建设。“考虑到零距离家园理事会一季度只能召开一次，主要也是由居民代表参与的，所以我们打算针对楼组这个最基本的单元开展工作，依托楼组长和骨干居民的示范作用，带动有意参与社区治理、有时间参与社区治理的居民共同加入我们的工作中。”居委会干部解释道。相较于“零距离家园理事会”的专业性，“零距离楼组”强调的是调动楼栋居民参与社区治理的积极性，因此，居委会一方面会结合楼组长反馈的建议，组织楼栋居民开展“群租”线索排摸，提高线索收集上报的密度；另一方面，依托社区既有资源，对参与社区工作的居民进行回馈，通过开设亲子手工课堂、编排社区舞台剧等多种形式回应居民对社区的贡献，不断提升居民参与社区治理工作的积极性，培养社区骨干力量。

治理机制的不断完善与治理力量的多元参与构成了小区“群租”治理的工作闭环（见图 4－2），面对街道、居委会、物业、业委会和社区群众的联合阻击，其违法成本陡然增高，辖区内各处“群租”现象很快便无处遁形。根据街道办事处 2022 年度总结报告（截至当年 12 月 31 日），当年 Y 街道合计组织工作人员排查“群租”现象160次，拆除高低床147张，整治“群租”31处，月均上门排查次数高达15次，辖区内“群租”现象基本消失。

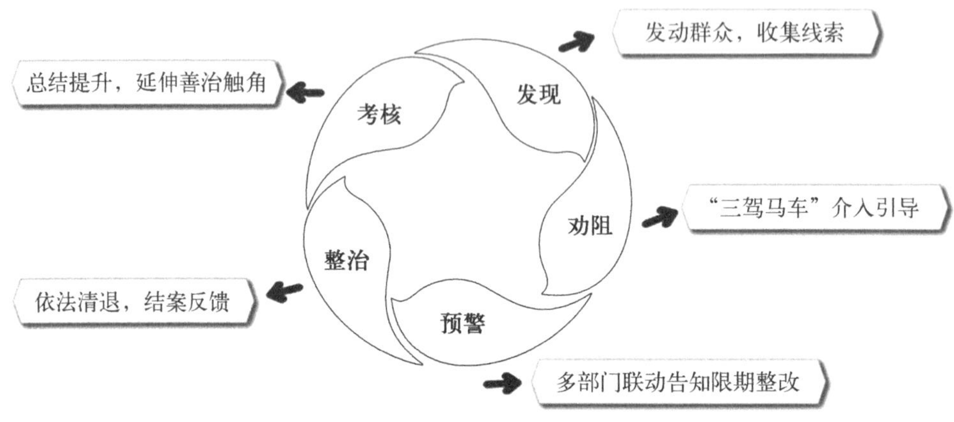

图4-2 “发现—劝阻—预警—整治—考核”的工作闭环

（六）结语

长期以来，“群租”现象一直是城市基层治理中的一个难题，其治理效果既与群众的利益息息相关，也影响到基层政府机关和社区组织的形象。新冠疫情导致“群租”治理发生了变化，由此引发了社区的民意浪潮。涉疫“群租”激发了社区居民对“群租”的巨大舆论压力和行动压力。基层政府机关及时抓住这一契机，充分依靠社区群众力量，与社区居民通力合作，基本上遏制了“群租”现象。这种新的治理模式充分展现了群众路线的强大生命力，为我国城市社区治理提供了值得借鉴的宝贵经验。

思考题

1. 社区群租房整治难的原因何在？
2. 在群租治理的赋权参与中，政府运用了哪几种赋权手段？
3. 在推进群租治理的赋权参与中，人民城市理念是如何得以体现的？

4. 政府推动形成赋权参与的意义和价值何在?
5. 请结合自身工作,谈谈赋权参与在社区综合治理情境中的运用。

二、案例目标定位

(一) 核心教学目标

(1) 发现社区治理的挑战与需求;
(2) 人民城市视角下赋权参与的现实意义;
(3) 掌握赋权参与的社区治理方式;
(4) 理解赋权参与是群众路线的具体实现机制。

(二) 应掌握的知识点

(1) 赋权与赋权参与;
(2) 赋权与赋权参与的方式;
(3) 以赋权为方式的“群租”治理框架。

(三) 思维养成和观念转变

(1) 人民城市理念在“群租”治理中的多重意义;
(2) “群租”治理中多元主体参与的意义;
(3) 赋权参与的有效路径和现实意义;
(4) 基层治理中贯彻人民城市理念的有效路径。

(四) 能力提升

(1) 建立城市社区治理的人民参与思维;
(2) 建立城市社区治理的政府赋权思维;
(3) 提升通过赋权参与优化城市社区治理的能力;
(4) 提升城市社区长效治理的能力。

三、教学内容及要点分析

（一）案例导入性问题

（1）如果你是社区居委会书记，你将如何打破城市社区“群租”治理追踪难、取证难、处罚难的僵局，推动社区治理？

（2）如果你是对“群租”现象感到不满的居民，面对社区“群租”治理效果不佳的情况，你会通过什么样的方式谋求改变？

（3）如果你是街道或居委会的干部，你会如何看待“群租”中的赋权参与治理？

（4）如果你是基层政府职能部门的工作人员，你会如何看待“群租”中的赋权参与治理？

（二）案例讨论要点

1. 城市社区“群租”治理的难点

城市社区治理面临着许多顽疾：物业纠纷、“群租”、机动车乱停乱放、违法搭建、楼道堆物等。虽然这些问题零零碎碎，但却影响到居民日常生活的方方面面，也影响到居民的切身利益。社区稳定则城市稳定，社区治理关系到国家治理的根基。从这个意义上讲，社区治理问题无小事。但是，基层政府机关在进入社区进行治理时，却面临着一系列治理难题。

（1）信息追踪难

一般来说，基层政府机关获得的社区信息主要是一些基础性信息，如户籍、人口、职业等，其静态性强但缺乏辨识度。一些辅助性的、非正式的信息需要居委会通过与居民联系才能获得。获取这些针对性强、灵活性高的信息面临着行政成本增加的挑战。“群租”缘何屡禁不止？调研中，基层政府机关纷纷表示，由于房东的身份比较复杂，具有较大隐蔽性。对于执法部门而言，小区主要是一个基层自治单位，政府在小区内部的公共管理权限有限，自身掌握的相关线索有限，房客和“二房东”等相关方拒绝沟通往往导致线索中断，这实际上给“群租”整治工作带来了十分严重的困难，也是导致“群租”治理效果较低的主要原因之一。

(2) 入户取证难

目前不论是公安、城管、管理办等相关部门，还是配合相关部门的社会自治组织和物业管理公司，如果没有确凿的证据，在未经允许的情况下是无法入户的。虽然小区住户有义务配合相关部门的入户检查，但法律对住宅的保护也给了群租房租户们不配合相关部门治理、执法的理由。由于执法人员在面对此类情况时无权强行入户，自然无法对"群租"行为进行认定，后续的强制拆除和处罚环节更是无法推进，这也是困扰"群租房"执法的一个重要问题。此外，即使是愿意开门的、"经验老到"的租户，也会通过藏匿床铺、谎称是访客等方式让执法人员无从下手。

(3) 行政处罚效果有限

基层执法环境艰难且复杂。一方面，部分执法对象对城市管理和执法部门的理解与支持不够，双方易在执法现场产生争执，甚至出现租户暴力抗法的情况。为避免矛盾激化，执法者对群租户往往以开具责令整改通知书为主，极少对"群租"行为进行行政处罚，这在一定程度上降低了法律法规对"群租"现象的震慑效应。另一方面是执法程序存在漏洞，由于不满足相关法律法规的处罚必要条件，造成"群租—整改—群租"的循环往复，使得执法人员在执法过程中十分被动。

"群租"治理的结构性难题使得这一现象屡禁不止。然而，2020 年新冠疫情给许多社区的"群租"治理带来了意外契机，这或许是所有治理者甚至群租人员都未曾预料到的。社区居民对"群租"的反对形成了汹涌的民意，之前"群租"治理的信息难、取证难都不再成为问题，民意的强大舆论压力大大减轻了行政成本和执行成本，治理"顽疾"迎刃而解。其背后的原因，或许是值得城市基层治理者思考的。将自发的社区民意、群众行动在合适的条件下转化为治理方式的群众路线，或许为城市基层治理和社区治理打开了一扇治理之门。

2. 赋权式参与——"群租"治理的破局之道

坚持以人民为中心，城市发展为了人民，城市治理依靠人民，是城市治理者需要遵循的基本原则。以人民群众为出发点和落脚点，依然是城市治理工作的基本原则。在新的历史时期，随着社会的发展与进步，人民群众的利益与需求也随之而变，党和政府需要准确把握人民群众的利益与需求，想人民之所想，急人民之所急，忧人民之所忧，始终坚持把人民群众放在心中的最高位置。

在案例中，常态化治理情境下的“群租”治理效果不佳，在很大程度上是因为没有充分调动群众参与治理的积极性，没有涉及群众的关键利益。而非常态化治理情境下的“群租”整治之所以能够让小区居民积极地自发参与，是因为“群租”所导致的负外部性严重影响了居民的关键利益，被触动关键利益的群众自发地动员起来，对屡屡通过钻法律漏洞规避处罚的“群租”施加了巨大的压力，街道和居委会及时回应民意，通过对社区组织及骨干居民赋权、以“管理赋权”整合各部门力量并快速响应投诉线索，有效整治了社区中的群租现象。

(1) 管理赋权：从“各管一段”到“合治一块”

基层政府部门是服务群众最直接的主体，更是基层治理现代化的主要动力。作为社区事务的第一责任主体，执法权力高效行使是确保基层政府托底能力的重要条件。案例中，Y 街道前期针对“群租”现象的整治就存在着九龙治水的困境，城建中心、综合行政执法队、派出所等执法力量分别对应着居住人数的认定、违章搭建的认定和消防隐患的认定，为了保证执法程序的规范性，工作人员在执法过程中过度强调边界意识，缺乏协同能力，由此导致了好不容易组建了大规模的整治队伍，整治效果却不理想的困局。案例中网格工作站的成立体现的就是一种管理赋权。Y 街道通过整合现有职能部门力量，在街道与社区之间增设网格工作站，有效破解了基层存在的统筹不力、职责交叉、力量分散的问题，根据属地原则建立了高效协同的扁平化处理机制。对于“群租”现象等一些常见的社区治理问题，由各片区网格工作站站长统一协调处理，快速集结排查整治力量，消除了此前多部门沟通带来的隐性行政成本。此外，更高的集结效率意味着更高的排查密度，面对房屋负责人、租客等群体的不配合行为，能够通过多次排查、反复确认的方式形成对违法主体的压力，极大地挤压“群租”行为的生存空间，从而提高了“群租”主体的违法成本。网格工作站的成立及实体化运行实现了从条线管理到条块结合的改善。此前，面对居民碎片化的诉求，各部门往往是从条线工作角度出发，使得整治工作的开展也呈现出碎片化的特征。网格工作站的组建使得各部门成为共同体，从只关注各条线权责范围内的事到处理好片区内的事，破除了“看得见管不着”的困境。由于推行网格工作站走访社区居委会的工作制度并组织楼组议事会，有关群租房的投诉线索可以由单部门高效处置。一口式受理模式则与居民形成良性沟通，提升了群众参与“群租”治理的积极性。网格化治理方式无疑响应了基层精细治理的要求。由此可见，在既有组织框架内进行管理赋权，能够提升基层处理问题的效率，这不仅能激发基层工作人员的主观能动性，提升他们“办实事”的积极性,而且可以通过为居民“办实事”增强群众对基层政府在社区治理中的地位的感知度,有利于树立基层党委、政府的良好形象。

(2) 组织赋权:从“传声话筒”到“议事平台”

在基层社会治理体系之中,社区作为体系的最末端,兼具行政和自治的双重属性,其共同指向是通过调动和挖掘社区资源,动员居民参与社区治理,提升社区治理效能。在社区治理中,社区权力非常重要,社区权力使社区有能力和动力来推动社区发展。然而,在前期“群租”现象的整治过程中,社区基本处于缺位的状态,只是一个“传声话筒”,即在发现问题后上报街道职能部门,而后被动等待有关部门处理问题。这样的情况并不少见,同时也反映了在基层权力结构的分配中“事”“权”错位的窘境,即权力主要集中于上级部门,事情却主要由社区承担,这无疑会抑制社区作为治理主体的积极性。街道显然意识到了这个问题,并通过建设和完善“零距离家园理事会”这一协商议事的工作平台来化解以上困境。在实践中,“零距离家园理事会”的有效运作实现了社区治理事与权的统一。借助街道网格工作站成立与“零距离家园理事会”建成的东风,街道建立了居委会定期组织网格工作站执法、工作人员与物业、业委会等社区组织参与社区议事的工作机制。该机制通过对社区的赋权,分担“群租”治理这一集体行动的成本,实现了社区高效治理。

(3) 骨干动员:从“寻求救济”到“协商治理”

在“群租”治理中,民众的利益诉求往往是就结果而论的,居民往往更愿意通过投诉、曝光等方式行使“救济权”。然而,“群租”治理实践表明,这种倾向往往会导致治理的低效。相比之下,“零距离家园理事会”通过为居民设置公共议题,高效整合群众,引导居民以协商的方式参与社区治理。这一过程实际上也是一个居民自身增能,实现规范化权力表达的过程。在实践中,社区治理无法做到非黑即白,达成共识往往需要协调和妥协,案例中 1101 室的自行整改就是一例。在针对该处房屋的处理中,居委会代表居民意见,通过物业、业委会搭台,对隔离返回的租户进行约谈,商议清退事宜,整个过程展现了协商的智慧。这种协商治理随后得到了进一步发展,形成了社区党组织自上而下发动居民参与治理及居民自下而上主动谋求合作的工作模式。

3. 依靠人民——将赋权式参与从“群租”治理推广至小区治理

(1) 畅通渠道整合群众诉求,推动公众参与

赋权式参与要求基层治理主体正确把握群众的利益与需求,并将群众的

利益与需求进行集中整合进而形成系统的意见。这是一个意见输入和反馈输出的系统工作机制。为了充分整合民意，搭建政府与群众之间的桥梁，可以在网格化管理经验的基础上，将网格化管理转变为网格化治理，通过组织体制重建，将民意纳入执法运作流程。居委会等基层治理主体可以充分发挥"零距离家园"、社区协商会、社区议事会等平台在沟通民意、聚集民力中的作用，以整合群众诉求，推动公众参与。这些平台不能仅局限在小区内部，参与平台的主体也不能仅包括居委会、业委会和物业，街道党委、社区组织及小区党支部都应有相关人员参与，以近距离了解群众的利益与诉求。通过建立小区联席会议常态化制度等方式搭建多元力量的对话平台，一方面能够拉近党群关系，精准把握群众的意见与诉求；另一方面能够提升人民群众参与自治的意愿，通过协同合作形成合力，有效解决小区治理难题。

综上，畅通群众表达渠道，搭建党群沟通桥梁，是党和政府更好地联系群众的必要条件。群众的利益与诉求因时而变，党群沟通交流的相关制度建设能使党和政府在不断变化的时代背景下准确把握群众的利益与诉求，进而保证正确领导，提升治理效能，巩固政权稳定。

(2) 培育引导社区组织建设，实现高效共治

赋权式群租房治理的实现，需要进一步实现市场或社会组织在公共事务管理中的参与，培育引导社区组织的建设，从"一元管理"转向"多元共治"的格局。从近年的"群租"治理案例中不难发现，市场和社会组织在社区治理中扮演着越来越重要的角色，相比政府职能部门，他们的优势在于能更具针对性地满足社区居民的各项需求，有效减轻政府部门的管理压力，并产生提供就业岗位等良好的外部效应。

社区组织的建设离不开相应制度规范的建立健全，在吸收并促进市场或社会组织参与社区"群租"治理的同时，通过合理赋权、合规管理引导并规范他们合法运行，以达到和谐共治的目的。

(3) 持续发挥政府管理职责，保障常态治理

赋权式参与并非意味着政府部门的力量不再重要，由于"群租"治理问题牵扯面广、管理难度大、流程复杂，所以仍然需要政府部门履行其政策制定、日常监管和行政处罚等职能，发挥其在"群租"治理中的主导作用。同时，政府部门要积极完成自身职能转变，通过对社区组织和人民群众的赋权，借助对社区资源和社会力量的高效利用，实现内部资源的进一步优化配置，从而可以将更多的力量投入保障赋权式社区自治的持续运行。

赋权式参与的新社区治理格局，还要求政府不断完善监管体系，进一步优化群众监督机制，做到行政监管和群众监督的有机结合，保障常态化社区治理的持续推进。从当前社区治理实践看来，国家需要基于社区既有的治理网络，刚柔并济地推动赋权参与，实现对组织和个体的赋权式动员。

四、理论依据

（一）人民城市理念

2019年8月，习近平总书记在甘肃考察时指出“城市是人民的，城市建设要贯彻以人民为中心的发展思想”。2019年11月，习近平总书记在上海考察时首次提出“人民城市人民建、人民城市为人民”，这是中国式城市化的核心要义。2020年6月，中国共产党上海市第十一届委员会第九次全体会议审议通过《中共上海市委关于深入贯彻落实“人民城市人民建，人民城市为人民”重要理念，谱写新时代人民城市新篇章的意见》，对上海这一国际化大都市加快建设人民城市进行了系统部署。2022年10月，党的二十大报告中再次强调“坚持人民城市人民建、人民城市为人民，提高城市规划、建设、治理水平，加快转变超大特大城市发展方式，实施城市更新行动，加强城市基础设施建设，打造宜居、韧性、智慧城市”。

人民城市理念坚持“人民性”的价值属性。这一理念的提出与贯彻执行，真正回答了城市的建设与发展是为了谁，又依靠谁的问题。人民是城市中最基本、最重要、最鲜活的元素，是城市发展与建设的主体。人民城市建设的根本动力是依靠人民、价值取向是为了人民、根本目的是成果由人民共享。无论是城市规划还是城市建设，无论是新城区建设还是老城区改造，都要坚持以人民为中心，聚焦人民群众的需求，最大限度地调动广大人民群众的积极性、主动性和创造性，让他们成为城市发展和建设的积极参与者、最大受益者和最终评判者。

（二）赋权与赋权参与

赋权这一概念较早见于美国学者所罗门的著作《黑人赋权：社会工作与被压迫的社区》。他在该书中指出，一些受压制的个体或组织缺乏能力、资源等，从而产生无力感，导致参与社会活动信心不足、人际关系不协调。切瑞和茱莉亚认为，赋权是增加个人权利、人际权利及政治权力的过程，个人、家庭和社区在被赋权后有能力采取相应措施改善目前的状况。21世纪初期，国内学者开始研究赋权理论，并推崇将赋权理论运用于社区治理研究。陈树强主张赋权是为了挖掘被赋权者参与、控制和影响与其相关的事件的能力。王锡苓等指出，赋权在社区场域下作为一种机制，可以促使社区组织及其成员通过互动和资源共享参与社区事务的管理。谭祖雪等以“赋权与增能”为视角，提出通过削弱社区居民的“无权感”、建构“主体性”和激发潜能推动城市社区参与。由此可见，赋权的目的是帮助个体、组织激发自身潜能，提高参与社区治理、解决实际问题的能力。

阿肯·冯提出了赋权参与这一概念，他通过对芝加哥南部社区的研究，发现被赋权的居民在参与社区相关事务的过程中形成的决策可以决定官员和部门的行动，即居民能够实质性地影响决策、参与地方治理。这种参与式民主被称为赋权参与式治理。

关于赋权的形式，戴维·奥斯本在《摒弃官僚制：政府再造的五项战略》一书中提出赋权有三种形式，分别是组织赋权、雇员赋权和社会赋权。斯蒂芬认为赋权分为个体赋权和集体赋权两个层面。郑晓华通过四个案例对组织赋权、管理赋权、服务赋权、社区赋权进行了阐释，并主张赋权参与的中国特点是混合式赋权，而且是中国社会治理体制中社会协同与公众参与的起点。

(三) 以赋权为方式的“群租”治理：一个分析框架

“群租”现象作为城市的“顽疾”之一，事关人民群众切身利益和社区安全稳定。开展“群租”治理，是深入贯彻人民城市理念的现实需要，也是扎实推进平安社区建设的重要抓手。结合国内外学者研究和案例实际情况，我们把社区居民赋权参与“群租”治理分为两个层面，分别是组织赋权和管理赋权，框架如下。

组织赋权是指基层党委赋权给予“群租”治理利益相关的社区居民委员会、社区组织（物业、业主委员会等）、社区居民，在各自法定权力范围内，尽可能扩大其参与社区治理的范围，提高其参与社区治理的积极性。“群租”治理涉及很多利益相关者，其中，社区居民委员会、社区组织（物业、业主委员会等）、受“群租”影响的社区居民属于核心利益相关者。只有通过组织赋权充分调动他们参与“群租”治理的积极性，才能共同制定并完善具有针对性的治理方案，提高“群租”治理的有效性。

管理赋权是指基层党委以“管理权限”为核心，充分整合辖区内的行政、执法力量以及各治理主体资源，从相关职能部门抽调人员下沉社区，与社区组织中抽调的人员一起成立网格工作站。网格工作站人员直接负责“群租”整治工作，打破了相关职能部门各自独立的状态，解决了彼此沟通不畅、互相推诿扯皮的治理困局。在治理过程中发现问题还能及时向相关职能部门或是居委会反馈，大大提高了工作效率。

利益相关的居民个人在赋权参与“群租”治理过程中，社会存在感和社会认同感增强，参与社会的主体意识也会提高，即实现了“增能”。

综上，本案例将人民城市理论和赋权式参与结合形成分析框架，以帮助读者理解新时期赋权式参与下群众参与社区治理的动机和影响。具体框架如图4-3所示。

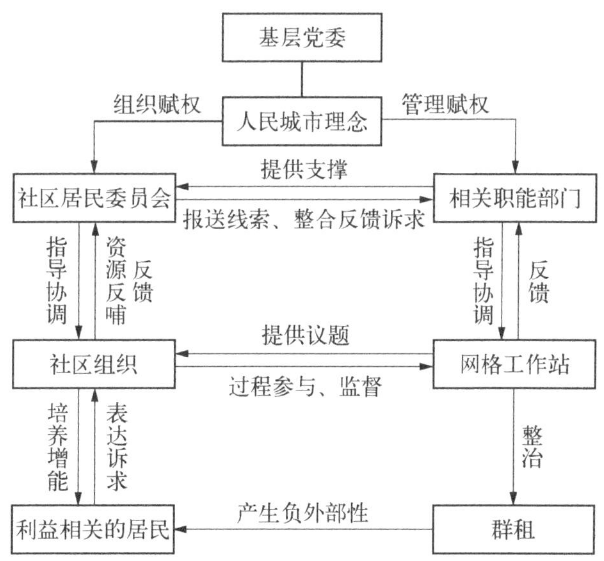

图4-3 基于人民城市理论和赋权式参与构建的“群租”治理分析框架

五、参考文献

[1] 周庆智.论中国社区治理——从威权式治理到参与式治理的转型[J].学习与探索，2016(6)：38-47+159.

[2] 陈尧.西方参与式民主：理论逻辑与限度[J].政治学研究，2014(3)：18-30.

[3] 包涵川，熊珂.基于生活方式的参与：一个理解参与式治理有效运转的分析视角[J]东北大学学报(社会科学版)，2022，24(3)：71-77+86.

[4] 郭彩琴，吕静宜.完善社区参与式互动治理结构的对策研究[J].行政论坛，2018，25(4)：106-110.

[5] 唐有财，王天夫.社区认同、骨干动员和组织赋权：社区参与式治理的实现路径[J].中国行政管理，2017(2)：73-78.

[6] 谈小燕.以社区为本的参与式治理：制度主义视角下的城市基层治理创新[J].新视野，2020(3)：80-87.

[7] 宋煜萍，施瑶瑶.基层社会治理中的赋权式动员[J].东南大学学报(哲学社会科学版)，2022，24(6)：43-50+147.

[8] 宋道雷.人民城市理念及其治理策略[J].南京社会科学，2021(6)：78-85+96.

[9] 陈树强，增权：社会工作理论与实践的新视角[J].社会学研究，2003(5)：70-83.

[10] 谭祖雪，张江龙.赋权与增能：推进城市社区参与的重要路径——以成都市社区建设为例[J].西南民族大学学报(人文社会科学版)，2014，35(6)：57-61.

[11] 郑晓华.社区参与中的政府赋权逻辑——四种治理模式考察[J].经济社会体制比较，2014(6)：95-102.

[12] Lanz S. Be Berlin! Governing the City through Freedom [J]. International Journal of Urban & Regional Research, 2013, 37(4): 1305-1324.

[13] Solomon, B. Black Empowerment: Social Work and the Oppressed Community[M]. New York: Columbia University Press, 1976: 112-114.

案例五

社区协商共治
——T 社区电动车治理

摘　要：电动车治理一直是社区治理的痛点、难点，由于社区缺乏充电设备、居民安全意识较差、社区管理部门缺乏有效的管理措施，电动车乱停乱放、楼道内充电、私拉飞线等情况屡见不鲜。南翔镇 T 社区以一场电动车引发的火灾为节点，通过民主协商、自治共治的方式开展电动车治理，各方主体全力参与配合，携手破解了电动车的治理难题。

关键词：电动车治理；协商自治；协同治理

一、案 例 内 容

(一) 引言

2019 年 12 月，位于南翔镇 T 社区一幢居民楼的非机动车地下车库中有一辆电瓶车突然着火。由于火势迅猛，浓烟没多久就蔓延到了整个地下车库，并直接往上冲到 18 层居民楼里。整幢楼的居民都捂着口鼻，被熏了出来。居民们有的打 119，有的喊物业、居委会，有的给家人打电话，现场顿时一片混乱。消防员及时赶到，扑灭了地下车库的明火。这次火灾造成了 50 多辆非机动车损毁，有几辆电动车被烧得面目全非，但万幸没有人员伤亡。

这场火灾的发生使得小区的电动车治理问题成为居民议论的焦点。长期以来，小区电动车乱停放、私拉电线等问题较为严重。居民胡兰芳说："楼道里停的都是电动车，有时候甚至把大堂的出口都堵住了。还有的从家里私拉飞线出来，这都是安全隐患。”如何破解电动车治理难题，是社区现代化治理面前的一项挑战。

（二）T社区电动车治理难题

T社区位于上海市嘉定区南翔镇云翔大型居住区北部，整个区域东至德园路，南至嘉美路，西至横沥河，北至嘉秀路，所管辖的两个封闭式小区分别位于德园路1437弄（翔和雅苑Ⅰ期）和1509弄（翔和雅苑Ⅱ期），占地总面积7.5万平方米，小区是由经济适用房和动迁房组成的混合型社区，建筑户数2 629户，其中经适房2 055户，占78%；动迁房574户，占22%，是南翔镇最大的经适房小区。

在人员构成方面，T社区经适房居住人群主要来自上海市普陀区、静安区、长宁区等各市区，多为中低收入群体；动迁房业主主要是南翔镇本地农民，他们往往在拆迁中分到多套房子，一般也不住在本社区，而是将房屋出租给外来务工人员。正是因为这样的人口结构，居民普遍喜欢购买性价比较高的电动车作为出行工具。小区现有常住人口6 974人，电动车3 000辆左右，平均每2.3人就拥有一辆电动车。小区现有电动车停车位、充电设施难以满足居民需求，导致楼道乱停放、违规充电等现象时有发生。

1. 开发商：规划落后，配套设施不足

发生火灾的非机动车地下车库是2010年申报建造的，当时的标准并没有要求车库安装充电桩和灭火器。业委会副主任张尊说：“我们小区一共有35个非机动车库，由于初期规划受限，没有充电桩，很多居民为了图方便就会停在自己家门口充电。”物业公司经理谢振莲说：“若是本来装了灭火器的话，那当初着火时，可以被灭掉一部分，也不会后来烧得那么大了。”

此外，“僵尸车”也是长年累积的问题。居民王为新说：“非机动地下车库停放了很多一看就长久不用的自行车，上面都积了层灰，可以看看怎么处理掉，把空出来的停车位让给我们。”居委会副主任於杰说：“小区当时建造的时候，对于电动车管理还没有那么高的要求，也没有像现在这样有精细化管理的意识，所以造成了后面在电动车管理方面出现那么大的问题。”

2. 居民：主观认识不足，客观原因受限

居民安全意识薄弱，是造成T社区电动车治理困难的原因之一。

T 社区每年都要开展大量的电动车安全宣传活动，比如张贴海报、开展讲座、摆摊位宣传等，然而效果并不明显，居民依旧我行我素。居委会干部金林说："大部分居民都存在安全意识薄弱的问题，嘴上说着知道危险了，然而实际行动还是'该干吗干吗'，抱有一种侥幸心理，觉得火灾这种事故应该不会发生在自己身上。"

有的楼栋底楼大厅面积非常大，就成了现成的"停车库"，大厅内电动车乱停乱放，既不美观，也有隐患。楼组长叶美妃担忧地说："他们把电动车都停放在这里，万一着火，这可是唯一的出口，怎么逃命?!"另一位楼组长茅晓星也表示："我平常也提醒过居民，但是刚停出去没两天，又放回来了，屡禁不止。"楼组长杨战鹰也无奈地表示："提醒次数多了，居民也嫌烦，我也没啥权力强制他们一定要停外面。"

有的居民喜欢将电线、充电插座直接从家里拉出来，把电动车放在走廊里充电。由于本社区房屋的公共走道设计得都非常窄，一辆电动车往那一放，基本就占用了大半个走道。居民吴腊花说："走廊原本就不宽敞，放辆电动车就更狭窄了，我走过去都要侧着身子，非常麻烦。"居民凌阿姨说："有一天晚上我进楼道，看到底楼一家门口排队放着 4 辆电瓶车在一起充电，就看到那 4 个红灯在昏暗的走道里一闪一闪的，周围很安静所以电瓶充电的声音特别明显，我住他们楼上，这一个晚上就心慌得没睡好，生怕着火。"

还有的居民骑的电动车较轻便，就喜欢停放在家里充电。南翔镇安监局工作人员称："电瓶车燃烧是非常快的，在封闭式的小房间里着火，基本上十几秒就能覆盖整个房间，你连逃命都来不及，更不用说灭火了。"更甚者干脆直接从楼上的窗户里拉一根电线荡到底楼充电，居委会干部陈颖芳说："私拉飞线是非常危险的事，刮风、下雨、暴晒，都极易引发火灾，后果不堪设想。"

另外，由于电梯空间也不是很宽敞，有些居民住在高层，为了把电动车"运输"上去，硬是把电动车挤进电梯里，给乘坐电梯的居民造成极大的不便。居民仇惠琴抱怨说："电梯里一旦有电瓶车，我们都要斜着进、靠边站，这电梯到底是运人还是运货啊。"物业维修部经理余培刚称："很多居民将电动车推进电梯轿厢内，这样频繁进出电梯，加快了电梯平衡机件损坏，缩短电梯的使用寿命，也极易造成电梯安全事故。"

T 社区的电动车停放条件有限，没有考虑老年人和残疾人的停放需求，也是造成 T 社区电动车治理困难的另一个原因。

由于有些通往非机动车地下车库的斜坡设计得较陡，普通人推车进出都需要用点力气，对于老年人和残疾人来说更是一场“力量”的考验。居民季良薇很无奈地表示：“其实我很想停地下车库的，有人看管也安全，但是那个坡度太陡了，我 76 岁了，没那么大力气，试过两次发现实在太累了，就决定不停地下车库了。”

T 社区 60 岁以上的老人有 3 044 人，占常住人口的 43%，其中 60—69 岁的老人 2 289 人；70—79 岁的老人 554 人；80 岁以上的老人 201 人。负责老龄条线的居委会委员黄雯佳称：“现在社区普遍老龄化都很严重，我们社区也不例外。但地下车库是开发初期就设计好的，想要改动蛮难的，周边没什么地方好给它延伸的了。”

社区助残员沈益说：“近两年社区转入的残疾人数量也急剧攀升，目前户籍残疾人口就有 140 人，残疾车数量大概有 30 辆。”社区辅警赵佳介绍说：“残疾车的体积比较大，一辆残疾车可以占两辆电瓶车的车位，车子的重量也比较重，让他们推到地下车库去也不太现实，但是停在路面上，本来每幢楼门前非机动车停车地方就有限，他们一占据那里，就显得更没地方了。”居委会干部孙莺说：“小区在 2016 年的时候造过一个残疾车棚，也装有充电桩，专门方便他们充电。当时残疾人和残疾车数量都较少，完全够用。但是随着残疾人数量增加，只能容纳 8 辆残疾车的小车棚显然已经不够用了。”

3. 居委会：权责受限，收效不佳

T 社区居委会多次接到居民针对电动车乱停放、乱拉线的投诉，也有采取过相关措施，但都收效甚微。据了解，在电动车问题治理上，居委会主要有两大职责，一是宣传，二是劝阻。

居委会干部金林说：“我们一直都在开展电动车禁止进楼道、禁止室内充电的安全宣传，海报也贴，告示也贴，宣传单也发，短信也发，讲座也开展，危害讲了一遍又一遍，但是感觉他们就听听，心里面大部分还是不以为意的。”

负责 12345 投诉平台的居委会干部陈莹芳说：“每次接到电动车相关的投诉单子，我都会在楼道里张贴告知，禁止居民电动车进楼道，有的乱停乱放严重的楼道，宣传单都快贴满了，还是没啥用。”

负责矛盾调解的居委会委员周风说：“一直以来都有电动车乱停乱放的投诉，我们都会去现场查看，然后上门去劝说，有的态度好点的就说知道了，会停放在外面，不过感觉过两天‘等风头过了’，又停回来了；假如碰到态度恶劣的，甚至有点老赖兮兮的，他就不停出去，哪怕请执法来了，他还是老样子，根本拿

这种人没办法，到最后就不了了之了。”

为什么电动车问题的治理会那么难呢？T社区居委会副主任於杰道出了其中原委：“居委会只有劝阻权，没有执法权，这是根本的问题。”他说：“有时候说了又说，根本没用，你也不能没收他的车，否则就变成我们滥用职权，反而造成不好的舆论影响。”

居委会每年有考评，其中就有消防安全这一项，只要发生一起火灾，就要被扣分。社区党总支委员朱鸣洁无奈地说：“这次火灾发生在年底，分都扣光了，我们居委会一年的工作等于白干了。”

4. 物业：管理方却成“弱势群体”

物业公司的金宏友说：“物业其实也一直有定期和不定期地开展楼道整治行动，劝居民把电瓶车推出去，有时候还与执法部门合作。通常先是比较温和地告知车主或贴张告示，让他自觉停出去；如果碰到‘顽固分子’，执法人员把他电动车拿走，然后问题也来了，他们有的就过来吵啊闹啊，说凭什么随便动我的电动车，你跟他说违反规定，他也不听，就说我们乱动他私人东西、滥用职权，然后就造成很大的矛盾，所以通常最后都是‘乖乖地’怎么拿过来的就怎么给他放回去，简直哭笑不得。”物业安保队长吴德林称：“有几次他们把车拿回去了，然后跑过来和你说东西坏了，要我们赔，还有的甚至倚老卖老。居民如果本身意识不提升的话，永远治标不治本。”

物业公司谢经理说：“在经适房的管理上，我们一直有点处在‘弱势群体’的位置。由于经适房普遍都是低收入人群和外来打工人员，居民素质参差不齐，有些电动车主，自己不懂法不守法，你和他讲道理、普及法律知识他不听，你采取法律措施，警察来的次数多了，警示效应对他们这样的人来说也是呈减弱趋势的，到最后都没办法了，就不了了之了。”在非机动车地下车库管理上，物业公司的收费标准是30元/月，有的居民为了省钱，就不想停在地下车库，自己乱停乱放、违规充电。

5. 业委会：民意征询，众口难调

早在火灾发生前，就有居民向业委会建议安装电动车充电桩，业委会经过商讨，认为阻碍过多，难以实施。

业委会副主任张尊说：“一些居民的电动车停地下车库是付费包月的，所以有固定停车位。如果安装了充电桩，大家都来停，固定车位就没有了，要向

他们解释起来比较难，他们可能不太愿意。"

业委会成员倪兆娟说："要用好业主的每一笔钱，我们必须多方去征询价格，要求三个以上的施工单位给我们报价、报方案，我们需要比价、择优而用，也很难。"

业委会主任穆海云说："如果要用维修资金的话，就要严格走流程，第一步是三方比价，第二步是方案的公示，第三步是召开业主代表大会，向全体业主代表说明情况，并且要求业主代表上门向全体业主征询，然后再是开箱验票，统计票据，之后公示结果，等到把所有的投票结果都输入维修资金系统里，我们才能够使用这笔钱，走完这个流程就差不多要 2—3 个月了。然后在工程实施阶段，我们要跟踪到位，发生任何问题都要去协调，等完成后还要验收，再交给物业做后期维护，(这个过程)实在太漫长了。"

6. 执法：当"兵"遇上"民"，有力使不出

社区在联合开展电动车大整治行动时，居委会、物业公司都会邀请城管、派出所参与，增强威慑力。但是，在实际执法中，也碰到了问题。据了解，在电动车执法问题上，城管和派出所各有职责。城管负责查处乱停乱放问题，比如电动车进楼道，而派出所负责查处消防隐患，比如楼道充电、室内充电。这种管理模式对执法部门间的配合有一定要求。

社区辅警赵佳说："在执法过程中碰到以下几个问题：一是居民不理解、不配合，觉得房子是我买的，我在自家楼道停车充电有什么不可以的；二是对于安全通道认识不清晰，没有意识到电动车停放在这里，万一发生火灾要逃生了，这些'阻碍'就会成为危害你生命的东西。"社区民警王伟说："其实执法也不是唯一途径，基层工作本来就比较复杂，我觉得最有效果的还是要先用物理设备防止电瓶车进楼，然后再配合执法会更加有效。"

(三) 社区协商：破解电动车治理难题

1. 关于电动车问题治理的内部辩论

在火灾发生两天后，T 社区的居委会、物业公司、业委会、"家和"自治理事会就召开了一次内部会议，讨论电动车治理难题。其中，居委会、物业公司、业委会是社区最基础的三家主体管理单位，"家和"自治理事会是居民自治组织，征集民意，搜集小区各类问题，反映给社区管理主体，是参与社区电动车问题

治理的第四方。这四个组织是社区的“四驾马车”。

此次会议上，理事会会长顾月珍说：“这次火灾造成的影响非常不好，电动车治理已经到了势在必行的地步，我们必须想办法把它解决掉!”

居委会副主任於杰说：“这次先把大家召集过来，我们自己先讨论下有什么思路可以解决的。因为电动车治理一直是个难题。宣传也不下千百次了，也一直在不断劝阻，但就是难以根治。”

物业公司谢经理提出：“应该让民警加大处罚力度，看到一例处罚一例，给他们制造威慑力。”

但居委会委员周凤表达了不同意见：“警察参与过处罚，但我觉得起到的作用也不大。我们虽然一直在科普电动车安全知识，但居民们的接受程度不一样，对相关法律了解的程度也不一样，同时对遵纪守法的自觉性也不高，尤其有的还有‘小市民’意识在作祟，如果光靠‘法’来治，很难根本性推进电动车治理。”

社区党总支副书记朱鸣杰说：“我做了十几年的基层工作，一个最深的感觉是工作压力越来越大，群众工作越来越难以管理，中老年人还稍微相信点居委会，但年轻人基本上不大愿意理你的，威信程度也在下降，并且责任大权力小，有时候花了大力气但结果不理想，之前的那些宣传、整治感觉都是‘无用功’。”

居委会干部孙莺说：“我们做社区治理，通常的原则都是‘大事化小、小事化了’，不能太用强。但这种方式有时候也为以后的治理埋下了隐患，尤其像这次电动车出事故了，就增加了它治理的难度，如果不下决心的话，恐怕会激起更多的居民矛盾。”

业委会主任穆海云非常同意，并针对此次火灾事故说道：“我觉得此次火灾反而可以成为一个治理电动车的‘契机’。以前大家都抱有一种侥幸心理，觉得火不会烧到自己身上。但这次发生了火灾事故，人人自危，他们亲眼看到，才能感觉到危险就在身边，这样发动起群众工作也更加容易，对解决电动车乱象有积极促进作用。”

自治理事会成员杨娟芳说：“我看到其他社区有装充电桩设备，方便居民充电，还有梯控系统，电梯里面装个监控可以阻止电动车上楼，我们也可以借鉴。”

物业公司谢经理迟疑了下，考虑到社区实际情况，给大家当场算了一笔账：“梯控算它 1 000 元一台，35 栋楼 68 台就要 6 万 8，一个充电桩便宜的

1 000 元左右，算它 100 个，最少也要 10 万元了，现在人工最贵，到时候肯定还有其他设备，少说也要 40 万了，花费太大了，哪来的钱？居民愿不愿意？”

理事会成员庞道金问道：“难道不是物业出吗？我们可是出了物业费的。”

谢经理表示，这种涉及加装公共设施的工程是要动用维修资金的，应该进行业主征询。而居委会表示，要向政府申请那么多钱，根本不可能做到。

业委会主任穆海云说：“既然我说了这次是一个好‘时机’，那我们索性就破釜沉舟一次，来一次电动车大治理，彻底把这件事情整治掉。我们业委会这次也会发挥带头作用，尽力发动业主代表多多向业主宣传这次治理的重要性和紧迫性，以便在业主征询的时候能让更多居民参与进来，也能理解整项工作的意义。假如他们有什么问题的话，可以尽管来问我，我 24 小时开机，一一给他们答复，希望能尽快推进实施。”

居委会副主任於杰说：“我们也可以帮助发动党员代表和居民骨干的力量，比如在场的顾阿姨和杨阿姨，他们的群众基础都是比较好的，顾阿姨所在的自治理事会下管理的团队较多，又都是社区骨干，也可以帮忙多多宣传，这样辐射开来，就会有更多居民支持我们的工作了。”

物业公司的王总也最后拍板，决定支持社区电动车治理，充电桩的钱由物业公司出，这样业委会的压力也能小很多。

于是，大家就这样初步达成了协议。

不久，新冠疫情暴发，治理行动尚未开展便遭阻碍。自治理事会秘书长胡凤英说：“（整治行动）戛然而止，就担心时间一长，群众对火灾的警惕心理会下降，容易产生麻痹情绪，这样子就会导致治理的决心减弱，治理的时机也错过了。”2020 年 4 月，疫情稍有缓解，大家决定立即开展行动。

2. 协商平台：社区的“政治协商会议”

2020 年 4 月初，大家又聚在了一起，“四驾马车”全部到场，还邀请了党员代表、楼组长和诸多居民骨干，开展了一次“头脑风暴”。

自治理事会成员庞道金提出了去年年底达成的协议，并建议再安装些地面的电动车充电桩设备。

但是，业委会副主任王平却提出了不同看法：“我上次刚去查看了下地下车库，里面还是很宽敞的，应该把这空间充分利用起来，不要再在地面重复安装了，浪费资源。”

居民代表苏群说：“主要是许多人不愿意往地下车库停，我问下来，有些人觉得地下车库包月 30 块不划算，他们更愿意往地面停车，不仅免费还方便，在此基础上安装地面充电桩的话，就可以更好地吸引他们规范停车，解决电动车进楼道现象。”

居民宣阿姨也说：“的确地面更方便点，有时候我也会偷懒，就想停在地面上，我相信普通大众都会有这个心理的。”

居委会副主任於杰表示：“都要考虑。解决问题需要疏堵结合，我们不光要规范引导居民把电动车停在地下车库，同时也要考虑居民意愿，假如他们觉得停地面更方便的话，可以适当建一些。给他们提供更多选择。”

物业公司的吴德林问到了关于收费的问题：“原本我们是包月收费的，如果安装充电桩，那费用是不是要重新设定了？我们是私人企业，总不能让我们亏损吧？”

业委会主任穆海云建议道：“要不就取消原有的包月，停车免费，充电付费，这样就可以把这些费用都平摊到电费里，可以重新设定价格，同时还能降低业主停车成本，相信他们也会更愿意来规范停车。”

居民代表吕福英针对地面充电桩的安全性提出了疑问：“上海属于多雨天气，如果装了地面充电设备，那一下雨你不可能让居民马上冲下来拔电线吧，但雨中充电岂不是又是一个安全隐患吗？”

物业公司的金宏友说：“可以再安装个车棚，这样就能很好地遮风挡雨，保障居民安全充电。”

业委会成员陈龙兴问道：“我觉得既然装了充电桩，基本就能很好地引导居民充电，那梯控系统还用得着装吗？少装一点能节约好多钱，后续业主征询成功率也能更高。”

物业维修部经理余培岗不同意道：“我先说一下这个‘梯控系统’，它安装在电梯里，像监控一样，能自动感应电瓶车的存在，一旦发现，就会语音提示，同时暂停电梯运行，直到将电动车推出后，电梯才恢复正常运行。我觉得这个设备是很有必要的，它是‘堵’，充电桩是‘疏’，两个是‘黄金搭档’。”

大家都纷纷认为这个装置好，可以杜绝电动车上楼现象。

物业公司的吴德林又问到关于看管的问题：“等安装设备后，地下车库是像以前一样派人看管还是无人？无人的话是不是要安装监控门禁设备？又是一大笔花销。”

理事会杨娟芳说：“发生火灾后，还是觉得无人看管更安全。”

业委会主任穆海云说：“监控和门禁肯定要加的，增加保障，也把它们列入项目清单里。至于看管的成本，无人看管更节约，它只是前期投入大，但后期只要维护即可，人工反而贵，而且万一着火，造成伤亡反而责任更大。”

理事会成员於崇华建议道：“要不要索性把灭火器、烟感、花洒等配套设备也一次性装到位，下次再遇到火灾，可以及时扑灭。”

但是，物业公司的谢经理又当场给大家算了笔账，把后面两个设备的提议给否决掉了：“灭火器是肯定要配的，但是烟感花洒整个小区非机动地下车库安装下来需要大概 150 万，我们物业还是居委会，都负担不起，假如让业委会去征询，估计能被居民骂死。”

最后，在会议上，大家通过了安装电梯智能识别监控、地面车棚、电动车充电桩、灭火器、监控和门禁的决议。

（四）有序开展电动车治理行动

1. 联合考察

说干就干，居委会、物业公司、业委会、自治理事会和居民骨干们组成了“电动车治理小分队”，一起去南翔镇的其他社区进行考察，着重观察电动车治理示范点位，详细询问他们开展治理的整个过程、项目费用、选购的设备、充电费用、治理效果等情况，借鉴他们好的做法，吸取他们的经验教训，考察团成员们提出了大量问题，每一个治理细节都不放过。自治理事会理事长顾月珍说：“得到的资料越多，项目基础也就打得越扎实，后续工作开展也能更顺利。”

2. 开展宣传

居委会联合楼组长、居民骨干，开展上门宣传活动，挨家挨户告知这一重大事件。同时，通过派发宣传单、贴海报、短信、电子屏、微信群发等方式，将这件事广而告之，让更多的居民关注它并参与其中，充分调动居民的积极性。此外，居委会还邀请了社区民警、交管委、城管、联勤开展“交通普法进社区”“电动车安全讲座”等一系列主题活动，做到电动车安全意识入脑入心。

3. 进行试点

业委会前期做了大量的调研工作，在听取各施工单位的方案和报价后，重点对比设备功能、价格、维保等，经过反复讨论筛选，最终分别选定了他们认为最合适的充电桩、梯控、灭火球、监控门禁设备的供应商。业委会成员陈龙兴说:“我们觉得他们的(设备)性价比更高,更符合小区实际情况。”接下来,就是要走专项维修资金的使用程序了。

据了解,T社区祥和雅苑(Ⅰ、Ⅱ期)业委会是制定过《专项维修资金管理规约》的,其中,第五条第四款规定:公共收益用于物业管理活动的审计费用、拥有该收益业主的物业维护费用或者物业管理方面的其他需求,支出在30 000元以下的,由业主委员会决定,并向业主做好公示。

业委会成员倪兆娟给我们解释说:“简单点来说,就是3万以内,只需要业委会成员里的11人中的2/3同意,然后进行决议就行;超过3万,就需要进行业主征询。”业委会副主任王平进一步说明:“3万以内的流程是:决议—公示;3万以上的流程是:公示—征询—结果公示—决议公告。”

2020年5月,经“四驾马车”讨论商议,大家决定先选择祥和雅苑Ⅱ期10号楼进行梯控设备的试运行。因为梯控设备的价格为29 960元,于是按照流程,业委会开会形成决议,再张贴告示,最后开工。10号楼楼组长金慧琴说:“我们这幢楼就是上次火灾的发生地,选我们来试点,我觉得更具有标志性意义。”

第一次试验,大家都有点不放心,不知道情况会怎样,居民愿不愿意?满不满意?为了首次安装能顺利推进,居委会发动楼组长先对这幢楼进行了民意征询,结果令人大为意外,所有居民均对此表示支持。工作人员们顿时觉得信心大增。

由于梯控系统一旦运行,就会阻断电梯运行,为了给居民们一个缓冲期,居委会提前一周通知楼道居民将自家的电瓶车停到外面的车棚或地下车库。于是,居委会又一次组织了楼组长上门挨家挨户告知,10号楼另一位楼组长李凤琴说:“这个是有意义的事情,多跑两次我也不会觉得麻烦,干劲十足。”10号楼的居民们也都很支持,他们都是深切体会过火灾痛苦的人,楼组长刚上门通知,他们就主动把电动车停出去了。许多居民看到门口的新设备,觉得新奇,纷纷跃跃欲试。物业公司的余培刚向我们介绍道:“这个智能充电桩有设定时间限制,居民如果充电忘拔了,它就会启动保护系统,自动断电,避免火灾发生。”

2020年9月1日,10号楼的梯控系统正式运行。楼道里的电瓶车都清空了,门口一眼望去,地面停车棚内电动车停放规范整齐,充电井然有序。居民袁龙英说:“现在门口装了充电桩,方便多了,随时可以充电。”有居民还测试了一下梯控系统,将一辆电瓶车推进电梯,摄像头立即发出闪光、播放语音,电梯也停止了运行,大家直呼“厉害!”看到如今的改变,居民们心里乐开了花。试点工作也取得了成功。

这期间，非机动车地下车库内也安装了灭火球设备。物业经理王海斌解释说："地下车库由于较低矮，环境相对封闭，基本上没有什么出风口，一旦发生火灾，大量的浓烟聚集在这里，在没有专业装备的前提下，很难进入里面灭火，容易造成火灾的扩大，但是装了这些灭火球以后，一旦发生火灾就可以控制。"

居委会副主任於杰介绍道："此次南翔镇政府也极力支持我们的改造，赠送了我们 71 台灭火球设备，13 台梯控系统，很大程度地减轻了我们的资金压力，也加快推进了我们的实施过程。"

短短两个月内，小区总共对 22 部电梯安装了梯控系统，在原来非机动车地下车库增设了智能充电装置和悬挂式干粉灭火器。小区共有 35 栋楼 68 部电梯，据物业初步估计，还需要再增加 46 台梯控和 500 个左右的灭火球。

4. 全面铺开

2020 年 12 月 31 日，业委会根据前期的报价、比价，决定再装 260 个灭火球（51 200 元）以及非机动车库的监控（156 926 元）和门禁系统（32 400 元），总计 189 326 元。

2021 年 1 月，T 社区开展了一次业主征询，业委会主任穆海云说："《专项维修资金管理规约》第五条第五款规定：有关物业设施设备场地等共同部分的维修、更新，需要使用维修资金的，由物业服务企业制定维修、更新方案，经本小区专有部分占建筑物总面积超过 2/3 的业主且占总人数超过 2/3 的业主同意后，由物业服务企业组织实施，费用按规定列支。"

方案公示后，业主代表大会随即召开，业委会向业主代表们说明了此次改造情况，并且要求业主代表上门向全体业主征询。经过一番上门、解释、投票后，业委会开箱验票，根据投票结果，宣布此项方案通过并进行公告。

截至 2021 年 4 月 30 日，电动车改造项目费用总计如表 5－1 所示。

表 5－1　电动车改造项目费用总计

时　　间	项　　目	价格（万元）	备　　注
2020.5	车棚 2 个	2.99	
2020.5	梯控 22 个	2.86	
2020.6	灭火球 86 个	1.38	

续 表

时 间	项 目	价格(万元)	备 注
2021.2	灭火球320个	5.12	进行业主征询
	监控+门禁	15.69+3.24=18.93	
2020.7—2021.4	充电桩137个	13.7	物业出资
总 计	44.98		

5. 充电细节

在充电收费价格上，大家也进行了激烈讨论。业委会副主任王平说："我们小区的居民普遍都是讲究实惠的，所以大家在'1块''2块'上互不相让。"居民骨干宣爱花说："通过对其他社区的考察，他们普遍都是1元充4小时的。"自治理事会成员於崇华说："虽然1块钱看似是小钱，但是在贴近居民群众切身利益的事情上，就要精打细算。"根据本社区的情况，大家商议下来，最终决定价格设定为1元充5小时，居委会委员黄雯佳说："这个价格既实惠，也能基本满足一次性充电需求。"同时，物业公司也会提供补贴，谢经理说："物美价廉，才能吸引更多人来规范停车充电。"

对于充电的付款方式，楼组长恽丽华说："看到其他社区有投币的，有刷卡的，也有扫码的。"有居民提议说："我感觉投币的太落伍了，现代人都习惯扫码了，连我一个70多岁的人都没有出门带钱的习惯了。"于是，大家一致决定主要采取微信或支付宝扫码支付的方式，同时，考虑到社区还有诸多老年人智能机用得不太习惯，或者有的用的还是老年机，物业也推出人性化服务，增设了爱心充电卡，让这些老人也能刷卡使用。

6. 后期波折

业委会成员陈龙兴说："在2021年5月份的时候，就有居民过来反映，想再安装几个地面充电车棚，因为他们看到其他几个装了车棚的地方停车蛮方便的，而他们楼道离充电桩都较远。"居民代表吴海星说："由于小区非机动车保有量太大，致使我们很多非机动车辆无处停放，尤其是电瓶车无处充电，给我们广大业主的出行带来了实实在在的麻烦。同时还有一些老、弱、病、残人士上下非机动车确实不便，也存在安全隐患。”

于是，业委会于2021年8月再一次启动征询流程，针对翔和雅苑Ⅰ期和Ⅱ期配电房附近等3个区域安装若干充电停车棚一事征询民意。同年10月，征询结果表明，这项决议也是以高票通过的。

然而，到了11月，车棚刚准备开始施工，居委会接到了电力公司的电话，不同意在配电房周边建造车棚。居委会副主任於杰说：“配电房产权是属于电力公司的，因此在这周边安装设备都是不被允许的。我们也是第一次知道这件事情。”业委会主任穆海云说：“还有一个原因，电力公司认为在配电房周边搭建充电停车棚，万一遇到紧急抢修设备时，影响大型车辆的停放，届时就会危及配电站的安全。他们建议将棚移至配电站五米以外的地方。”

业委会成员谢福全说：“只想着那里空间大，却没想到是违规的，是我们的疏忽，下次不会再犯了。”于是，业委会立即召开会议，决定将原先的征询作废，并达成了新的配电房车棚移位决议：在翔和雅苑Ⅱ期的13号和14号单元门前各安装一个路面停车棚，总价2.5万。

但是，在施工过程中，又发生了矛盾。一天，一位住在Ⅱ期14号1楼的阿姨分别找到业委会和居委会工作人员，向他们反映道：“这个充电桩就安装在我家窗口前，万一着火怎么办？第一个烧的就是我家，感觉太危险了。”业委会和她解释说车棚是装有灭火球的，一旦发生火灾会在第一时间灭火，不会烧得很厉害的，但是该居民还是担忧有消防隐患，依旧不同意。于是业委会决定14号楼前的车棚暂停施工，先继续推进13号楼的项目。

居委会委员周凤表示：“公共区域是广大业主共同的区域，还是要考虑居民的不同意见，综合考量各方面因素，尊重民主决策。”

业委会主任穆海云最后说道：“项目推行到现在总体来说还是比较顺利的，因为一场火灾事故，大家齐心协力，共同治理小区电动车难题，哪怕在疫情的影响下，各个单位和居民骨干们也都积极参与进来，提了很多好的建议，广大居民们也都非常配合。当然，事情的进展肯定会遇到相应的挫折，但是我们在一无所有的情况下，把充电桩和梯控等设备都安装上去，可以说是跨越了一个很大的‘天堑’。针对14号楼前充电车棚的争议，我们还是会持续推进和居民协调的，要做到不损害任何一个居民的权利，争取广大业主都能受益。”

截至2021年12月20日，翔和雅苑Ⅱ期13号楼的充电车棚已安装完成并投入运行，而14号楼改为只装车棚，不安装充电设备。

(五)结语

在本次小区电动车治理行动中，充电桩和梯控系统等诸多新的设备“上线”，小区居民也都开始规范停车和充电，楼道整洁了，居民也觉得安全方便了，充电价格也公道。居委会副主任於杰说道：“电动车治理就是社区现代化治理的一个缩影，需要‘硬’与‘软’两手抓，既要有高科技设备支持，做到精细化管理，又要有民主参与社区治理，形成自治共治，让居民真正感受到社区这个‘大家庭’的温暖。”

思考题

1. 为何要推进协商治理？其政治性和社会性意义何在？
2. 如何理解协商治理中的各个主体之间的关系？
3. 协商治理从过程到效果如何做到良好的协同？
4. 如何有效推动协商治理？协商治理在推行过程中面临着哪些挑战？

二、案例目标定位

(一)核心教学目标

(1) 掌握协商治理的价值定位；
(2) 了解协商治理步骤；
(3) 知晓协商治理的条件；
(4) 掌握协商治理、协同治理的过程。

(二)应掌握的知识点

(1) 协商治理；
(2) 协商治理体系；

(3) 协商治理的实现路径；
(4) 协商治理、协同治理在社区的全流程。

(三) 思维养成和观念转变

(1) 基层协商在社区治理中的必要性；
(2) 基层协商在社区治理中的运用；
(3) 基层协商与协同在社区决策与执行中的互动；
(4) 基层协商与协同互动在社区治理中的价值。

(四) 能力提升

(1) 提升对协商治理与协同治理的认知能力；
(2) 增强社区治理中运用协商治理、协同治理的能力；
(3) 提升引导居民参与社区治理的能力；
(4) 提升通过多种手段助推社区全过程民主治理的能力。

三、教学内容及要点分析

(一) 案例导入性问题

(1) 如果你是社区居民，你会在电动车大改造中如何参与？
(2) 如果你是社区居委会成员，你会在电动车大改造中如何发挥作用？
(3) 如果你是政府负责人，你会在电动车大改造中如何行动？

(二) 案例讨论要点

1. 社区公地悲剧的形成机理

T 社区的电动车治理问题，固然有着客观条件的制约，如车位配套不足等问题，但是从主观而言，居民最开始都是遵循个体理性的。作为理性人，力图以最小的经济代价去为自己获得最大的利益，故而当停在地下车库是收费且不便捷的情况下，居民在个体理性的驱使下，选择在便捷且免费的公共楼道停车。而当一个居民发生这种行为，其他居民也会群起效仿。

公共楼道作为一种公共物品，具有一定的竞争性和非排他性，比较符合奥斯特罗姆所定义的“公共池塘资源”，容易遭到居民的过度侵占。久而久之，便发生所谓的“公地悲剧”。这一概念最先由英国学者哈丁提出，指的是有限的公共资源由于免费及产权不确定，被过度使用或侵占，最后导致公共资源损坏，所有人得不到收益的集体困境。公地悲剧直到现在依旧困扰着管理者们。在“公地悲剧”中，“悲剧”有时会被夸大，但在本案例中却实质性地发生了大火，并烧毁了50多辆电瓶车，幸好只有财产上的损失，没有人员伤亡。这也反映了个体理性往往会导致集体的非理性，最终引发悲剧。

2. 协商治理：社区制定新规则

(1) 收集民意，平等协商

协商理论强调个体间的交流和沟通，并将其视为形成自治组织的基础和前提。在一个有几万居民的大型社区里，让人们充分沟通不是一件容易的事。倾听和搜集不同群体的声音是第一步，让这些声音在一个公开的协商平台上充分交流是第二步，只有达成了这两步，自治组织才能建立并形成有效的决策。

在本案例中，我们可以看到，为了确保各个群体的声音都能被听见，居委会和社区干部做了很多实质性的工作，比如居委会有专门负责听取老人诉求的人员；社区有专门的助残员去收集残疾居民的建议；社区在居委会的牵头下建立了“家和”自治理事会，广泛听取意见、搜集诉求。最终，多元治理主体基于这些信息，在社区民主协商平台上充分交换意见、商议对策并探讨解决之道。可以说，这些铺垫工作为之后自治组织达成共识乃至落实决策打下了必要的基础。

(2) 抓住窗口期，助力决策落实

奥斯特罗姆指出了人们面对是否要选择新政策来治理公共事物时表现出的特定心理偏好，简要来说，就是相较未来的收益，人们对潜在损失和新政策的成本更敏感；同时，要是让人们相信危机迫在眉睫，则人们选择新政策的概率更大。

在本案例中，虽然社区自治组织和政府相关部门都花了很多力气宣传电动车乱停放的隐患，但是由于居民的侥幸心理收效甚微。然而，一场火灾给所有人敲响了警钟，让人们认识到了危及所有人的火灾并不是天方夜谭，并且开始重新评估火灾带来的损失和治理成本。另外自治组织行动的速度也值得称赞，火灾给人带来的冲击会随着时间的推移慢慢减弱，所以要争分夺秒推进治理工作，抓住难得的窗口期才能使治理顺利开展。于是，在火灾发生后，自治组织就召开了电动车治理专题会议，并征询民意，制定治理计划。之后虽然发生了新冠疫情，但是治理工作没有被搁置。在疫情相对缓和后，自治组织就立刻重新行动起来，积极落实治理计划。自治组织的高效对治理决策的落实起到了非常重要的作用。

(3) 良好的制度设计赋予治理生命力

在一个大型社区里，治理行动从来不是一蹴而就的，可能会分段实施，试点成功后再推广，也可能半道受阻，从头再来。因此，在设计制度时，应该留有相应的机制和空间来应对这些未知情况的发生。一个好的制度设计能够赋予治理连绵不断的生命力。奥斯特罗姆通过案例研究总结了好的治理规则普遍拥有的八条设计原则，这里会提取与本案例相关的原则加以分析。

清晰界定边界。公共资源本身的边界必须予以明确规定，有权从公共资源中提取一定资源单位的个人或家庭也必须予以明确规定。这一点在本案例中主要通过技术手段达成，比如地下车库的门禁系统和充电桩的扫码使用功能，都为不同的公共资源设定了相应的边界。

占用和供应规则与当地条件保持一致。在充电费用的问题上，自治组织根据本社区的情况，商议后决定了最终方案：1 元充 5 小时。同时，物业提供补贴一方面能够鼓励居民有序停车充电，另一方面降低了自身的管理成本。

集体选择的安排。绝大多数受操作规则影响的个人应该能够参与对操作规则的修改。在本案例中表现出来的是在翔和雅苑Ⅱ期 14 号门前车棚施工过程中，一位住在 1 楼的居民表示了对安全的担忧，虽然自治组织尽力解释，但该居民依旧不同意。于是方案调整为 14 号楼前只装车棚不装充电设备。可以看到，即便是一个居民的关切，在治理过程中也会被充分考虑和最终采纳。这个例子也符合“冲突解决机制”原则，即个体和个体间或个体和治理主体间的冲突能够通过低成本的协商平台来解决。

3. 协商治理与协同治理：有机推进与有效经验

(1) 起始条件：多协商治理主体共同推进

T 社区案例表明，一个看似简单的电动车停车问题，牵涉街道管理办、物业公司、住户、居委会、业委会等多方角色。根据公共决策的弊病，单纯的“政府来办，居民在看”的方式，很可能导致“政府投资多、居民感受少”的问题。在案例中，电动车停车的问题先是由居民提出，后被居委会重视，最终问题的解决由党总支牵头，居委会、物业公司、业委会及“家和”自治理事会建立社区民主协商平台，共同参与决策。在解决电动车停放问题的过程中，党支部更多起到组织和牵头的作用，与各主体之间是一种合作关系。参与治理的各个主体之间地位平等，在议事协商中享有平等权利。

(2) 制度设计：联合决策保驾护航

合理的制度设计是实现协同治理必不可少的一环。制度的制定可以使协同治理的各个主体发挥应有的作用，减少各个事项安排所需要的时间，提高集体合作的效率，明确责任分工的主体。学者郑杭生认为，制度的存在使社区居民民主自治各项活动有章可循，有效保障了居民的知情权、参与权、表达权和监督权。T社区业委会曾就社区设施设置及维护制定过《专项维修资金管理规约》，对于额定资金的使用有着正式的管理办法，同时对于超额资金的使用也有专门的表决、公示流程，保障了居民的知情权、参与权和监督权。

(3) 协同治理：多方共同建设美好家园

协同治理是一个长期的治理过程，在不同阶段有着不同的目标。每个小目标的调整都涉及不同主体的参与，例如在本案例中，电动车充电桩的选址、设备的价格、与居民的沟通都涉及业委会、物业公司等不同的主体。由业委会、居民代表等组成的“电动车治理小分队”前往不同社区考察电动车充电桩选址的情况；居委会、楼组长对社区居民进行了思想宣传，普及了电动车上楼充电的危害；业委会对充电桩施工单位的资质进行了核验；物业公司负责充电桩的安置维修；政府提供了物资援助。在试点过程中，试点楼栋电动车停放整齐，井然有序，梯控系统也解决了大部分的电动车上楼问题。虽然部分住户不同意加装梯控系统，但经过居委会的劝说，最终83%的住户同意安装梯控系统，加装消防设施，问题得到了圆满的解决。由此可见，在协同治理的过程中，问题的解决不是一蹴而就，而是阶梯式分段解决的，每一个阶段都涉及多元主体的共同参与，只有解决好每一阶段的小目标，才能落实协同治理的整体目标。虽然协同治理在具体实施过程中存在着一些困难，但它仍然是解决大部分社区治理问题的科学办法。

(4) 全程协同：有效推进决策与执行

基层治理的关键不在于治理对象的大小，而在于问题与反馈在传播过程中是否及时有效。居民是否反馈问题、反馈渠道是否有效、后续解决问题的信息如何反馈等，在这些问题的解决过程中不可避免地存在信息不对称以及信息延迟等情况。这会导致社区发现问题和解决问题的能力受到及时性和有效性不足的负面影响，所以有效的沟通与协商起着重要的桥梁作用，而全过程协同治理将更快推进每个决策节点的沟通，从而推进决策的落实。

在本案例中，可以清晰地发现，在问题发现和解决过程中，各治理主体始终保持沟通与协商，这在推进问题解决和方案落地过程中起到了十分重要的作用。在火灾发生后，由居委会、物业公司、业委会、“家和”自治理事会四方牵头打造社区民主协商平台，并邀请党员、楼组长、居民等共同参与，建言献策。这些治理主体不止一次召开社区协商大会，征集居民意见。在方案落实的每个节点，有重大民意产生或者需要进行重要决策时，多方协商的举措能有效地减少信息不对称，也能自下而上地以居民的意见为指引，有效推进各项意见的反馈收集与决策执行。

(5) 科技协同：引领社区新风尚

科技是第一生产力。科技成果能解放生产力，推进执行力。在社区治理中加入科技因素，能增强社区治理的精准化效能，提升社区治理的智能化水平，从长期来看，能减少社区治理的成本，并持续升级社区的管理水平。

在本案例中，在制定治理方案时，居委会、物业公司、业委会等多方主体在考察居民意愿、走访其他社区中得到了智能化治理的启示，相继引入了防止电动车进入电梯的梯控系统、地下车库的无人监控门禁系统、智能保护自动断电的智能充电桩等，在电动车安全治理的大部分环节都精准加入了科技元素。在之后的治理中，这些科技产品切实地发挥了作用，有效解决了电动车乱停乱放的问题并保障了电动车充电的安全性。科技的力量使社区治理的效率大幅度提升，从而增强了居民的获得感、安全感和幸福感。因此，在未来的社区治理中，社区应该加快与科技的深度融合、普及信息化基建、加强智能化应用，让科技的力量赋能社区，让社区治理提质增效。

T社区的电动车治理行动已经步入正轨，剩余的工作也将继续有条不紊地推进。在治理行动中，居委会、居民自治组织、业委会做了大量的工作，建立了一个社区自治组织，为治理的成功打下了坚实的基础。

四、理论依据

（一）协商治理理论

在西方学术界，与“协商民主”这一概念相对应的英文表述是“deliberative governance”，主要体现于平等而自由的公民在公共协商进程中，运用公开审议过程的理性指引，从而赋予立法与决策以政治合法性。审视现有的协商治理衔接研究文献，不难发现它们多倾向于两种模式：一种是程序主义，强调民众参与的全流程正式化以及能够提供必要支持的外部力量（如政府、社会组织）在基层协商中的精准介入，视其为治理技术和公共管理的重要手段；另一种是偏好转换模式，注重参与主体之间的互动博弈，以及协商对于决策产生的积极影响。然而，这些视角未能紧密结合现实问题，与中国协商治理理念的核心精神存在一定的偏差。

在中国的理论界，协商治理这一概念常用英文表述为“consultative governance”。中共中央印发《关于加强社会主义协商民主建设的意见》指出：“协商民主是在中国共产党领导下，人民内部各方面围绕改革发展稳定重大问题和涉及群众切身利益的实际问题，在决策之前和决策实施之中开展广泛协商，努力形成共识的重要民主形式。”协商治理，作为中国社会主义民主政治的鲜明特色和显著优势，深刻体现了党的群众路线在政治领域的实践，也是政治体制改革深化的关键环节。从历史演进的角度来看，协商治理是中国共产党和中国人民共同智慧的结晶，根植于中国共产党领导人民进行革命、建设、改革的长期探索与实践。党的十八大及十八届三中全会，在深刻总结我国社会主义民主政治建设经验的基础上，提出了健全社会主义协商民主制度，并推动其广泛多层制度化发展的战略部署。《高举中国特色社会主义伟大旗帜为全面建设社会主义现代化国家而团结奋斗——在中国共产党第二十次全国代表大会上的报告》指出：“全面发展协商民主。协商民主是实践全过程人民民主的重要形式。完善协商民主体系，统筹推进政党协商、人大协商、政府协商、政协协商、人民团体协商、基层协商以及社会组织协商，健全各种制度化协商平台，推进协商民主广泛多层制度化发展。”实践证明，协商民主在基层社区治理中产生了良好的治理效果，并且深刻助推和保障了社区全过程治理的实现，取得了新时代中国特色的社区治理经验。

协商治理在我国具有坚实的文化根基、理论支撑、实践土壤和制度保障，它极大地丰富了中国社会主义民主政治的形式，拓宽民主参与的渠道并深化其内涵。在当前全面建设社会主义现代化国家的关键时期，面对中华民族伟大复兴的战略全局和世界百年未有之大变局，加强协商治理建设显得尤为重要。这不仅能够促进公民有序政治参与，确保人民当家作主的权利得到实现；还能推动科学民主决策，提升国家治理体系和治理能力现代化水平；还有助于化解矛盾冲突，维护社会和谐稳定，保持党同人民群众的紧密联系；还能够充分发挥我国政治制度的优越性，增强对中国特色社会主义道路、中国特色社会主义理论、中国特色社会主义制度、中国特色社会主义文化的自信。

在推进协商治理建设的过程中，必须坚持党的领导、人民当家作主、依法治国三者有机统一，贯彻民主集中制，坚定不移地走中国特色社会主义政治发展道路。我们需要围绕中心、服务大局，促进经济社会的持续健康发展，维护社会的和谐稳定；协商治理的建设应当依法有序、积极稳妥，确保协商活动有法可依、有规可循、有章可守、有序可遵；协商治理应当贯穿于决策的全过程，从决策前的广泛讨论到决策实施中的持续跟进，以确保决策的科学性和实效性；此外，协商治理还应当鼓励广泛参与、多元多层，充分保障人民的知情权、参与权、表达权、监督权；协商治理应秉持求同存异、理性包容的原则，努力提升协商的质量和效率；协商治理程序应当从实际出发，遵循科学合理、规范有序、简便易行、民主集中的原则，精心制定协商计划，明确协商的议题和内容，合理确定协商参与人员，有序开展协商活动，并注重协商成果的运用和反馈，以确保协商活动的有序、务实和高效。

（二）协同治理理论

在当今社会治理的大环境下，传统的政府领导模式已经逐渐向政府指导、社区共治模式转变。党的十九大报告中提出："要加强社区治理体系建设，推动社会治理重心向基层下移，并强调要发挥社会组织作用，实现政府治理和社会调节、居民自治良性互动。"对于上海这种超一线城市来说，传统的社区管理方式存在"边角难达，上下难通"的弊病。

要实现治理方式和治理能力的有效化，就需要将原有依靠加大行政成本投入的单一、粗放的政府治理方式，转变为依靠充分调动和有效配置不同治理主体、治理资源和治理力量的协同治理方式，全面发挥协同效应，推动制度创新，促进治理“全要素生产率”的提升，实现治理成效的持续、稳定、健康发展。

目前东西方学界关于协同治理的探索都强调了政府角色的转变与公众参与的重要性。如布莱森、克罗斯比和斯通认为，协同治理是两个或两个以上部门通过信息共享、资源互动、能力互补和共同行动来实现单一部门无法达成的目标。安塞尔和加什认为，协同治理是公共机构为了制定或执行公共政策、管理公共项目和资产，吸纳非官方利益主体参与正式、一致同意和审慎的集体决策的一系列制度安排。

我国关于协同治理的研究考虑了我国社区关系的特色，综合了党支部的作用、城乡一体化的特点、中国邻里关系的特点等中国特色元素。例如学者郑杭生将我国社区治理的新趋势概括为“五化”：体制复合化、方式多元化、手段艺术化、机制科学化、城乡一体化。其中我国在创新社区共治方面的一个明显的趋势就是从行政力量的一元化管理或单一部门的碎片化治理转向多元主体的合作共治与复合治理。学者林闽钢认为，我国城乡社区多元共建共治具有明显的中国特色，即社区党组织发挥领导核心作用，基层政府管理服务发挥主导作用，社区群众性自治发挥主体作用，社区成员广泛有序参与发挥基础性作用，实现政府治理和社会自我调节、居民自治良性互动。

五、参考文献

[1] 郑杭生，黄家亮. 当前我国社会管理和社区治理的新趋势[J]. 甘肃社会科学，2012(6)：1-8.

[2] 林闽钢，尹航. 走向共治共享的中国社区建设——基于社区治理类型的分析[J]. 社会科学研究，2017(2)：91-97.

[3] 陈家刚. 协商民主引论[J]. 马克思主义与现实，2004，(03)：26-34.

[4] 谢安民，周培珍. 基层治理中协商民主形式衔接何以有效——浙江村社“协商驿站”建设案例[J]. 中国行政管理，2024(04)：38-49.

[5] 王亚华. 增进公共事物治理——奥斯特罗姆学术探微与应用[M]. 北京：清华大学出版社，2017.

[6] 杨磊，刘建平. 协商议事：基层治理共同体的生成路径及行动逻辑——基于Q村“院坝会”的个案扩展分析[J]. 华中科技大学学报(社会科学

版)，2023，37(5)：69－78.

[7] 吴培豪，钱贤鑫，衡霞.基层协商民主助推社会治理共同体建设的运作机制与驱动逻辑——基于“红茶议事会”的案例研究[J].湖北社会科学，2023(9)：30－41.

[8] 张力伟.观念、结构、行动：协商治理的核心要素论析[J].学习与探索，2023(7)：38－45＋2.

[9] 韩福国.党建引领基层民主协商机制的实践逻辑——基于上海市社区治理案例的研究[J].中央社会主义学院学报，2023(4)：74－92.

[10] 王岩，魏崇辉.协商治理的中国逻辑[J].中国社会科学，2016(7)：26－45＋204－205.

[11] 唐皇凤.协商治理的中国实践：经验、问题与展望[J].中共中央党校(国家行政学院)学报，2020，24(1)：79－86.

案例六

社区合作生产
——S 小区破解“停车难”

摘　要：2009 年以来，上海的机动车保有量连年增长。上海稠密的居住面积及老旧小区的大量分布，导致各小区普遍面临“停车难”。上海市 S 小区积极协调各方业主意见，探索“共享车位”模式，实现固定车位机动处理，大大提高车位使用率，并通过联动商业停车资源，避免了停车资源的无形浪费。该小区的停车模式运行四年有余，已成为可复制、可推广的成熟管理模式，不仅对其他小区有借鉴意义，也为上海大型社区解决“停车难”问题提供了创新解决方案，从社区管理维度优化城市居住生活品质，推动城市现代化建设，助力城市更新。

关键词：老旧小区；停车位；共享；合作生产

一、案例内容

（一）引言

近年来，上海市汽车保有量持续增长。据公安部统计，截至 2021 年 6 月，上海机动车保有量达 479.9 万辆，如此庞大的汽车保有量不仅导致城市交通拥堵，而且“停车难”问题也愈发凸显，引起了社会关注和政府的高度重视。2021 年 12 月，上海市交通委员会党组成员、副主任，上海市道路运输管理局党组书记、局长刘斌在接受媒体采访时表示，上海交通管理部门将聚焦老旧小区、医院在特定时段“停车难”问题，开展停车难综合治理民心工程。在“十四五”期间，上海市将在主城区、郊区及其新城等不同区域，针对住宅小区、医院、学校、商业办公等不同的停车矛盾特征，明确分区分类管控要求，采取差别化、精细化的停车供给及需求管理政策。到“十四五”末期，预计全市小客车泊位总量达到 650 万个，经营性泊位总量达到 120 万个。“十四五”期间，全市开工建设公共泊位 3 万个，预计创建“停车难”综合治理项目 200 个。从源头上解决“停车难”问题。

在各类“停车难”问题中，小区“停车难”的问题较为突出。这主要是因为小区内车位配比不足。1994 年以前，政府没有预见到汽车将成为家庭日常消费品，我国住宅建设标准里没有要求配建停车位，导致老住宅区面临“停车难”问题。1994 年以后建设的住宅区开始逐步配建停车位，但长期以来并未按照户数及车位“一比一”的比例配置。在上海等一线城市，车辆及车位数矛盾极为明显，“停车难”成为建设时间较早的小区的重大民生问题。小区居民在停车问题上的共同需求，使得这一议题能够迅速成为社区公共议题。

为了解决“停车难”问题，S 小区进行了“车位使用机制改革”。这是基于小区现有车辆数及车位数，在有限的“开源”条件下，结合历史因素及多方利益诉求，引入“共享经济”理念，由业委会、居委会和物业公司三方的共同治理、配合，对小区停车位进行“分享空闲，智能管理”的改革，力求达到“有车必能停”的最优化资源配置。这个盘活小区闲置车位资源的“民间经验”不仅解决了“停车难”的重大民生问题，还使小区逐渐形成了互帮互助、文明礼让的社区氛围，更为践行“人民城市人民建，人民城市为人民”的城市治理理念提供了生动的实践经验。

（二）“早”“少”“乱”：小区之“难”不止停车

1. 硬件痼疾：建成早、车位少、门难关

S 小区位于上海市 M 区，是 2003 年建造的住宅小区。该小区曾是当时上海颇具代表性的“品质化”生活社区。小区整体采用垫高设计，以应对沿海地区夏季可能出现的内涝灾害及潮湿天气；部分户型在内部居中，采用“园中园”布局，闹中取静；因部分楼层靠近 C 路及 S4 快速路，为避免可能出现的噪声污染，对靠近高架路的楼栋采取了特殊的防噪声处理。以上均是 21 世纪初上海市住宅小区的开创性设计。然而，S 小区在规划时至多按 10 年远期目标进行，未能预见到近年来业主汽车保有量的快速增长，这就导致小区“停车难”问

题日益突出。

在S小区竣工交房后，车位数量及布局便再无变动。2016年初，S小区共有住户715户，登记车辆610辆，车位450个，户数、车位比达到1∶0.63，停车难问题已经上升到使住户崩溃的“临界值”。在没有有序的组织管理下，“先天不足”的车位配比造成停车和行车供需矛盾突出。加之由于历史原因，小区设置了部分指定给某些业主的固定租赁车位，这引发了那些只能“随到随停”抢非固定车位的车主不满，导致小区乱停车现象更加严重，激发了邻里之间的矛盾，同时造成了安全隐患。由“抢车位”引发的口舌乃至肢体冲突在小区时有发生，成为影响社区和谐的主要因素之一。

除了“车位少”以外，“门难关”也是制约S小区成为高质量宜居小区的另一个主要原因。S小区有南北两个出入口，南门位于TC路，北门位于C路。由于历史原因，两道门从建成之际就没有关闭过，随着区域人口不断增加，小区俨然成为周边几个小区的“市政道路”。借由小区穿行，可节省约3公里的路程。同时，由于附近的市政道路常年拥堵，附近其他小区的业主都不愿意走市政道路，而是选择从小区内部道路穿行。小区内的人越来越多，车越来越密，安全隐患日趋严重。

一直以来，S小区业主都想将南北门封闭起来，装上门禁，对外来人员和车辆进行有序管控。原本属于小区内部事务范畴的关门行动，却因“剥夺”周边居民使用小区道路的“权益”，引起了周边居民的激烈抗议。周边居民聚集起来堵在小区的两个出入口大声谩骂，还曾发生过动手推搡物业工作人员的事件，业主不胜其扰。为了小区的利益，业主曾自发组织起来，捍卫小区大门。

一位居住在S小区的业主就此事抱怨：“我们进小区是回家，心情是慢悠悠的，非小区穿行的进小区是路过，心情是急赶路的。”一慢一急，不仅影响了居住质量和体验，也存在交通安全隐患。不少业主都有在内部道路被飞驰而过的非机动车剐蹭过的经历，由此产生的纠纷也时有发生。

建成时间早，导致车位少、车难停。建成之初未闭门，导致“门难关”。两大顽疾成了S小区难以解决的硬件问题，业主们怨声载道。

2. 管理缺位：物业公司不作为，业主“抢车位”

S小区竣工后，业主委员会先后与两家物业管理公司签署物业管理协议，但截至2016年初，仍在合同有效期内的ADH物业管理有限公司疏于管理，导致小区内基础设施长期得不到修缮，盗窃等治安问题也频频发生。物业公司面对业主需求时，也常常推诿扯皮，大有“不干也不能拿我怎样”的态势。

在2014年和2015年，S小区业委会曾分别起诉AJ和ADH两家物业公司。两起诉讼均涉及小区内部车位运营、改造及租金分成问题，可见小区业主与物业的积怨之深。

除了物业公司本身服务水平低下之外，小区业主长期仅愿意支付低价物业费同样是小区物业管理质量长期低下的原因。2016年初，S小区物业费仅为1.6元/平方米，近十年未涨价，低于同期市场水平。在市场经济条件下，获取的服务水平与付出的价格往往成正比，未支付相应的服务费，难以获得对等的服务水平。S小区住户陷入了绿化破败、景观池污水四溢的生活环境中。

另一方面，S小区内车位全部是租赁的，但是由于一些历史原因，有部分车位是指定给某些业主的固定租赁车位，引起其他无固定租赁车位业主的巨大不满。早晚高峰期，因争抢车位导致的言语甚至肢体冲突不断。

与周围同一个开发商同时期开发的小区相比，在不同的物业公司管理之下，S小区低质量的生活环境使房屋均价低于周边同类型商品房数千元。低质量的物业服务和怨声载道的邻里氛围成了S小区的软件难题。不满现状的业主纷纷搬家离开，S小区陷入低物业费—低物业服务水平—房价降低的恶性循环中，一时看不到改善希望。

（三）改革开局受挫，新主任先点“三把火”

面对硬件、软件交相叠加的“停车难”问题，小区业主积怨已久。怀着对高质量生活环境的一丝憧憬，2016年初，S小区业主决定改选业委会，以彻底解决“停车难”等小区公共问题。已退休的汪英当选业委会主任，协同6位业委会委员，共同管理S小区各项工作。作为一名上市公司董事、区人大代表，汪英原可以享受清闲的退休生活，但出于对家园的热爱和社会责任感，她决心“临危受命”。

在S小区大多数居民的认识中，曾经业委会是一群退休人士的自娱自乐，似乎“只闻其声不见其面”。但随着人们自我意识的觉醒，对公共事务参与的热情萌芽，以及对美好品质生活的不断追求，S小区新上任的业委会委员们也充满希望，决心用自己的行动再造美好家园。

业委会由汪英主任牵头，梳理了S小区目前存在的最迫切的问题：

第一，之前的物业公司疏于管理，长期不作为，导致小区面貌日渐破落；

第二，历史遗留问题导致小区门户大开，外来人员在小区内随意穿行，造成早晚高峰期间道路拥堵，存在安全隐患；

第三，小区的停车秩序混乱无序，车位难求，业主之间的矛盾十分突出。

针对以上三项问题，业委会决定进行大刀阔斧的改革，彻底提升S小区的居住质量。但如同历史上发生过的历次改革一样，改变既定局面势必触动既得利益，将镜头缩小至居民小区的车位使用制度变革，也是同理。虽然汪英已经做好了遭到反对的心理准备，但当业委会将改革意见与业主磋商时，还是爆发了激烈的冲突。有的业主认为改革方案侵犯了其既得利益，对此表示强烈不满，甚至有人破口大骂；还有的业主认为业委会借机圈钱，自私自利……虽然改革尚未启动，但业主之间已经出现了严重的分歧，很难由业委会一一说服。汪英对此感到委屈不已，甚至在接受媒体采访时坦言："说实话，我哭了。"

家人鼓励道："你已经辛苦组建了一支志愿者队伍，这些人对小区的改变无比期待，浇灭他们的希望很容易，但重新激发人们的热情很困难。"汪英很快振作起来。同时，她认识到光靠只有7人的业委会掀不起小区改革浪潮，要联系广大业主，发动群众力量，共同开展工作。为此，她决定烧起新官上任三把火。

1. 第一把火：笼络人心，"蓄柴点火"

"为政之要，唯在得人。"其中包含了两层含义：成大事，牵头人必须得力；成大事，必须与人心向背一致。汪英认为，新业委会已就位，接下来的改革措施必须得到广大业主支持。

一方面，她重建了小区邻居微信群。该微信群共有665名业主，全部通过实名认证。在微信群中，她表达了自己迫切想要改变小区现状的心情，试图在里面寻找志同道合的业主。就这样，一旦群里有业主活跃地表达自己的看法，或是赞同汪英的设想，汪英便会及时联系对方，当面沟通，探讨小区改革新思路。经过汪英的不断努力，短短三个月，一个四五十人的志愿者群便成立了。汪英将这个志愿者群根据背景、职业等，分成了行政事务、工程管理、啄木鸟、物业管理四个小组，分别负责小区的各项事务，帮助业委会开展工作。2016年3月，汪英联合小区志愿者们，组织部分业主参加小区义务劳动，通过捡拾垃圾，使大家了解目前对小区环境进行治理的迫切性。

另一方面，汪英重新盘活了小区官方微信公众号，通过官方微信公众号发布小区内的大小事务，让业主及时了解小区建设动态。原官微自2015年1月之后，就再无更新。汪英认为，官微作为业委会与业主进行沟通的主要平台，必须好好利用起来。于是，此后官微保持每月推送 2—3 条信息的频率，让业主能充分了解和参与小区建设。

在完成了上述两项工作后，汪英认为，改革的中坚力量已经形成，蓄够了新官上任三把火的“柴”。

2. 第二把火：另聘管家，“腾笼换鸟”

物业公司是小区管理的核心之一。一个好的物业公司，是小区业主住得舒心与否的关键。2016 年 5 月，由于当时的物业公司长期不作为，汪英在 S 小区官微和公示栏都发布了小区物业服务公司选聘方式征询的公示，征询广大业主意见，让业主在公开招标选聘新物业公司还是续聘原物业公司之间做出选择。最终，业主大会通过了不再续聘原物业公司的表决。

接下来，引入一家好的物业公司是关键，但是谁来接盘，以什么价格接盘？这都需要汪英同业委会审慎考虑。这时，之前由汪英组建的志愿者团队进行了物业费市场调研。志愿者们通过前期考察发现，市面上的优质物业公司不少，但愿意以原来的 1.6 元/平方米价格接盘的物业公司一家都没有。经过民意调查，小区业主最高能承受 2.6 元/平方米的物业费。然而，即使业委会将物业费涨至 2.6 元/平方米，也没有公司表达强烈的接盘愿望。

在市场经济环境下，商业公司亏本是万万不行的——汪英带着业委会成员、志愿者一家家地谈，最终皇天不负有心人，WK 物业表达了接盘的意愿。

彼时正逢 WK 物业业务扩展布局，初接外盘，急需通过品牌塑造来打响外盘服务的名声，盈利并非其考虑的第一要务。汪英表示：“从价格上而言，我们可能并不能给 WK 带来多少利润，但从品牌的无形资产上来说，我们一定会配合物业公司一起，把小区做成 WK 外盘管理的标杆。”

汪英多次找到时任 WK 物业的负责人，宣传接手 S 小区能够产生的巨大的品牌效益，对方感动于汪英的担当与付出，决定接手 S 小区物业管理，并按流程进行了招投标。经广大业主同意，2016 年 9 月 30 日，WK 物业正式进驻 S 小区，开始提供物业服务。

时至今日，S 小区不仅是 WK 物业管理的上海标杆，在全国也是响当当的存在，显著提升了 WK 的品牌美誉度。汪英说，在小区的管理中，物业公司和业委会就好像一对共同进退的伙伴，目标是将小区管理得越来越好。在实现目标的过程中，业委会既要做好监督工作，也要做好支持工作。这样，小区才会越来越好。在“另聘管家，腾笼换鸟”的行动中，小区业主和物业公司获得了双赢。

3. 第三把火：关门谢客，还业主安宁

如前所述，S小区有南北两个出入口，南门位于TC路，北门位于C路。两道门从建成之际就没有关闭过，因为由S小区穿行最多可节省3公里路程，小区内部道路便成了周围居民的公共道路。

一直以来，小区业主都想将南北门封闭起来，装上门禁，也只有这样，车辆进出有序才有可能实现。没想到，原本属于小区内部事务范畴的关门行动，却遭到了周边居民的激烈抗议。

周边小区居民群情激奋，站在S小区门口，对着维护小区治安的安保和志愿者们破口大骂，情绪激动时还会用力推搡，甚至动手泄愤。

周边小区居民S说："之前S小区一直不封门，现在封门，我们上班上学的还要绕远路，凭什么?!"

周边小区居民Z说："都是一个片区的居民，穿行只是一件小事，没必要上纲上线的，S小区格局太小了……"

而S小区居民则坚决反对，维护小区合法权益，在不违法的情况下，拒绝周边小区居民穿行S小区。

S小区居民H说："这么多年都没封门，小区里面治安一塌糊涂，我家小孩上次差点被电瓶车撞到，你说说撞到了谁负责？小区门一封，好了，车子都是自己小区里的，我们自己走路也放心。"

S小区居民R说："小区封门本来就是合法权益，你们抄近路都是走的我们小区内部道路，损害的是我们小区业主的权益好伐，你们这些堵在门口的人做人这么自私的啦!"

在双方争执时，S小区物业坚守自己的岗位，面对激愤的人群时，没有退缩。同时，即使遭到部分居民推搡，也没有还手，表现出较高的职业素养。

保安L说："作为WK物业的工作人员，我们有义务维持好小区的治安。本来封小区门这件事就是我们在管理，对于那些想要穿行的周边居民，我们一定要守住底线!"

保安Q说："那些人(周边小区居民)推我甚至打我的时候，我从来没想过还手，因为我们要用法律说话。一旦动手，我们有理的也要没理了……"

业委会人员也在其中发挥了不可忽视的作用。他们与志愿者们不仅自发维护小区秩序，阻挡穿行人群。同时，大力向居民宣传政府的力量，让小区业主相信政府，一定要理性地做好封门这件事。

业委会人员 L 说："小区封门这件事，我们也向 XZ 镇政府汇报过，政府对我们的决定表示认可。所以我们一定会执行下去，我们是有坚强的后盾的！"

业委会人员 Y 说："汪英主任跟我们说，一定不要意气用事。我们要理性处理这件事情，让他们看看我们小区业主的素质之高。"

双方僵持了整整 15 天，最终，在 XZ 镇政府等相关部门的支持下，在 WK 物业和志愿者的坚持下，两扇敞开了 12 年的大门终于关上了。

值得注意的是，WK 物业的保安在阻拦穿行，甚至面对谩骂或推搡时都表现出较高的职业素养。业委会人员在此过程中一直引导小区业主相信政府，并选择正确方式理性解决冲突。经由此事，汪英领衔的第四届业委会威信得以牢牢树立，WK 物业工作人员的职责担当也得到了小区业主的普遍认可。

有小区业主点赞称："敞了十几年的大门，他们十五天就把它关闭了！真的为我们解决了大麻烦，以后终于可以放心小区的安全问题了！"

有了更换物业公司和关闭小区大门两项成功经验，汪英开始对车位使用机制改革进行布局。

（四）尊重历史向未来，四方会谈求公约

"停车难"的根本原因是车位供给不足。而"停车改革"为什么难？虽然每个人的答案不一，但其根本原因依然是停车位供不应求。如何在停车位先天不足的条件下，满足小区业主的基本停车需求，这正是汪英这届业委会希望找到的答案。汪英认为解决停车难问题迫在眉睫，必须要破釜沉舟地设计出停车方案，满足各方利益需求。

2016 年 10 月，汪英组织成立车位管理改革小组。该小组由业委会 7 人，四方利益代表和物业代表 2 人组成。四方利益代表分别为无车居民、非固定车位居民、地面固定车位居民、地下固定车位居民的代表。业委会邀请了这四方利益代表的业主来做群体代表，负责收集不同业主的意见并和业委会成员共同探讨车位管理方案。汪英的目的很明确，第一是收集各方意见，制定小区车位管理的规范草案供业主大会表决；第二是根据车位管理规范，制定相应的操作细则和管理办法。

汪英说："停车方案要想获得更多业主的支持，合理表达不同利益主体的诉求很重要。有些车主本身有车位资源，重新修正停车方案，势必会影响一些人的利益，造成更大的矛盾是我们都不想看到的。需要听取多方意见，尽量满足大多数人的利益。"

改革小组成员全面听取各方意见,在 2016 年 11 月至 2017 年 3 月期间召开 12 次会议,不断修改草案。2016 年 11 月底,草案完成。为了给业主足够多的时间充分表达意见,汪英将业主大会时间定在了 2017 年 3 月 30 日。同时,改革小组将草案发至每家每户,并由四方代表分别收集意见。汪英鼓励业主在业主群中充分讨论,分享新的看法。改革小组对于收集上来的意见和建议进行分类汇总,并予以解答,建立有效的反馈机制。

小区党总支、居委会、业委会、物业公司发挥社区"四驾马车"的最大作用,就车位管理实施草案和具体方法广泛征询业主意见,听取业主代表合理化建议,经过"三上三下"的回合,最终把"规矩"立起来了。

改革小组付出的努力终究有了回报。在反复召开了 12 次座谈会后,S 小区停车改革方案初步成形。该方案有三条指导原则:尊重历史、公平现在、优化未来。

尊重历史,即尊重历史遗留的固定车位,只要是 2017 年 3 月之前登记的固定车位,全部予以承认。

公平现在,即对于当下车辆停放,用价格杠杆来区分不同类型的车位。以往,地面的非固定车位与固定车位都是 150 元/月,显然对于非固定车位来说,有失公允。改革后,首辆车的地面固定车位为 300 元/月,第二辆车的地面固定车位为 600 元/月;地下只有固定车位,价格从原来的 300 元/月变为 450 元/月,第二辆车地下固定车位则为 900 元/月;非固定车位则改成充值计费 5 元/天,第二辆车则是 10 元/天。

优化未来,即逐步释放固定车位为非固定车位。由于 2017 年 4 月 1 日后不再接受第二辆车的登记,加上随着业主搬离,部分地面固定车位得以释放,直接变成非固定车位。地库的固定车位继续保留,业主搬离后释放的车位则通过抽签决定谁来接收。

对此,汪英说:"我们分析了很多失败案例,有些过于激进,有些则过于考虑局部,因此我们的基本思路就是不能让某一方痛得无法忍受,而只是让各方都感受到一些痛感(没有全部满足),这样才能形成最大意义上的公约数。"

(五) 因地制宜扩空间,住宅商业齐联动

停车难,归根结底还是供给问题。

2017 年初,S 小区业委会动用公共维修基金,对小区道路和停车位进行部分改造及划线,在保持原有绿地面积的情况下增加了 21 个车位。至少解决了

近20户居民的停车问题。

S小区业委会还出面和隔壁BM商场谈判，经过多轮协商沟通，成功与BM商场停车场展开合作。允许小区业主的车辆夜晚临时停放，以10元/晚计费。周一至周四晚10点后(现经过再次沟通改为晚上8点半后)，S小区业主可通过特别停车证使用闲置车位。这项合作可为业主平均每天提供30个车位，对解决小区停车难问题提供了较大的帮助。同时，商场工作日客流也获得显著提升，住宅、商业业态间获得了紧密联动。

S小区保安队轮值班长黄贤松介绍说："以前小区停车很困难，现在小区内业主积极共享车位，基本晚上都能停在自己的小区内，偶尔停不下的情况下，我们会引导去隔壁商场，大家也都表示理解和支持。"

(六) 邻里互动添信任，车位共享有保障

通过因地制宜取得的开源效果是有限的，汪英心中有个更大的计划，若想实现车位资源的最优化配置，必须紧跟最新的"共享经济"理念，对有限的车位实施"分享"。

如同改革会触及既得利益一样，共享车位依旧是一件麻烦事，如何使业主主动分享自己花钱租赁的车位，成了一道难题。尤其对于固定车位而言，价格要比非固定车位的价格租金贵一些，无论车在或不在总是要付钱。因此，要想实现共享车位，就要让这个小区的所有业主都愿意帮助其他邻居。

为了实现这个基础，S小区业委会从2016年底开始，打造起了"熟人社区"的概念，并且将这一理念贯彻到了整个小区。通过举办多种活动，居民之间的隔阂少了、关系近了，大大增强了邻里信任，"共享"也就变得越来越容易。

"现在都是商品房小区，邻里之间的互动交流都很少，互相也基本都没有什么工作交集，如何使业主成为熟人?"汪英认为，要想让商品房的每个业主之间联系起来，最有可能的突破口就是孩子了。为此，业委会决定，在业委会的办公场所中，仅留下一个房间作为办公室，其他房间全部改造成孩子们能够学习玩耍的空间。这里每天都安排志愿者轮流值守，帮助孩子们学习，保护他们的安全，孩子们在平时放学后和寒暑假期间，可以来这里学习书法、美术、射箭等。这样，孩子之间的交流也带动了大人之间的交流。

此举为在S小区生活的孩子们提供了活动空间，更拓展了业主之间的交往渠道。通过孩子们的社交带动家长间的社交，使原本互不相识的家长们迅

速熟络起来，为建立下一步更深的互信创造铺垫。

除了加强孩子之间的互动外，S 小区业委会也主动发起适合全年龄段的社区活动。2017 年至今，S 小区共举办了 30 多场社区活动，例如播放露天电影、举办社区联欢会、举行社区联谊等，人数最多的一次活动有 600 人参加，几乎涵盖小区内所有住户。通过大量的社区活动，业主们加强了互动，增进了互信。

汪英认为，当小区业主之间成为朋友后，再共享车位等资源就不再是“冷冰冰地向陌生人行方便”，而是变成了“朋友需要帮助时自己必须帮忙”的主动选项。而业主之间互相熟络起来，是这一主动分享行为的基础。今后的实践也如汪英所料，出于主动的共享，的确成为治理“停车难”问题的解决之道。

在业委会、物业公司、业主间的有效互动下，借助公共活动空间与公众参与活动，S 小区的业主们逐渐形成了和谐、稳定的邻里关系。

（七）理念制度均具备，共享停车解难题

历经了平衡各方利益、因地制宜对车位进行“开源”、增进邻里互信为“共享”创造情感基础三个阶段后，解决“停车难”的根本之策——共享停车终于被汪英推上前台。

S 小区内，车位共有三种方式租用：一类是地面固定车位；一类是地下车库固定车位；最后一类则是非固定车位。前两种固定车位需要租用，租金不同，无论业主是否使用，都按月缴费。而最后一种非固定车位，则是按照次数计费，费用要比前两者都便宜。在很多车位紧张的时候，固定车位上不一定有车，位置空置，但同时还有一些非固定车位的业主没有地方去停车，这就导致了极大的资源浪费。

“新政”中最大的亮点，则是“共享经济”理念启发下又一盘活闲置资源的实践——“共享车位，智能管理”。从具体操作看，小区地面及地下的固定车位在当日 23 时后未使用，且该车位业主未在“车位微信群”中通知当夜返回的，物业可将该车位安排给非固定车位业主使用。“车位微信群”成员由物业核心管理人员、车位调度员（物业保安）、业委会正副主任以及小区办理了停车证的所有业主构成。在小区业委会的牵头和居委会、WK 物业的全力配合下，通过“分享车位，智能管理”的方式，让占小区车位半数以上的固定车位变成了机动固定车位，提高了车位利用率，避免了资源浪费（见图 6－1）。

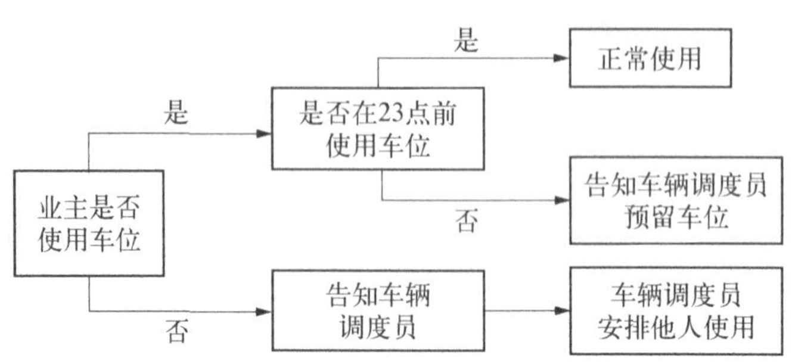

图 6-1 “共享车位”流程

在此过程中，业主和业主之间并不直接互相联系沟通，而是由业主们将自己的车位情况报给物业的车位调度员，然后由物业的车位调度员来统一调度安排非固定车位的业主进行停放。物业的车位调度员负责实时记录业主的车位闲置信息，将车位情况告知保安，然后由保安引领进出小区的业主进行停车，按照空置车位情况来引导业主停车的具体位置。对于物业公司来说，这项工作有两点至关重要：一是实时，业主告知车位闲置，立刻记录下来转告给门口的保安；二是要具有极强的执行力，保安收到车位闲置信息后，安排等候车辆依次停入空置车位。只有这样，才能让空置车位得到足够的利用，减少业主们在小区门口的等待时间。

2020 年全年，家住 S 小区 12 号楼的吴大叔以全年共享停车位 133 次，荣登车位共享排行榜年度第二名。共享停车在 S 小区已经不是个例了。“最近，我基本会住孩子家，很少回自己的家，我家里的固定车位可以拿出来共享。”在准备自己行李的同时，吴大叔还安排了自家的一件大事——共享他家的车位。在 S 小区，共享车位每天都在发生。“今天我晚归，请安排一个车位。”“今天我不回来，我的车位可以共享。”“最近我出差，我的车位可以共享。”

张女士是车位共享群内的“活跃分子”，周末出差时都会在群内主动共享车位。她说：“本来我反对新车改制度，认为对我们这些本身拥有车位的人来说，重新分配有失公平，但自从加了车位共享群，看到热心邻居经常共享自己的车位，大家都有车可以停，也不会损伤彼此的利益，反而增进了邻居之间的关系和小区的融洽，这种氛围特别好，我很感动，所以我也经常分享自己的车位。如果出差或者出门旅游，我会及时地跟管理员说，共享我的车位。现在看到大家非常和谐，再也不用担心晚归会被别人抢占车位，邻里之间的感情也迅速升温，大家都互帮互助，也不会因为鸡毛蒜皮的小事发生冲突，我们住着也开心。”

为了提升业主共享车位的积极性，业委会还会制作光荣榜，颁发“共享之星”荣誉称号，让共享车位的业主拥有满满的荣誉感。据统计，截至2021年，该小区平均每个月业主分享闲置车位300余次，每年共享车位3 600余次。汪英对此并不感到意外：“我们小区的居民共享车位都非常积极，有的业主出差去，会特地将家里的车停在单位里，就为了释放一个固定车位给小区业主。”这种共享的氛围并不是建立一个规章制度、拉一个业主群这么简单，而是业主们早已达成了共识，从生人变成了熟人，从熟人变成了亲人，亲人们的事，大家都愿意来帮一把。

一位业主指出，此次停车改革的顺利落地离不开物业的协调配合：“停车改革制定后，WK物业人员全年无休，24小时在车位群里给我们安排空车位，四年多了一天都没耽误，我们小区业委会每年都会对‘车位调度员’进行表彰，他们确实很辛苦。”

物业公司的通力执行也成为确保车辆共享制度实施的保障。保安队轮值班长黄贤松来S小区已近6个年头，以前晚上一下子进来10辆车，大家经常焦头烂额。现在根据业主车位登记情况，保安队心里都有一本账。黄贤松说：“合理分配车位也是一种智慧，除了眼观六路，还要动脑动心。”

S小区物业服务中心负责人表示，进出小区的车辆，保安基本都会引领停车，WK物业安排“车位调度员”负责实时记录整理业主共享闲置车位信息，2分钟内响应业主停车需求；安全员24小时巡逻，根据当日停车情况，引导其他业主使用闲置车位；物业工作人员每月整理业主共享闲置车位次数并发布在“车位共享群”内，物业的坚持使得共享车位管理实现了良性发展。

制度跟进了，硬件设施也不落下。为了让社区业主车辆进出更加便利，S小区物业还研发出了“黑猫二号”车辆管理系统，车辆进出免取卡、免现金缴费。固定车实行月租制，非固定车可按次计算，每次5元。通过WK物业APP，业主可以自行充值，同时每笔车费数据都能即时自动录入后台，这样业主便不必亲自前往物业公司缴纳停车费。

目前，S小区仍在探索更好地解决“停车难”问题的方式。业委会计划在小区中央大道划分一排早走的停车位和一排晚走的停车位，并正在就此事进行业主意见征询。对此，汪英说：“这样方便管理，同时也避免了不少业主的停车矛盾。但这件事的成功，还是需要广大业主们的配合，大家都支持认同，我们的工作才更好开展。”

老旧小区、大型社区等小区因停车需求大、车位配比低等原因饱受“停车难”问题的困扰。S小区“共享车位”模式实现了固定车位机动处理，大大提高车位使用率，并通过联动商业停车资源，避免了停车资源的无形浪费。这一模式运行四年有余，已成为可复制推广的成熟管理模式，不仅对其他小区有借鉴意义，也为上海大型社区解决“停车难”问题提供了创新解决方案。从社区管理维度优化城市居住生活品质，推动城市现代化建设，助力城市更新。

（八）结语

S小区是如何一步一步解决小区“停车难”问题的呢？

首先，要想解决这个问题，需要一个领头人物，一个改革者，一个勇于担责，具有话语权的领导。正如S小区的汪英，她是一个勇于承担社会责任、愿意承担改革重任与既得利益方冲击的领导人。她用自己的人格魅力团结了业委会，组建了志愿者团队，让小区居民对以她为首的业委会非常信服。她用自己的智慧以及团队的出谋划策，一层一层剖析小区“停车难”的本质，抽丝剥茧，一点一点地解决各种困难，最终直击问题核心。

其次，所有或者说大多数业主的理解与配合。巧妇难为无米之炊，若整个小区一潭死水，没有人愿意去改变，那改革是万万不能成功的。业主关心的是什么呢？是和谐美好的小区环境还是不断攀升的房价？这就需要改革者做好民意调查，抓住业主的痛点、痒点，让业主能够充分参与小区治理。

同时，需要业委会、居委会不再人浮于事，实现其应有的价值。有些老旧小区的业委会和居委会形同虚设，无法回应业主的合理诉求，使业主对业委会、居委会失去信心，从而不愿参与小区治理。S小区的业委会、居委会经过改选，在治理“停车难”问题的过程中重新发挥了重要作用。

再者，志愿者的作用也不容忽视。志愿者具有自主性这一最大优势，志愿者们“从群众中来，到群众中去”，是群众里的排头兵。志愿者们熟知业主们的诉求，也参与业委会、居委会组织的治理活动，是双方的纽带，将双方的诉求反馈不断交换，以较小的成本，建立畅通的交流机制。

最后，小区治理离不开政府机关这个坚强后盾。类似于S小区封门事件，政府机关的公信力、执行力深深地影响着整个事件。正因为政府机关能够维护小区的正当合法权益，驳回周边小区居民的联合声明，才能使该事件圆满完成。

由上可知，大到城市管理，小到小区“停车难”治理，都需要多方参与。多方治理起初确实存在一定的困难，但其取得的成果也是不容忽视的。从S小区的多方治理成果来看，这个治理方法是最优方案。

思考题

1. 推动社区合作生产的意义和价值何在？
2. S小区推进合作生产，破解“停车难”问题的关键是什么？
3. 推动社区合作生产的路径有哪些？
4. 社区自治组织在推动合作生产的过程中有哪些手段？面临着哪些挑战？

二、案例目标定位

（一）核心教学目标

（1）社区合作生产的意义与价值；
（2）社区合作生产的路径；
（3）社区合作生产的挑战；
（4）社区治理体系中的社区合作生产。

（二）应掌握的知识点

（1）社区合作生产的含义；
（2）社区合作生产的价值；
（3）社区合作生产的方式。

（三）思维养成和观念转变

（1）社区治理方式要与时俱进；
（2）社区合作生产在社区建设中的重要意义；
（3）社区合作生产中使用者与供给者的统一；
（4）社区共同体理念的形成。

（四）能力提升

（1）建立政府应动员社区群体参与社区合作生产的认知；
（2）增强政府动员社区群体参与合作生产的能力；
（3）提升政府引导社区合作生产的能力。

三、教学内容及要点分析

（一）案例导入性问题

（1）如果你是社区居委会书记，你将如何打破社区治理资源不足、居民信任度低的僵局，推动社区治理？

（2）如果你是对社区现状感到不满的居民，面对社区治理效果不佳、公共空间管理混乱、停车位极其紧张的情况，你会通过什么样的方式谋求改变？

（二）案例讨论要点

1. 老旧小区“停车难”问题

具体而言，老旧小区“停车难”主要源于以下三个问题。

（1）城市停车位总量稀缺

截至2020年底，上海市划线车位共计534.1万个，其中配建车位504.4万个、公共车位17.8万个、道路车位11.8万个。上海累计建立了3万余个共享停车泊位，其中约77%服务于居民小区。相比之下，截至2021年底，上海机动车保有量达500万辆。2021年，上海新注册登记机动车68.7万辆，比2020年增加11.3万辆，增长19.67%。按照国际惯例，在城区，平均每辆机动车应该配备1.1—1.3个泊车位。照此标准，上海市的停车位缺口较大，城市车位整体紧张使得停车空间本就相对有限的老旧小区的车辆更加无处停放，导致小区面临“停车难”困境。

（2）老旧小区停车管理混乱

首先，从物业从业人员的角度看来，停车管理是他们的主要工作之一。近年来，小区车辆的不断增加给小区车辆管理工作带来了很大的挑战。与交警、城管不同的是，小区物业对违章停放的车辆既没有执法权，也没有处罚权。而从目前老旧小区物业从业人员的现状看来，他们多为社会就业困难群体，年龄偏大，学历偏低，收入较少，种种原因造成老旧小区停车管理主体的能力与日益增多的车辆带来的繁重管理任务之间产生了明显的矛盾。

其次，业委会执行力不够，协调能力欠缺。小区进行停车改造、实行停车收费管理等都是为了更好地维护全体业主的合法权益，但由于没有建立起有效的利益引导机制，使小区内有车业主与无车业主之间难以形成统一意见，业主委员会消极参与停车管理，造成所有者需求与所有者代表管理缺位的明显矛盾。

最后，物业公司停车收费不规范。有的物业公司不按物价部门规定的停车收费标准收费；有的物业公司没有严格执行文件规定的收费标准；有的物业公司把小区地下人防工程车位与开发商产权车位混同，擅自制定收费标准；有的物业公司以难以收齐物业费为由，自行决定将小区内停车位对外经营并侵占停车位收入。种种原因造成了业主与物业公司的对立情绪，甚至引发了矛盾纠纷和冲突。

(3) 老旧小区停车资源配置不合理

一方面，从小区内部看，一些房地产开发企业片面追求企业利益最大化，采取“待价而沽，只租不售”的做法，导致开发商产权车库(位)售价偏高，特别是地下车库(位)的售价有的在数万以上，高的甚至数十万，出售率较低，因而出现了车位与车辆不协调的局面。一些业主因苦于承担高昂的车位租借费用，只能在小区周边道路违规停车，而小区内部车位则处于闲置状态。

另一方面，从小区外部看，“潮汐停车”现象明显。正如某街道负责人所说：“就静态来说，老旧小区的停车困难未必如大家认为的那么难。上午9点钟以后，大部分车都去了工作单位，小区内好多车位还空空荡荡的。这个时候，老旧小区停车很方便。关键是晚上，下班的人和车回流到小区。而这时反观小区周边的商务楼、各企事业单位的停车场却是空空荡荡了。所以，上海老旧小区的停车难是动态的难。”有人形象地把这个现象比喻为潮汐：清晨，车辆从各自的小区出发，如潮水般涌向商场、办公楼等；黄昏，车辆如潮水般涌向小区或者餐饮场所；到了夜晚，车辆又如潮水般退回到各自的停车位。可以说，这一波潮水涌到哪里，哪里就难以平静。

2. 社区合作生产的关键环节——“停车难”问题的破局之道

近年来，城市社区公共服务日益呈现服务需求个性化、服务质量优质化和服务方式多样化的特征，传统的社区公共服务方式已经难以适应时代需要，合作生产模式逐渐成为公共服务的新模式。这种公共服务模式将服务用户置于公共服务生产过程的中心，主张以用户的知识和体验提升公共服务的质量和效率，从而将服务的享受者变为公共服务生产过程的共同参与者，并以此提升公共服务机构的合法性和有效性。社区公共服务的合作生产遵循社区自主治理的"自发秩序"，强调作为服务享受者的居民转变角色认知，在社区公共服务的生产过程中发挥自主性。在具有高度群体异质性的城市老旧小区，社区公共服务的合作生产何以达成？结合 S 小区破解"停车难"问题的实践经验来看，通过利益协调创造公共价值、培育社区社会资本、加强沟通反馈调试管理行为共同促进了社区公共服务合作生产。

(1) 通过利益协调创造公共价值

利益协调与创造公共价值之间存在密切的关系。利益协调是指通过协商、妥协与合作等方式，平衡和调整不同利益主体的诉求，以实现共同的目标和价值。而公共价值创造则是指通过公共部门、企业和社会的合作，创造具有普遍价值和共同利益的公共产品和服务。首先，利益协调是实现公共价值创造的重要手段。在公共价值创造的过程中，不同利益主体之间往往存在利益冲突和矛盾。这些利益主体之间的诉求不同，因此需要通过利益协调来平衡和调整各方的利益诉求，以确保公共价值创造的顺利进行。其次，公共价值创造是利益协调的目标和结果。利益协调是为了实现共同的目标和价值，而公共价值创造正是这些共同目标和价值的体现。最后，利益协调与公共价值创造相互促进、共同发展。在实践中，利益协调和公共价值创造是相互关联、相互促进的。一方面，通过利益协调可以解决不同利益主体之间的矛盾和冲突，为公共价值创造提供良好的环境和条件；另一方面，公共价值创造也进一步促进了利益协调的进程，使得不同利益主体之间的合作更加紧密和有效。在本案例中，业委会引入"外脑"，负责收集不同业主的意见并和业委会成员共同探讨起草方案；业委会还出面和隔壁商场谈判，经过多轮协商沟通，成功与隔壁商场展开停车合作。总之，利益协调与公共价值创造之间存在密切的关系。只有通过有效的利益协调，才能实现公共价值创造的目标，满足公众的需求，促进社会的发展和进步。

(2) 培育社区社会资本

社区社会资本在社区创造公共价值的过程中发挥着重要作用：社区社会资本有助于合作生产。社区社会资本有利于提高合作效率，减少合作中的摩擦和误解，避免时间和资源的浪费，提高合作效率；社区社会资本可以增强合作关系的稳定性，让当事方更加意愿共同解决问题和面对挑战；社区社会资本可以促进知识共享，鼓励当事方分享信息和经验，从而促进知识传播和创新；社区社会资本可以降低交易成本，减少交易中的监督和执行成本，提高合作效益；社区社会资本可以增强创新能力，让当事方更愿意共同探索新的方法和思路，促进共同体的发展和进步。培育社区社会资本的关键在于建立社区居民之间的信任关系，以下做法可以增进居民间的信任，从而培育社区社会资本。第一，通过各种形式的社会互动和交流，帮助邻里之间建立互信关系；第二，邻里之间互相提供物质和精神上的支持和帮助可以建立相应的信任关系；第三，通过社交网络、社区组织、公共空间等渠道分享各种经验和知识，也可以促进邻里之间的信息交流并培养信任；第四，通过增强邻里对社区的认同感、鼓励居民在社区治理中进行合作，也可以增强邻里互信，培育社会资本。在本案例中，S小区先是通过增进邻里互信为“共享”创造情感基础，再凭借由此积累的社会资本打造“共享车位”模式，大大提高车位使用率，避免了停车资源的无形浪费。

社会资本是社区中各个治理主体能够保持长期合作的重要前提，如何在社区中建立基本的政府与居民、居民与居民的互信成为社区合作生产得以实现的重要先决条件。同时，取得一定成效的社区合作生产又可以反过来提高居民对于合作生产的信任程度，增强社区的社会资本，形成一个“社会资本——社区合作生产——社会资本”的正反馈循环。

(3) 注重信息沟通与管理行为调试

信息沟通对于增进居民相互理解具有非常重要的作用。信息沟通有利于建立有效的沟通渠道，推动居民及时获取所需的信息；信息沟通有利于传播有益信息，分享居民所需信息，以增强大家对社区事务的了解和参与度；信息沟通有利于鼓励居民参与社区活动，增进居民相互了解和交流；信息沟通有利于培养良好的社区氛围，增强居民的归属感和凝聚力；信息沟通有利于加强信息公开和透明，增强居民对管理者的信任和支持。在本案例中，S小区业委会在公约制定过程中收集居民意见，在共享车位过程中保持微信群信息沟通，也保障了居民的基本权利，居民的意见和建议被积极听取。同时，业委会为了调动居民共享车位的积极性，鼓励居民参与社区公共规则制定，制作光荣榜并颁发“共享之星”荣誉称号，通过激励设置实现管理行为调适。

3. 社区合作生产的关键要素

社区合作生产主张社区中享受公共服务的各个群体参与公共服务的决策、供给与评估过程。相较于以往单纯由政府提供的公共服务，社区合作生产注重调动社区居民和社会组织的参与，让公共服务的消费者转变为公共服务的生产者，从而解决政府由于客观条件限制导致的公共服务供给不足的问题。

（1）政府支持

作为传统的公共服务的提供方，政府部门在解决诸如“停车难”这类问题时，无疑也应当在社区合作生产中起到必要作用，为其提供制度上的保障。政府部门应因地制宜出台政策和有效措施，统筹安排现有资源，联合街道（社区）、交通管理部门、城市管理及行政执法部门等相关职能部门，形成“街道（社区）牵头、多部门协调、居民共治”的多方联动机制，为共同开展老旧小区停车问题治理提供组织保障。此外，政府部门应为社会组织和居民提供反馈意见的渠道，为他们参与治理提供良好的环境。

为了使解决老旧小区停车难题的各项举措得到有效落实，除了依靠多方主体的自觉外，还需要政府部门的行政执法手段作为补充。在执法过程中，政府相关职能部门应相互配合、协调推进，先选择典型的老旧小区作为试点执法区域，总结经验得失，再将成功的执法经验有序推广到全市所有老旧小区。通过综合执法，推动老旧小区“停车难”问题得到有效解决。

（2）“能人”担当

在S小区停车治理过程中，汪英作为社区中的能人起到了至关重要的作用。在改革初期，由于先前社区治理的失败表现，居民对于物业、居委会和同社区的居民都存在极大的不信任感，此时直接推动停车改革无疑难以得到居民们的支持。而S小区的汪英是一个勇于承担社会责任、愿意承担改革重任与既得利益方冲击的领导人。她用自己的人格魅力团结了业委会，组建了志愿者团队，让小区居民对以她为首的业委会非常信任。她努力通过各种举措，从多方面解决社区“停车难”问题。最终，以汪英为代表的业委会改革派赢得了居民们的信任和理解，后续的改革得以落地实施。

而对于大多数普通社区而言，居委会在身份上的特殊性使其相较于社区居民更有可能成为重建社区信任、协调社区居民的“能人”。因此在社区治理中，社区居委会不应等待社区中涌现出居民“能人”，而应当主动承担起社区中的“能人”角色，从社区居民的利益出发，积极与居民代表协调沟通，从而推动社区合作生产的形成，以解决社区中的治理难题。

(3) 居民参与

老旧小区居民既是停车治理的受益者，更是其参与者，其重要性不容忽视。对社区自治组织而言，居民的参与性越高，积极提出需求与意见，制定的决策也会更符合居民的需求，更具可行性；对居民而言，应积极参与老旧小区停车治理工作，成立停车治理小组，出台停车公约，在严格遵守停车公约的基础上，以志愿者形式参与小区停车治理，定期开展志愿活动，促进老旧小区停车治理规范化。

同时，由居民选举产生，直接代表居民利益的业主委员会也应当积极发挥法律赋予业委会的权力，面对社区中的治理困境积极听取各方建议，推动社区治理规则的改革，使社区治理问题得到解决。

(4) 社会组织协助

社会组织可以响应政府部门的号召，运用自身资金、人员、设备等优势，参与老旧小区的物业管理、停车场建设等相关工作，这样既可以为居民提供专业且优质的服务，实现公共利益，又可以实现自身的良好发展。政府部门和社会组织之间是相辅相成的，政府部门可以拓宽社会组织参与老旧小区停车治理的渠道，社会组织则可以推动政府部门相关措施的优化和完善。同时，社会组织应当积极发挥其在专业技能上的优势，对社区中的志愿者群体进行指导，提高社区志愿服务的质量。

四、理论依据

合作生产(co-production)强调公民在消费公共权益的同时可以兼具生产性。埃莉诺·奥斯特罗姆曾将生产总结为："用于物品或服务生产的投入来自不'在'同一组织中的主体，包括政府机构等常规生产者和顾客……常规生产者是否作为唯一生产者，同时取决于物品或服务自身的性质和促使他者参与的激励。"目前学术界认为，合作生产是政府同公民、企业和非营利组织等服务使用者建立协同工作关系，以增效为目标的公共服务供给模式，它要求公民实质参与服务的设计和供给环节，付出一定的时间、精力、金钱和其他资源，且通常为额外成本。中国的公共服务合作生产以"共建共治共享"的基层治理格局为基础，表现为公共机构运用政策工具增强公共服务供给中的公共性，强调公共服务的公共价值。广义上的合作生产广泛存在于我们的日常生活中，如民众自觉进行垃圾分类以配合市政管理进行回收和处理、社会志愿者参与政府提供的敬老助残等公共服务。

合作生产的类型划分。合作生产被研究者划分为三种类型：第一种是公民需要公共服务机构提供协助，此时公民的服务诉求对于公共服务机构改进其服务质量有着重要的意义；第二种是公民向公共服务机构提供协助，如社区志愿者为居委会提供协助；第三种是公共服务机构和公民之间进行互动，并对各自的预期和行动进行调整。

合作生产的内容。合作生产的内容可以概括为"四个合作"：合作委任(co-commissioning)、合作设计(co-designing)、合作交付(co-delivery)和合作评估(co-assessment)。合作委任是指公民与政府就是否提供某项公共服务以及服务的提供方式和具体内容达成共识；合作设计是指公民与政府针对如何提供更高质量的公共服务共同开发新方法或制定新计划；合作交付是指政府与公民在公共服务供给中的协作活动，强调公民的实际参与行为；合作评估是指政府与公民共同监测和评估公共服务质量以及共同生产对公共服务和公共治理的影响。以上任一合作生产环节的出现即象征着合作生产发生。

合作生产的意义与价值。合作生产让政府的角色从原本的公共服务的生产者和监督者拓展到公共服务提供过程中更为多元的角色范畴，让公民的角色从先前的消费者拓展为公共服务的提供者。合作生产模式让政府和公民之间形成了良好的互动合作关系，让公民拥有了更多参与公共事务的机会。同时，合作生产集合了多元治理主体所掌握的经验和智慧，能够有效地优化治理资源的配置，强化治理资源的整合。

合作生产的未来展望。近年来，有研究者提出，相较于传统的停留在提供服务层面的合作生产，面向未来的合作生产更重要的是"价值共创"。价值共创的合作生产认为公共服务的提供，应当为民众带来的是一种长远的、回应民众诉求的价值，而非公共管理理念中冷冰冰的供给数字。合作生产应当注重公共服务所带来的公共价值，通过各方协调与合作，为民众带来幸福感和获得感。

五、参考文献

[1] 张云翔.公共服务的共同生产：文献综述及其启示[J].甘肃行政学院学报，2018(5)：31-45+126.

[2] 徐选国,吴佳峻,杨威威.有组织的合作行动何以可能?——上海梅村党建激活社区治理实践的案例研究[J].公共行政评论,2021,14(1):23-45+218.

[3] 张云翔.基层党组织如何助推社区共同生产?——基于S市L社区蔷薇项目的案例研究[J].行政论坛,2022,29(4):115-123.

[4] 魏娜,陈俊杰,王焕.共同生产视域下的社会治理共同体建构——以A市X区社会治安共同生产为例[J].教学与研究,2021(11):43-56.

[5] 王学军.价值共创:公共服务合作生产的新趋势[J].上海行政学院学报,2020,21(1):23-32.

[6] 王欢明,刘馨.从合作生产转向价值共创:公共服务供给范式的演进历程[J].理论与改革,2023(5):138-154+172.

[7] 李强彬,李佳遥.公共服务共同生产:缘何难以承受其重[J].厦门大学学报(哲学社会科学版),2022,72(5):44-56.

[8] 朱春奎,易雯.公共服务合作生产研究进展与展望[J].公共行政评论,2017,10(5):188-201+220.

[9] 吴金鹏.公民共同生产行为:文献评述、研究框架与未来展望[J].公共管理与政策评论,2022,11(6):156-168.

[10] 周晨虹.合作生产、社会资本与政府公共服务绩效[J].公共管理与政策评论,2016,5(3):5-12.

[11] Whitaker G P. Coproduction: Citizen participation in service delivery [J]. Public Administration Review, 1980: 240-246.

[12] Verschuere B, Brandsen T, Pestoff V. Co-production: The state of the art in research and the future agenda[J]. VOLUNTAS: International Journal of Voluntary and Nonprofit Organizations, 2012, 23: 1083-1101.

[13] Osborne S P, Nasi G, Powell M. Beyond co-production: Value creation and public services[J]. Public Administration, 2021, 99(4): 641-657.

[14] Eriksson E M. Representative co-production: broadening the scope of the public service logic[J]. Public Management Review, 2019, 21(2): 291-314.

[15] Bovaird T, Van Ryzin G G, Loeffler E, Parrado S. Activating Citizens to Participate in Colleetive Co-production of Public Services[J]. Journal of Social Policy, 2014, 44(1): 1-23.

案例七

社区价值共创
——D 居民区商居联盟

摘　要：上海市黄浦区外滩街道 D 居民区是典型的老城区市井生活和商业经营共存的"商居混合"社区，商居杂处造成了一系列环境卫生、消防安全问题，引发了商居矛盾。D 居民区成立"商居联盟"——该联盟是商家、居民等多元参与社区治理的平台，有助于实现践公约、勤联动、广互动的基层协商、商居自治，建立和谐共融的商居关系，破解治理难题。该案例可为新时代环境下商居混合老旧小区的治理发展提供参考经验。

关键词：社区自治组织；价值共创；商居联盟

一、案 例 内 容

（一）引言

上海市黄浦区外滩街道 D 居民区，位于苏州河南侧、毗邻南京东路的市中心核心区域。"商居高度混合"是这里的典型特征。商户没有宽敞、干净的经营环境，居民也没有安静、舒适的居住环境，商居矛盾频发。

为改善上述情况，2020 年，D 居民区党总支、居委会牵头成立了"商居联盟"社区自治组织，以商户、居民的需求为导向，以解决问题为落脚点，在商户和居民之间搭起了一座沟通的桥梁，商铺和居民通过"商居联盟"这个平台，找到自己的定位，开展自我管理、自我监督，同时通过有效协商对话促进商居矛盾的妥善解决，为建设"规范、安全、和谐、美好"的社区奠定基础。

(二)老城区商居混合的苦恼

外滩街道位于黄浦江、苏州河交汇处,东起黄浦江;西至福建中路、汉口路、湖北路、福州路、延安东路、西藏南路;南至淮海东路、人民路、新开河路;北至苏州河。辖区面积2.18平方公里,其中陆地面积1.85平方公里,旧式里弄面积占街道房屋总量的60%以上,居民厨卫成套率在30%左右。总体来看,外滩街道"商居高度混合",具有流动人口多、社区单位多、住房条件差、老龄化程度高等特点。

外滩街道D居委会,管辖范围毗邻繁华的南京东路步行街,辖区内有147幢居民楼、居民2 062户、实有人口约7 300人、社区单位1 200家。居民区房屋结构以商业区、普通商品房、旧式里弄房为主,居民大多都生活在宁波路、河南路、山西南路、天津路上,俗称"南京路的后客堂"。前街店铺、后街居民楼的现象极其普遍,商业密度相当高,其中餐饮店铺尤多,是典型的老城区市井生活和商业经营共存的"商居混合"社区。在前街,繁华的商铺为社区居民提供了便捷、丰富的生活环境。但浓浓的烟火气背后,油烟排放、噪声扰民、污水外溢、垃圾乱堆、机动车乱停放等带来一系列环境卫生、消防安全问题,引发了商居矛盾。

1. 流动人口多,公共管理难度大

外滩地处繁华的城市中心地带,来自国内和世界各地的游客众多。D社区是外滩乃至黄浦区最大的商住居民区之一。这里既有高层的商品房,又有沉淀百年历史的旧式里弄;既有高档的外资商务楼,又有外来人员的夫妻店;沿街商铺数量众多,有各式各样的服装店、餐饮店、便利店及快捷酒店等。这里有居住了几代的老上海人,也有不少在此安家的新上海人,更有大批看中这里交通方便、就业机会多、房源丰富、价格低等优势而租住于此的外来务工人员。区内往来人员复杂,居民楼内的人员进出(外卖、快递、来访、办公)也较为频繁,容易引发治安问题。社区流动人员居所变动相对频繁、人员户籍属性复杂、相关证件的办理率低,管理难度非常大。

在社区流动人口中,有很大一部分人受教育程度较低,从事以餐饮为主的服务行业。他们在租房时为了节约开支,会选择多人共住一套房。也有一些房东追求利益最大化,私自将一套房中的各个房间分隔出多间甚至多床位出租。此类群租问题层出不穷,不仅造成了楼道卫生问题,而且住户作息时间不

一致、人员出入频繁引发了噪声问题，严重影响了其他居民休息。此外，群租屋内私拉电线的问题较为突出，容易引发用电安全事故，令周边居民忧心不已。

2. 社区商户多，公共安全隐患多

D社区内的小餐饮店、小食品店、小作坊“三小”商户很多。这些商户规模小、数量多，管理水平普遍较低，监管难度很大。有的餐饮店为图方便，直接将仓库设置在附近居民楼内，里面存放大量餐饮用品，包括调味料、冷冻食品、塑料包装等。而老式居民楼的电线本就已经老化，难以支撑大量用电，容易引发事故；商户存放的食品还可能产生异味，严重影响居民正常生活。

除了租房做仓库，还有些商户为了节省开支，将租来的房屋用作单位餐厅。执法人员就曾发现租户在出租屋内为单位提供中、晚两顿的工作餐。租户将液化气钢瓶安装在房屋内，搭起简陋的小作坊，明火操作。一旦操作不当或使用检验不合格的液化气钢瓶，极易发生气体泄漏，存在极大的火灾隐患，也给周边居民的生命财产安全带来威胁。

在商居混合的情况下，有些小商户也容易与邻居发生矛盾纠纷。山西南路有家熨衣店与楼上居民因为共用部位使用问题发生矛盾，两家的女主人吵架后，双方男主人出来帮架，甚至拿出刀具准备“横竖横”。幸而社区民警及时调停，化解了一场可能出现的恶性案件。也有被辞退员工多次与老板就工资问题发生冲突，协商无果后扬言要教训老板。诸如此类，这些不稳定因素严重影响了社区的安定。

3. 基础设施旧，公共卫生条件差

在D居委会管辖范围内，宁波路、天津路商居同幢特点明显，这些居民住宅大部分为二级旧里，房屋老旧，厨卫成套率较低。大部分居民楼内没有独立卫生设施，因此大多数居民自行在家中安装电马桶，并直接将污水排入下水管道内。长期不当使用使管道老化加速、排污不畅，也直接导致下水道常年堵塞，外溢现象严重。地面的污水影响了楼下商铺的经营环境，难闻的气味及湿滑的地面也让商户及往来的行人苦不堪言。同时，商户店面转让、更新升级等不可避免地产生装修噪声、气味或建筑垃圾。餐饮店铺多也意味着油烟重、声音吵，连带着还有消防隐患，因此也经常被同幢居民投诉，楼上楼下经常产生邻里矛盾。

除此之外，老城区居住密度大，商住两用楼和老商务楼的大、小商户众多，居民和商户，特别是餐饮商户的垃圾日产量巨大。但老城区的垃圾厢房大都比较陈旧且空间狭小，垃圾投放不便，垃圾分类实施也比较困难。一些年纪较大的居民、上班族、餐饮从业者有阻抗情绪。小餐饮单位违规处置垃圾的行为屡禁不止，经常造成垃圾混装、厢房满溢等破坏垃圾分类的问题，堆积的垃圾给环境卫生造成了不小的负担。另外，由于宁波路、天津路及山西南路上小餐饮商户数量多，食客多也导致不文明的行为时有发生。沿街居民开窗通风时会闻到异味，到了春夏季节还会滋生蚊虫，不仅加剧了商居矛盾，也影响居民的身体健康和市容市貌。

4. 消防安全隐患

(1) 飞线充电

由于D居委会管辖范围内的人口密集，尤以老年居民为主，道路又相对狭窄，没有大型社区配套的停车场，所以居民的代步工具多为电动自行车。同时，由于该地虽然毗邻繁华的南京东路步行街，与商圈距离近，但又以老式里弄为主，所以房租较低，吸引了很多外来务工人员租住于此。尤其是从事外卖行业的人员数量较多，因此居民区内的电动自行车相当多。

因为电动车不方便上楼充电，所以不少居民从家中拉出拖线板为电动车充电。一些楼层高的住户垂着长长的电线，有的电线里面的铜丝已经露了出来，而给电动车充电的插座都直接放在地上或车座上，没有任何防护措施。沿街商户大部分店面较小但位置便利，就把电动车直接停在门口的人行道上，从店里拉线充电，电线长了就直接留在路面上，给过往的行人也造成了极大的安全隐患。

(2) 楼道堆物

由于老式居民楼的户内面积相对较小，在家里放不下东西的情况下，一些人会随手将杂物放置在楼道内的窗台、扶手或者转角位置。很多楼内的厨房也都统一安装在走道内，通行位置已经比较狭窄，一旦放置的私人物品没有及时清理，就会侵占公共空间。有些居民因为不舍得丢弃杂物，就将它们长期堆放在公共区域，挤占居民出入的通道，也影响了楼道内的通风和采光。

这些杂物的堆积不仅影响了居民的日常生活，容易引发邻里矛盾，更影响消防通道的使用。而消防通道就是生命通道，绝不能随便占用，尤其是这些旧式里弄的建筑内有大量木质材料，遇火极易燃烧，所以必须时刻保持畅通。一些楼道的杂物堆积情况非常严重，不仅有塑料袋、纸箱，甚至还有旧家具，将楼梯堵得严严实实。一旦发生火灾，居民很难迅速跑下楼，携带消防器具、穿着防护服的消防员更是无法通过。

(3) 油烟管道藏污纳垢

2020 年 4 月 29 日凌晨，一处沿街商铺发生油烟管道着火事件，滚滚烟雾涌入相邻的一家酒店内，消防员破拆掉酒店的 38 扇客房房门救人，幸而无人员伤亡。餐厅饭店，最容易起火的部位之一就是厨房和油烟管道。长年累月的厨房作业会导致油烟管道内积存油污，这些都是易燃物，一旦有明火极易引起火灾。D 居委会管辖范围内的很多商居混合楼就把底层餐厅的管道敷设在外墙，一旦油烟管道起火，火焰会沿管道向上蔓延，就可能沿外墙窗户进入居民楼内。

(三) “商居联盟”自治项目启动

为了从根本上化解商居冲突，让商户与居民能在同一空间中和谐相处，D 居民区党总支开始寻求双赢路径，通过在社区中走访调研发现，造成商居之间不满与矛盾的主要根源在于无论是商户还是居民，并没有充分意识到社区是他们的共同家园，对社区治理的参与感、认同感不足，因而面对与他人的冲突时，更多选择从个人利益的角度出发，进行维护反击，同时由于缺乏友好协商的平台或载体，导致双方很容易选择吵架、投诉等生硬的方式处理分歧，商居关系变得冷漠，社区环境也受到影响。

所以，在 D 居民区党总支多次反映下，外滩街道办事处决定启动 D 居民区“商居联盟”社区自治项目。具体由 D 居民区党总支牵头，组建“商居联盟”社区自治组织，为商铺和居民搭建一个商居互动互助的平台，化解商居矛盾，共建和谐社区。在项目正式启动前，居民区党总支摸清了所有沿街商户的基本情况并归档汇总，建立了包括商铺人员情况、主营内容、联系电话、各项许可等的数据库，做到了“一铺一档”。随后，居民区党总支组织开展了数次商居意见征询会、项目启动动员会等，并邀请小区物业、街道市场监督管理所、绿化市容管理所、综合行政执法队(即城管中队)等职能部门列席，听取对于成立“商居联盟”社区自治组织的意见建议。同时，通过居民区微信公众号、问卷星等线上宣传方式，广泛招募“商居联盟”成员。

2020 年 6 月 16 日，D 居民区召开成立“商居联盟”自治项目启动会，宁波路、河南路商家代表、居民代表、街道职能部门、社区律师等 30 余人参加。会上明确了“商居联盟”的定位目标——成为社区商家和居民的联盟守护者，同时征求了与会代表意见，发现商家们也一直希望有个喊得应、叫得着的“大管家”来协调处理各种共性问题，居民们也希望能与商家有一个面对面平等对话的平台，共同参与社区治理。商铺及居民代表在现场签订了商居联盟意向书。

2020 年 7 月 21 日，D 居民区党总支组织开展了“商居联盟”成立大会暨“商居联盟”基层协商会，会上街道办事处有关领导和商家代表一同为“商居联盟”揭牌，并由成员共同推选、产生第一届理事会成员。“商居联盟”不仅包括部分商户、居民代表，街道绿化市容所、综合行政执法队、环卫公司、小区物业等部门也参与其中。各与会代表协商制定了理事会章程，设计了 Logo 海报。

(四)“商居联盟”协同治理的实行

1. 制定自律公约，规范商户行为

2020 年 9 月，在“商居联盟”成立后的第一次理事会上，大家一致同意以自治公约的形式规范商居行为。会后，D 居民区党总支牵头召集开展数次商居意见征询会议，邀请物业、城管、消防、商居代表等参与，同时利用微信公众号、线上问卷等方式广泛搜集商居诉求，对非共性问题也进行了梳理总结。最终，公约作为联盟的第一个成果，在辖区内予以公示。公约一方面要求商铺履行“我的门前(后)我清洁，我的区域我负责”的自律规则，自觉做到文明经营；另一方面要求居民自觉维护楼道、社区、街区环境卫生。同时，为了保障公约有效实行，理事会坚持“谁分管、谁负责”原则和“不漏一处、不漏一人”态度，以组为单位，细分商铺责任田，确保沿街商铺管理分工明确、责任到人。例如，针对部分商户不按时、规范清洗油烟管道的现象，理事会决定将每月的 15 日定为街区环境集中整治日，要求商铺成员及时对油烟管道进行维护、对下水油污管道进行清洗等。

然而，仅靠自律承诺规范商户行为不仅解决不了问题，反而造成对商户治理松散的局面。为此，D 居民区党总支持续宣传“社区是我家，治理靠大家”的理念，使尊重、维护社区环境在思想意识层面成为基本共识。D 居民区党总支林书记在接受采访时说道：“党总支及时关注商户动态，及时开展思想动员工作，告知商户追求经济利益是理所应当，但做好规范经营，既能满足社会需求，又能节约实际成本，长远看也会带来利润增加。”为了更好地约束商户行为，D 居民区党总支利用社区党员代表、社区志愿者团队等既有自治力量，组建“商

居联盟”巡防员队伍，并颁发“联盟巡防员”聘书。由他们定期开展街面商铺的日常监督，建立长效管理监督机制。

此外，对口联系D居民区的外滩街道机关干部联络员们，每周四下沉社区，参加“清洁家园”行动，帮助商铺开展门前、门后、墙面、路面等清洁，引导商户养成文明经营的习惯。与此同时，相关职能部门也会定期检查辖区道路环境、非机动车停放、沿街小餐饮商家厨房油烟管道及消防设施维护情况，针对检查反馈的问题，由“商居联盟”理事会督促商户进行整改。周边非联盟成员的商铺、居民见状也积极配合，一同参与打扫。

“商居联盟”理事会为了更好地激励商家履约，制定了星级商铺评估标准，标准内容涵盖：门责管理（门前、门后）、场所卫生及垃圾分类情况、非机动车违规充电情况、消防安全情况、社区融入情况等，并在每年年底进行评选，评选方式采取自评、互评、测评三种形式。自评即由商家根据“商居联盟”星级商铺评估标准进行自我评定；互评即采取抽签方式由商铺与商铺之间开展相互评分；测评则由街道职能部门、联盟巡防员队伍依据评估标准对商家进行检查评分。对最终评选出的优秀商铺颁发奖章并通报表扬，而对评分较低同时整改效果不佳的商铺，根据规则予以适度处罚。

2. 加强源头治理，解决商居难题

“商居联盟”理事会依托居委会活动室的场地，设立“商居联盟”议事厅，并制定了议事规则、每月例会制度等。理事会会长召集理事会成员参会，居民区党总支、居委会联系需要列席的其他部门、单位，会上围绕社区治理疑难杂症开展讨论，议题既包括成员平时发现的各种问题，也包括962121、12345市民服务热线等相关投诉单集中反映的问题。对于“商居联盟”解决不了的政策、经营方面的各类问题，居民区党总支会及时给予帮助；对于居民区层面解决不了的问题，由居民区党总支、理事会上报反映给街道相关职能部门，由他们进行统筹调处。“商居联盟”组织解决问题的流程如图7-1所示。

“商居联盟”帮助其成员切实解决了许多问题。对此，“商居联盟”成员商户在访谈中表示：“理事会成员里就有职能部门，平时负责帮我们解决问题，如果他也解决不了的，就进一步传递给街道，由街道动员更多部门参与处置。”而“商居联盟”中的居民代表也说：“大家通过联盟，聚在一起协商沟通，哪有什么严重到解决不了，或者无法解决的问题，我们老年人就希望生活在一个稳定祥和的社区里。”

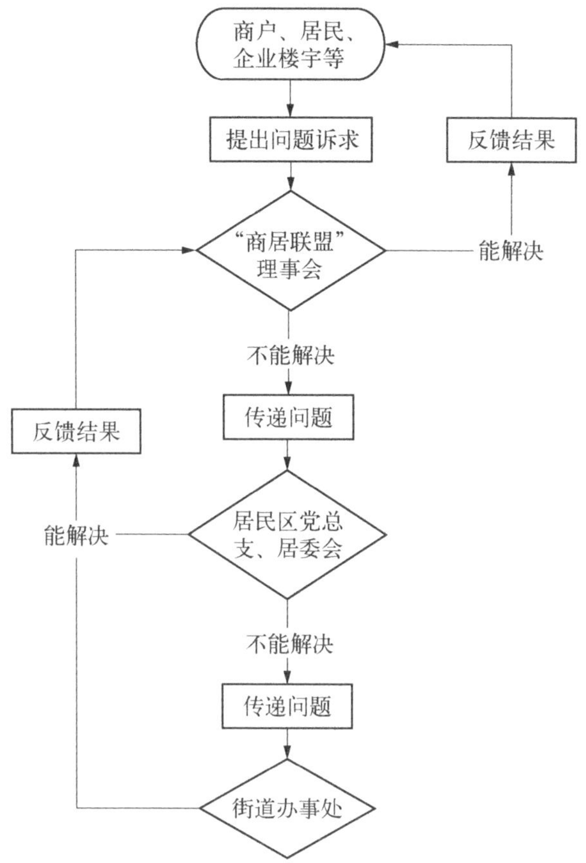

图 7-1 “商居联盟”问题解决流程图

例如，某商场附近人流量和车流量巨大，早晚高峰时段非机动车拥堵严重，中午时段快递、外卖高峰等导致的停放乱象屡禁不止，影响居民正常通行。对此，在“商居联盟”例会上，大家提出能够单独辟出一块场地供停车使用。D居民区党总支通过联系街道营商环境办公室，邀请商场物业负责人列席例会，经过多次协调以及现场勘探，最终商场同意在商场周边专门辟出一块空地作为非机动车停放区域，有效疏解了停车难题。与此同时，“商居联盟”理事会进一步落实监督指导机制，加大对外卖、快递物流等人员停车的规范引导。

又如，某路口转角处有一个垃圾厢房，由于其地理位置位于商圈中心，在垃圾投放时间外，常有沿街商铺和非本社区人员把各类垃圾堆放于此。对此，在“商居联盟”例会上，商户、居民纷纷提出意见建议。商户 A 表示：“因后厨空间过小，希望能增加垃圾清运频次。”商户 B 表示：“希望清运车来了能多停留一会，方便我们清运。”居民A表示：“该垃圾厢房空间不足，除了周边居民扔垃圾外，还有很多过路人也会把垃圾投放于此，严重超出了原有的设计承载能力。”居民B表示：“最好能同步更新垃圾厢房交投点的指示牌，引导商户居民到指定的地方丢放垃圾。”街道城建中心代表结合附近各餐饮单位业态现状，详细介绍了生活垃圾分类达标单位标准细则、沿街商铺与公共场所标准细则，要求各餐饮单位主动落实厨余垃圾定点清运主体责任。垃圾清运单位代表针对商铺厨余垃圾的收运时间、频次、路线、方案进行了详细介绍。会后，城建中心还通过“商居联盟”微信群，公开告知完善后的商铺垃圾运输时间表与线路图。

“商居联盟”成员商户表示：“联盟内民主协商的议事氛围提高了大家共同参与的积极性，促使居民和商户将街区当作自家来爱护，将邻居当作朋友来相处。其他非‘商居联盟’成员的商户看到问题解决，也更加愿意加入组织，同时自觉落实好主体责任。”“商居联盟”理事长表示：“联盟就像一个桥梁纽带，我们将通过该平台，继续以对话、协商的方式，创造职能部门服务商户、商户服务居民、居民信赖商户的和谐局面。”

3. 营造互助氛围，促进商居融合

为了进一步加强商户和居民之间的沟通交流，“商居联盟”理事会一是以商铺日常经营需求为出发点，定期举办法律、金融方面的公益讲座，直接或间接帮助商户提高收入水平。例如，随着5G与大数据、物联网、云计算等技术的不断普及，大到买车买房，小到柴米油盐，处处可见移动支付，个人收款码得到广泛运用，在提高了资金收付效率的同时，也存在一些风险隐患。对此，“商居联盟”开展了“商居联盟解难题get支付新技能”活动，由成员单位中国农业银行某支行以通俗易懂的形式解读《中国人民银行关于加强支付受理终端及相关业务管理的通知》的内容、个人收款码和商户收款码的使用场景和用途，并对个人收款码的使用规范进行说明。又如，“商居联盟”通过制作美食地图，游客、居民们可以一边领略南京饭店的百年历史底蕴，一边感受宁波路美食街浓浓的人间烟火气和天津路小吃集市的热闹与活力，帮助商铺提高人气。

二是结合重要节日、重大活动等，组织开展各类商居互动活动。例如，在重阳节、中秋节、元宵节等节日期间，组织商户走访慰问社区困难、独居老人，商户会送去爱心物资和节日祝福，让老人体会社区关怀。其中，在2021年重

阳节期间，“商居联盟”理事会举办了首届睦邻日活动，由各成员单位向居民赠送慰问品并为居民提供了医疗健康、爱心义卖、义务理发、磨刀等各类便民服务。这次活动后，“商居联盟”将每年的九月初九作为睦邻日，明确以为民、便民、利民为宗旨，瞄准商居多元化生活需求，为商居提供一站式为民服务。再如，2023 年，理事会组织成员们参加 D 居民区的年度特色活动——美食节百家宴，居民大厨们大显身手，成员商家们也热情地拿出店里的招牌菜，和居民精心烹饪的菜肴放在一起分享、品尝，在锅碗瓢盆之间架起邻里沟通的桥梁，营造了一个大家庭的温馨氛围。

三是建立“老带新”、成员推荐等人员更新模式，以此动员更多辖区商户、居民参与“商居联盟”，激发商户、居民对社区的责任意识。

4. 助力社区治理，实现共建共享

“商居联盟”作为一个社区自治组织，在做好自身建设的同时，通过居民区党总支、居委会的引导，积极参与社区各项治理服务活动。D 居民区党总支黄副书记在接受访谈时表示：“平时党总支、居委会开展的各项社区活动，都会拉上‘商居联盟’成员一起参与，让它更快、更好、更充分地融入社区发展。”

2022 年，正值“商居联盟”所在的黄浦区创建全国文明城区，D 居民区党总支聚焦社区难点堵点问题，形成整改清单，定期展开“清洁家园”文明志愿行动，结对党支部、街道职能科室、“商居联盟”成员、志愿者等多方力量参与，一同清理公共区域垃圾、楼道堆物、“僵尸车”、黑广告等，居民们主动将堆放在公共通道的物品搬回家，“商居联盟”成员商户还配合“光盘行动”倡议，推出小份菜、一人份等，在店内放置“拒绝浪费，光盘行动”台卡，积极引导消费者文明用餐。此外，D 居民区党总支利用党建联建资源，帮助“商居联盟”扩展外延至周边企业楼宇、社区单位等，形成街区治理新模式。例如，与辖区外卖网点联动，成立“商居联盟”文明骑手队。在成立现场，外卖骑手代表宣读《文明倡议书》，“商居联盟”与饿了么共同制定《外卖骑手公约》，向文明骑手队代表赠送骑手装备，通过双向服务机制良性运转，形成以服务换服务，引导外卖“蓝骑士”争做文明骑行的示范者、规范停车的引领者、美好市容的维护者，携手社区“蓝马甲”志愿者，共同维护街区环境安全。

D 社区的街区人口密度较高，居住类型多元，且因楼宇建成年代较久，社区公共活动空间匮乏。外滩街道营商环境办借助企业走访的契机，动员某商场开放自有资源，将 4 楼近 100 平方米的室内商业空间用于开展公益活动，和街道联手打造楼宇服务和活动共享空间，成立楼宇“零距离家园”实体阵地。街道依托其开设了面向周边企业白领的白领课堂，定期开展创意手作、健康讲座等各类活动，构建外滩楼宇文化枢纽，同时课程全程开放，欢迎商户、居民甚至是游客一起参与，让企业走出楼宇、让楼宇融入街区。“商居联盟”还计划开放顶楼800平方米的露台，打造体育运动共享空间，进一步促进企业与社区融合发展。

2021年底，上海市商务委会同市发改委、市住建委和市规划资源局等在全市范围内启动市级“一刻钟便民生活圈”示范社区建设试点工作，计划用三年时间，培育100个左右的市级“一刻钟便民生活圈”。在此基础上，作为中心城区的黄浦区进一步提出打造“10分钟社区生活圈”目标。D小区是外滩街道“一街一路”建设和“10分钟社区生活圈”打造的重要节点，也是各部门资源整合、项目融合的成功试点。2022年初，外滩街道与“行走上海”品牌合作，组织开展D街区“10分钟社区生活圈”行动方案征集活动，D街区“一街一路”示范区建设的蓝图也随即展开。建设前，D居民区党总支依托“商居联盟”、居民代表会议等协商议事平台，围绕“一街一路”建设开展座谈交流，倾听群众对于改造的需求呼声，不少居民希望增加社区服务和慢行空间、合理设置非机动车停放点；商户则希望能打造更多公共、开放空间，将南京路上的客流量吸引过来。D居民区党总支林书记表示：“一到开会时，(会场)总是坐得满满当当，大家你一言我一语，有时也会激烈讨论，甚至有些火药味，但归根究底，都是希望将小区改造得越来越好。”

在整合、梳理百姓需求的基础上，D居民区党总支还牵头搭建了改造设计师团队与商户、居民的交流平台，近40支设计团队多次走进D街区进行现场踏勘，直面居民，答疑解惑，大量设计创意已被纳入项目清单并逐项落地。此外，在街道办事处的大力支持下，开展方案线上“大众评选展”、线下“设计成果快展”等活动，扩大参与人群，不断优化设计方案，累计收到方案投票接近8万人次，最终形成了“建设一个‘各家门口花草掩映如画；小区内外配套设施完善；邻里之间相处和睦融洽’的D街区10分钟社区生活圈”的设计图景。

从“两耳不闻窗外事，一心只讲生意经”到“加入商居联盟，参与社区治理”，商铺经营者们用实际行动成为“共建共治共享的社会治理共同体建设”的实践者、参与者和享有者。与此同时，社区居民也对他们更加了解、更加包容、更加友好，商居关系融洽了，很多冲突矛盾都在互相理解、互相让步的过程中得到解决。

外滩街道D居民区通过商居社多方协同，让商居联盟成为社区商家和居民的联盟守护者，提高了居民幸福指数以及商家和居民参与社区自治的兴趣和活力，打开了睦邻融合新格局。“一枝独秀不是春，百花齐放春满园”，在D居民区“商居联盟”的示范带头下，外滩街道又有5个居民区成立了“商居联盟”社区自治组织，涵盖了辖区内百余家大小商铺。

（五）结语

商居联盟平台建设模式是化解商居冲突的创新举措。联盟作为联合多种管理资源的平台组织，它的成功实践为社区冲突治理提供了一种新的思路，就是化“冲突”为“联盟”。通过增进商户和居民之间以及与政府、市场等治理主体之间的对话互动、利益资源交换等，让各自需求得到回应，同时在互帮互助中建立情感连接和价值认同，双方关系由隔阂变为和谐，对社区也产生了归属感、安全感，更推动营造了美好、温馨的社区环境。但在商居联盟的可持续发展上，联盟活力仍有待提高。在平台目标上，一要优化制定平台共同目标并保持动态调整；二要推进目标落实，注重分解分工，形成平台成员合力。在平台内部建设上，提升理事会领导、管理能力，加大成员激励力度，辖区商户、居民作为联盟平台的参与主体，要尊重商居成员参与的自主性，积极引导商户、居民充分表达需求，积极回应、满足合理需求。在平台制度建设上，继续健全制度规范，增强平台稳定性，提高治理的精细度、规范性，比如在原有定期协商议事制度基础上，推行建账议事机制，确保每一个事项都充分协商，每一个问题都得到推进解决。此外，要加强对外交流，为组织争取到更大范围的支持，提高组织的社会影响力。

社区是城市治理体系的基本单元。目前社区治理面临着很多兼具复杂性和价值冲突的“棘手问题”，而社区组织平台是凝聚各方合力，推动问题解决的有效载体，是创新社区治理，激发自治共治活力的一种新型组织模式。未来社区平台组织的发展应朝着推进社区治理共同体战略的愿景，把社区多元主体组织、凝聚起来，参与社区治理各项活动，营造更加和谐、温暖的社区氛围。

思考题

1. 为什么要组建“商居联盟”？
2. 街道、居委会是如何推动“商居联盟”运转的？
3. “商居联盟”是如何组织社区价值共创的？

4. “商居联盟”要想持续创造社区公共价值，需要满足哪些条件？
5. 社区公共价值创造的主体和内容如何确定？

二、案例目标定位

(一) 核心教学目标

(1) 知晓社区治理中价值共创的必要性；
(2) 掌握社区治理中价值共创的形式；
(3) 了解社区治理中价值共创主体间的关系；
(4) 了解社区治理中价值共创的可持续条件。

(二) 应掌握的知识点

(1) 社区治理中价值共创的内涵；
(2) 社区治理中价值共创的价值；
(3) 社区治理中价值共创的行动路径；
(4) 社区治理中价值共创的现实要件。

(三) 思维养成和观念转变

(1) 社区治理中价值共创的重要性；
(2) 社区治理中价值共创的平台整合；
(3) 社区治理中价值共创的新型开放平台；
(4) 社区治理中价值共创中的政府与居民自治的关系。

(四) 能力提升

(1) 深化对社区治理中价值共创的认知；
(2) 增强整合社会资源治理社区能力；
(3) 提升行政力量和基层自治力量的互动能力；
(4) 提升党建引领在社区发挥作用的能力。

三、教学内容及要点分析

(一) 案例导入性问题

(1) 如果你是该街道的工作人员，你对组建“商居联盟”有何态度？
(2) 如果你是该居委会的工作人员，你对组建“商居联盟”有何态度？
(3) 如果你是该社区的商家，你对组建“商居联盟”有何态度？
(4) 如果你是该社区的居民，你对组建“商居联盟”有何态度？

(二) 案例讨论要点

1. 价值共创的产生

随着传统公共行政向现代公共治理的转变，治理主体多元化和治理方式多样化已然成为基层社会治理的显著特征。这种多元主体互动式治理不仅强调结果，也注重过程，尤其是公共治理过程中的合作生产与价值共创。一般而言，合作生产是指政府与服务对象共同参与公共治理，居民既是治理对象，也是治理主体。然而，这种多元主体共同参与的互动式治理本身也面临着治理主体利益多元化和个体有限理性的影响，以个体或特定群体的特殊利益替代公共利益，从而在具体实践过程中引发“集体行动困境”。事实上，公共治理的复杂情境和多元价值诉求意味着多元主体的合作生产应当基于公共价值的共同创造。

价值共创是基于公共机构与居民在治理过程中的互动关系形成的一种治理形式，遵循以多元主体共同形塑、创造和维护公共利益的价值逻辑。从合作生产向价值共创的范式转变揭示了一个经常被公共管理实践者所忽视的事实，即公共治理并非只是一个提供公共服务的过程，而是一个在多元主体的协同互动中增进公共利益，创造公共价值的过程。从这个意义上讲，治理目标的公共价值建构，治理行动的有效协同和治理效能的评估反馈是价值共创的关键环节。公共治理应当以创造公共价值为核心，通过公共协商界定公共治理的价值目标，获取治理合法性，以协同共治和组织协调增强集体性治理行动能力，形成公共治理稳健的治理形式。

在本案例中，“商居联盟”使得各种利益相关方都有机会参与公共事务的讨论与决策，通过党内协商、社区协商、居民互助、民意表达等方式促使社区治理主体进行经常性、互动性和有效性的利益表达，进而达成利益共识。最大限度创造社会价值正是社会治理的逻辑起点与归宿。同理，最大限度创造社区价值也是社区价值的逻辑起点与归宿。公共价值作为一种框架，将“政府认为重要和需要资源的公共服务供给”与“公众认为重要的需求”连接起来。“商居联盟”成立运作过程实质上是街道与社区实现和创造社区公共价值的过程，其运作的核心是整合各方资源，解决商居冲突，拉近商居关系，促进社区融合。

2. “商居联盟”创造社区价值的运作分析

“商居联盟”的成立与运作可以通过马克·穆尔的战略三角模型分析，该模型强调通过使公共价值，合法性、支持，运作能力三个维度相互契合、相互满足来实现公共价值目标，街道、社区通过具体行动去实现和满足这三个维度的方式见表 7－1。

表 7－1　基于战略三角模型的“商居联盟”成立运作分析

	公共价值	合法性、支持	运作能力	结　果
“商居联盟”	从单一的价值目标向多元的价值目标平衡转变：追求商户经济利益、居民生活利益、政府管理三者的平衡，实现多方共赢	通过多种方式获得行动合法性和商户、居民支持：1. 成立前，D居民区党总支向街道办事处申请政策资源、业务指导等支撑；2. 通过广泛宣传发动，获取商户、居民的支持	政府、社区、社会协同发力，构建共建共治共享的治理格局：1. 成立初期，由街道、居民区党总支、居委会为联盟提供场地、人员、政策等各类支持；2. 正式运转时，逐步培养联盟自主运作的意识能力；3. 成熟后，联盟开始加强自身规范与成员凝聚，反哺推进社区治理	1. 商户、居民从只关注自身利益到逐步关注社区公共价值，逐步融入社区；2. 社区共建共享的治理格局初步形成

(1) 构建社区公共价值目标

对社区来说，公共价值的确立是街道、社区行动的关键和根本出发点，要想实现公共价值的最大化，必须构建一个基于相关价值主体认可的，实现最广大、最长远的公众需求的公共价值。为此，首先要明确价值主体及其利益诉求，即“商居联盟”社区自治组织要追寻什么样的公共价值？只有回答了这一问题，才能研究如何创、怎么创。这里，涉及的价值主体主要包括街道、社区、商户经营者、社区居民，这些价值主体有着各自不同的利益诉求（见表7－2）。

表7－2　相关价值主体及其利益诉求

价值主体	利益诉求
街道办、居民区党总支、居委会	街区环境整洁、有序、安全；辖区百姓生活温馨、舒适
商户经营者	店铺经济利益有保障；经营环境干净、友好、有序
社区居民	生活环境便利、干净，温暖

其次要准确界定出合理的价值需求。从案例中不难看出，各价值主体的诉求更多从个人角度出发，很容易显得短视、自私，超越了与他人的边界，如商户一味注重经济利益，而忽视了社会责任，导致破坏社区干净有序的环境；如居民一味追求生活便利，不甩干衣服就往外晾晒，影响商铺正常经营。对此，街道、社区要理智分析研判各方利益诉求，界定出合理的价值需求。最后，要整合提炼出社区公共价值。各价值主体间的价值诉求既有一致的地方，也有矛盾冲突的地方，不加管理很容易导致冲突升级扩大。因此，在研判各自利益诉求之后，街道、居民要整合平衡各自的利益诉求，提炼概括出真正的社区公共价值。在此案例中，街道社区依托“商居联盟”社区自治组织，围绕矛盾问题，定期召开工作例会，并邀请职能部门、企业、专家学者等相关主体代表列席，通过对话、协商、互动的方式达成共识，形成各方都认可的解决方案，即社区公共价值（见图7－2）：第一，在社会层面，是让百姓感受到社区的温暖、和谐而不是陌生、隔阂、不安全，是不断增进民生福祉，实现人民对美好生活的向往。第二，在经济层面，是保障商户正常经营权益，促进区域经济健康稳定发展。第三，在政治层面，是为政府工作带来效益，提高社区治理能力与水平。

（2）获得合法性、支持

一是通过街道、社区各类议事协商平台，以例会的形式强化各职能部门对于“商居联盟”成立、运作的支持。在联盟成立前，区、街道相关职能部门各自管理自己的事务，以“条”的形式下沉到社区，形成条块分割的局面，导致社区在解决具体问题时，存在各部门互相推诿拖延的现象。随着商居矛盾的冲突

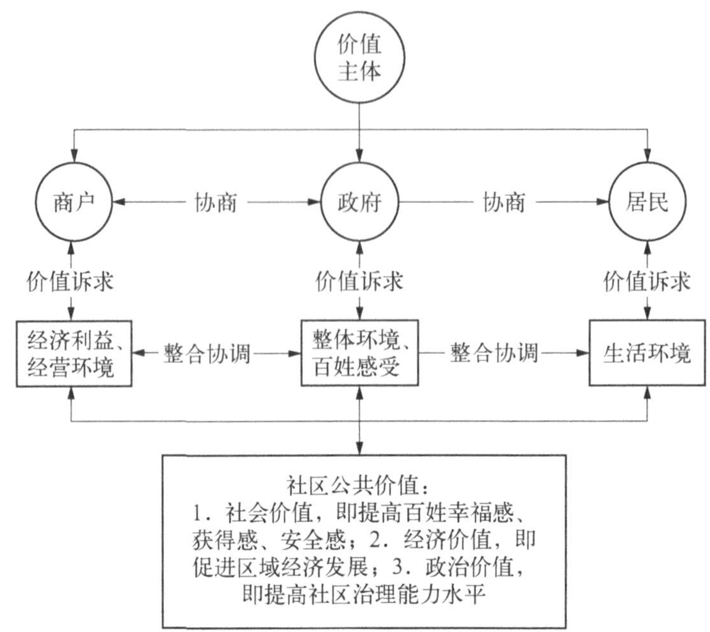

图 7－2　整合多方利益，构建社区公共价值

升级，不稳定因素日渐成为区、街道需要加以重视，综合考虑的事项。因此，通过"商居联盟"平台，把各方都拉到一起协商议事，摊开来讲问题、说想法，达成统一共识，会后各自认领责任事项，有了明确的分工，在落实时能够互相配合，形成工作合力。

二是通过多种方式获得商户、居民的支持和参与。其一，通过掌握各自利益诉求，整合公共价值目标。调整、整合商户、居民"私"与政府"公"的利益，构建能够满足双方利益的公共价值。其二，充分利用支持者的影响力与资源，积极争取广大中立者、旁观者的支持与参与。本案例中，社区党总支抓住社区党员代表、楼组长等社区中的"热心人""带头人"，调动他们参与的积极性，配合社区开展走访调查、宣传推广，使得更多商户、居民支持并加入"商居联盟"。

(3) 提升运作能力

确定价值目标后的实现程度如何，取决于党和政府运行条件和能力的高低。"商居联盟"社区自治组织的实践过程，也是街道、社区治理能力逐步提升，由自上而下的管理模式向自治为主、多元协作共治转变，从而推动实现社区公共价值的过程。要想有效提升运作能力，实现公共价值，一是始终坚持需求导向、问题导向。"商居联盟"成立是为了解决商居矛盾冲突。在化解商居矛盾冲突的过程中,“商居联盟”坚持全过程人民民主理念,围绕具体问题,组织利益相关者进行表达、互动,由街道、社区提炼整合、转化各自的利益诉求,最终达成统一行动共识,之后的行动能够满足百姓切身利益,获取他们的理解支持。二是始终坚持提高组织的自治意识与自治能力。在政社“嵌入—自主”理论框架下,“商居联盟”作为党和政府牵头成立的社区自治组织,在成长初期,由社区党总支、街道办事处、受其指导的居民委员会提供嵌入资源,并逐步培养成员参与社区治理的意识能力;随着组织的成长壮大,有了更多的自主能力,开始加强自身建设规范,凝聚成员力量,并积极反哺社区治理,推动社区成长发展(见表 7-3)。

表 7-3 街道、社区与“商居联盟”关系发展阶段

成长阶段	党和政府与“商居联盟”组织的关系发展阶段	具 体 关 系
成立阶段	政府“嵌入”为主	党的基层组织——居民区党总支,政府派出机构——街道办事处,以及受其指导的居民委员会为组织提供权力、资源、人员、政策等支撑
成长阶段	政府“嵌入”与组织“自主”并存	党和政府持续为组织提供支持,同时组织注重提高自身持续运作能力

具体来看,在“商居联盟”成立初期,一是社区党总支提供观念和资源嵌入。商户大多是外来务工人员,对社区的归属感和认同感较弱,而本地居民因对其不了解,又因其商户的服务角色身份,容易戴上排外的有色眼镜,社区氛围不那么融洽。对此,D社区通过发挥社区党员、党小组长密切联系服务群众的组织优势和政治优势,利用各类社区活动、培训、讲座等方式,向社区商户、居民进行宣传引导,建设和谐社区,大家庭、一家亲的理念。在与D居民区党总支书记访谈时,她指出:“社区党总支利用日常党员会议、党建联建活动、‘商居联盟’例会等机会,宣传‘社区是我家,治理靠大家’的理念,使尊重、维护社区环境在思想意识层面形成基本共识。”

社区党总支通过发挥自身在社区的影响力,开发、利用辖区党建联建单位、群团组织、企业单位等,凝聚各方资源优势,从外部为组织提供支撑。街道办事处、居委会也提供管理、制度维度的嵌入。针对商居矛盾冲突,双方沟通无果便将希望寄托于居委会,希望基层干部能够协调解决。然而居委会并没有实际执法权，只能在收到并汇总群众诉求后上门联系商户；如果商户态度较为强势，居委会只能向上继续反馈给街道相关部门。来回之间时间久、流程长，关乎人民群众基本诉求的问题迟迟得不到畅通反馈和正面回应。因此，街道及居委会将“商居联盟”作为一个协同治理的平台，承担着居中协调、推进解决的角色，对上是做好与上级区政府职能部门的沟通，同时用好房办、绿容、城管、市场监管等区下沉部门力量，对一些专业领域问题，有针对性地邀请相关方列席，切实解决问题。对下是建立并执行街道机关干部定期联系社区制度，及时帮助组织发现问题、反映问题、解决问题，引导组织健康规范发展。

在“商居联盟”成长阶段，党和政府开始注重提高组织的持续运作能力，一方面持续提供各类资源支持，并注重链接更多外部资源，将治理重心由单向、单元向多方、多元共治转变。通过合作治理的方式，实现共赢的局面。另一方面引导组织提高自主意识和能力，提高商户、居民持续参与的积极性，进而提高组织黏性，激发内生力量。

为了提高管理自主性，“商居联盟”不断完善各项制度规范。以换届为例，联盟理事会会长由成员商铺共同选举，从社区商铺经营者中产生；一名副会长由“商居联盟”社区居民共同选举，从居民中产生；另一名从职能部门中选举产生。此外，制定和完善多元主体沟通协商议事规则，设计合理便利的沟通协商流程，清晰界定沟通协商事项的范围，同时组建线上微信交流群，实现便利沟通和透明协商。

“商居联盟”在定期线下例会的基础上，组建微信交流群，商户或居民遇到问题可以在群里反映，“商居联盟”理事会、D居民区党总支及居委会等看到会第一时间回复，这给了成员商铺、居民身份认同感；同时针对成员间的分歧，适度运用公共舆论的力量，及时纠偏，引导商户、居民承担应有的社会责任，推动多元、异质的价值观和利益表达转变为价值共识。在提高成员认同方面，“商居联盟”通过运用公约软法的形式，提高成员自主管理、自主监督的意识和能力；此外，注重充分发挥每一位成员的作用，推动商户、居民互帮互助，包括开展美食节、公益理发、修家电等主题活动，鼓励居民对商户、对周边环境开展监督、评价等。通过这些微小、日常的行为活动，引导商户和居民从社区服务的享受者变为社区服务的主动参与者、提供者和分享者，在协作交流中不断增进认同与互信，推动将个体的伦理价值诉求转化为公共意识、公共精神。

3. “商居联盟”折射出共建共治共享的城市基层治理之道

“商居联盟”的成功实践创立社区与商家共赢，引领社区自治共治局面，为做好城市基层社会治理提供可复制、可借鉴、易推广的经验。

(1) 始终坚持以人民为中心的治理理念

人民城市人民建，人民城市为人民，城市基层治理离不开每一个人参与，虽然社区治理各利益主体在参与社区治理中都站在自身立场思考问题、表达诉求，但是政府部门不能就事论事解决眼下问题，而是要追根溯源，主动了解、倾听真正的诉求，也就是始终站在辖区老百姓的立场来思考、看待问题，再把这些利益诉求提炼整合为有关幸福、便利、安全、成就等公共价值与公共诉求，并推动公共价值创造、落地，以此实现多方共赢。D居民区通过“商居联盟”这个平台，帮助商铺和居民找到自己的定位，开展自我管理、自我监督，将沿街商铺从被动接受管理的配角转变成参与自治管理的主角，人民当家作主的意识得以巩固，有效回应了社区居民的诉求，推动社区发展。

(2) 发挥社区自治组织的桥梁纽带作用

在传统政府运行模式中，各职能部门责任是法定的，面对社区协同治理需求，如何弥补“政府失灵”现象，既整合、凝聚各方资源，又能保证分工明确、责任清晰，就需要以社区自治组织为媒介。本案例中，居民与商户之间产生了商居矛盾，但是沿街商户数量众多，大小不一，仅凭居民难以逐个沟通，居民之间的诉求也并非针对某个商户，而是苦于没有统一的反映问题、沟通解决的平台，所以“商居联盟”社区自治组织作为一个联系各方的协商议事互动平台应运而生。案例中，“商居联盟”一方面借助了组织自身人力、物力、财力等资源，因地制宜为内部成员提供小规模、个性化的服务和切合自身需求的管理，保持着动态更新；另一方面，实时了解组织成员的各种思想动态和意见建议，由组织代表及时向相关机构和主体传达本组织的利益诉求，并协商解决，实现自治组织自下而上的力量与政府自上而下的力量双向协调，引导社区各方主体在公共价值下共同行动。

(3) 坚持打造党建引领社区自治共治格局

“商居联盟”社区自治组织利用街道、居民区提供的良好发展环境，推进政府与人民、政府内部部门的协同，搭建了一个系统结构(见图7-3)，一头连接起政府，一头连接起商户和居民，推进了政府、商户、居民等多元利益相关者的“合奏”。一方面，“商居联盟”作为居民、商户自发参与的自治组织，区别于传统行政管理组织，能真正体现大多数参与者的兴趣、利益，真正激发民众参与社区建设的积极性，推动了社区的民主进程，增强了社区的自我管理、自我教育、自我服务能力；另一方面，“商居联盟”体现了资源共享、优势互补、分工合作、平等的伙伴治理关系，尤其是各治理主体以逐渐达成阶段性治理目标的方式实现利益融合，并在协作的过程中，注重各治理主体的行为方式调整，实现行动整合，推动构建人人有责、人人尽责、人人享有的社会治理共同体。

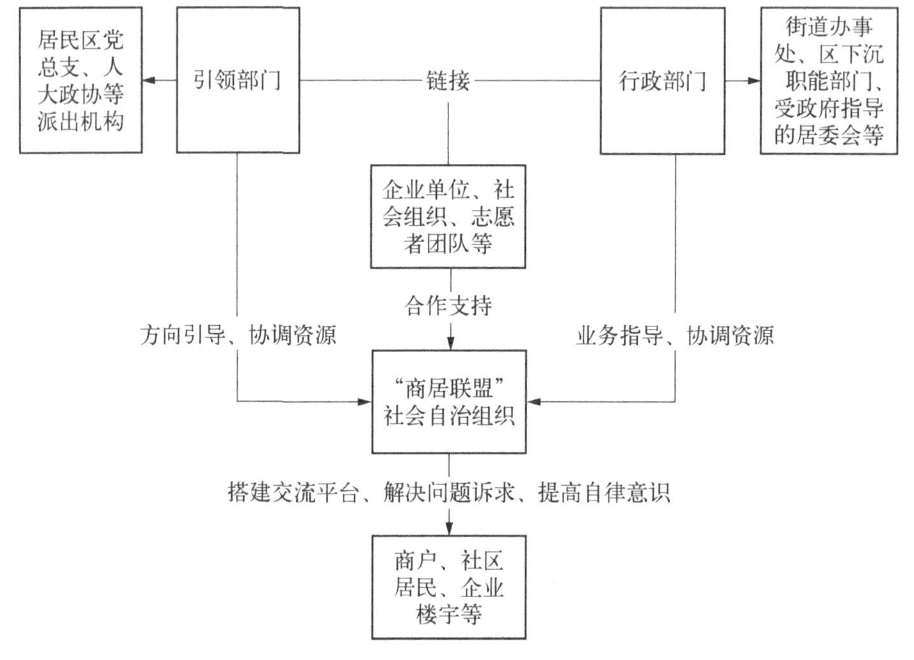

图 7-3 “商居联盟”参与价值共创的关系网络图

四、理论依据

(一) 价值共创

在公共治理过程中，公共价值并非是静态的，它往往涉及多元主体之间的利益博弈与协商谈判，受到治理情境、公共规则和公共利益的影响。因此，在公共价值界定、表达与实现的过程中，公共价值往往会产生利益替代、价值偏离和价值扭曲等异化问题，从而导致治理公共性的流失。因此，公共治理过程中的合作生产需要以公共价值管理为中心，围绕公共价值的目标建构与有效实现进行组织变革和机制再造。

理解公共价值的内涵是进行有效公共价值管理的基础。但是，学术界普遍认为，公共价值不是公众偏好的简单加总，而是专业人员与公众就某一公共议题达成的协商共识。因此，公共协商论坛的建构与运行是多元主体协商互动的平台基础。然而，尽管公共价值具有共通性，但并不意味着公共价值被普遍接受。治理主体的多元化及其利益竞争意味着公共治理过程本身具有多元价值的冲突性，因此需对其进行有效管理。

(二)“嵌入—自主”理论

在西方传统理论中，政社关系的探讨常被置于“国家与社会”相关研究之下，多针对国家与社会的关系来进行讨论，关于社会组织治理的部分研究将“国社二分”直接等同于“政社二分”，关注组织在治理中相对于政府所具有的独立性和自主性。随着社会的发展，这种二分法变得无法适用。“嵌入性自主”的概念最早由埃文斯提出，强调国家的进步发展需要国家与地方紧密嵌入，嵌入并没有使国家自主性消失，反而获得真正的自主性。现有研究认为，嵌入通过制度规范和资源补充形成了外在的治理规则，而自主基于具体情境选择恰当路径，从内部搭建起组织秩序。嵌入与自主有机统一，只有自主而缺乏嵌入，或者只有嵌入而没有自主，都难以形成有效的社会治理。具体来看，嵌入主要包括党和政府宣传的意识形态、法律制度、管理组织对社会生活的介入。政治、文化、社会资本等环境因素对组织运行和发展都有影响，不同主体需要依托一定的社区文化网络或社区规范才能达成合作治理的机制。格兰诺维特对嵌入关系进行了细化，提出关系性嵌入和结构性嵌入两类，前者重视行动者与文化、传统等社会关系网络的联系，后者则关注行为主体面临的规则、治理结构等。“嵌入”的概念对强政府、弱社会场景的研究具有较强的适用性，有助于形成一种“嵌入的积极主义”状态，政府通过正式的制度来控制、监测和管理社会组织的同时，社会组织也在减少对国家的依赖，提升发展的自主性。

自主方面，早期对治理中自主性探讨的典型代表是奥斯特罗姆，她基于经验研究和制度分析，提出了在政府和市场网络之外，可以通过自主合作的方式实现对公共事务问题的回应。自主治理的本质是通过规则建立一种不平等基础之上的平等关系，它是指在不依赖外部力量的情况下，组织内部成员为解决集体问题、增进共同利益而自发协调起来并制定相应制度安排的治理策略。

五、参考文献

[1] 王欢明，刘馨. 从合作生产转向价值共创：公共服务供给范式的演进历程[J]. 理论与改革，2023(5)：138－154＋172.
[2] 赵新峰，高凡. 公共价值共创视角下区域共同体的运行机制与建构方略[J]. 天津社会科学，2023(1)：95－103.
[3] 公婷. 公共治理中的"价值共创"：以香港的廉洁建设为例[J]. 公共管理与政策评论，2023，12(1)：28－36.
[4] 张绪娥，温锋华，唐正霞. 由合作生产到价值共创的社区更新何以可行？——以北京"劲松模式"为例[J]. 公共管理学报，2023，20(1)：144－156＋175－176.
[5] 王学军. 价值共创：公共服务合作生产的新趋势[J]. 上海行政学院学报，2020，21(1)：23－32.
[6] 闫冰. 城市社区治理的碎片化及其整合：协同治理的视角[J]. 郑州大学学报(哲学社会科学版)，2021，54(5)：27－32.
[7] 张开云，叶浣儿，徐玉霞. 多元联动治理：逻辑、困境及其消解[J]. 中国行政管理，2017(6)：24－29.
[8] 马克・穆尔. 创造公共价值：政府战略管理[M]. 伍满桂，译. 北京：商务印书馆，2016.
[9] Bryson J, Sancino A, Benington J, et al. Towards a multi-actor theory of public value co-creation[J]. Public Management Review, 2017, 19(5): 640－654.
[10] Torfing J, Ferlie E, Jukić T, et al. A theoretical framework for studying the co-creation of innovative solutions and public value[J]. Policy & Politics, 2021, 49(2): 189－209.

案例八

社区全过程自治
——L 社区实践

摘　要：“农民上楼”使得农民由分散居住转向集中居住，基层管理组织也由村委会转变为居委会。农民集中居住社区面临农民理念转变难和协商参与难的困境。本案例梳理了L社区面对农民集中居住社区管理难题，基于自治平台凝聚力量，通过党建引领促进多元主体参与，实现共建共治共享美好图景的治理过程。面对“农改居”社区的治理难题，L社区以人为本地直面社区矛盾与治理痛点，以点带面地关注公共空间的多重功能，充分挖掘社区生活的文化力量。L社区通过制造公共议题促进民意生成；通过建构协商平台增强参与意识；通过依托公共事务提升居民参与能力；通过营造公共空间巩固社区认同，体现以全过程人民民主为目的的社区治理。

关键词：社区治理；全过程人民民主；公共空间

一、案　例　内　容

（一）引言

步入陆家巷路225弄，第一眼见到的便是爬满蔷薇花的院墙与打扫干净的彩虹大道；漫步其中，家家户户修缮良好的小花园与隔弄之间，错落有致地摆放着小石桌、小路牌与小地景；步行至中心花园，农村闲置的木板、酱缸、瓦片、房梁等被改造成了社区景观与儿童娱乐设施，一口水井作为洗手池的同时，也保留了美好的童年记忆；行至道路尽头，格桑花热烈开放，健身步道中央高高堆起的草垛与绕城高速相隔而望……这些精致美观又不失乡土趣味的社区美景并非出自专业的社区规划师之手，而是来自L社区居民的奇思妙想。作为2017年最先启动“蔷薇巷”自治项目的试点区块之一，L社区225弄小区已成为小有名气的“网红”景点。

随着蔷薇爬满院墙，“蔷薇巷”自治项目亦开始向整个社区推广。曾经饱受“农转居”社区治理难题困扰的L社区正在通过自治平台的建设，以“空间改造”为抓手，走出一条符合社区实际的创新治理路径，书写新时代社区居民的幸福生活。

（二）治理困境：桂园难以沁民心

1. L社区概况

上海市嘉定区安亭镇L社区位于马陆镇与南翔镇交界处，北依蕴藻浜、东靠嘉金高速，南临沪宁铁路，西临国际汽车城，占地面积达46.3万平方米，总户数为685户，包含翔方公路650弄88户、翔方公路801弄东片285户、翔方公路801弄西片176户，陆家巷路225弄136户，共四个农民集中居住小区。2000年初，安亭镇与原方泰镇合并为新的安亭镇（又于2009年又与原黄渡镇合并为现安亭镇）。在上海市“三个集中”（人口向城镇集中、产业向园区集中、土地向规模经营集中）战略的指导下，随着嘉定国际汽车城建设的推进，通过“平移归并”的形式建成的农民集中居住社区亦在安亭镇多点位推进，共涉及4 155户村民，其中就包括L社区685户动迁家庭。

2004年，来自原方泰镇七个组建村、30个生产队的1 400余名居民搬迁至L社区新建“小别墅”。同周边的桃园别墅、梅园别墅、菊园别墅类似，作为农民集中居住区的L社区在成立之初被赋予了“桂园别墅”的名字，乔迁新居时，每家门口种植的两棵桂花树亦包含着“花香满园”的美好愿景。

2. 农民集中居住社区的管理难题

农民迁入新居是件大喜事，有别于分散的农村社区，相对集中的居住形式与生产生活方式的转变需要安亭镇政府为L社区的居民提供更为适应的公共服务。2004年，L社区成立桂园社区管委会，对社区进行日常管理，后结合陆家这一传统地名，于2014年正式成立L社区居委会。

从村委会管理到居委会管理，管理组织的变化并未令L社区完成从农村社区向居民小区的转型。在城市化进程中，农民集中居住社区管理难题凸显，也形成了人口构成与居住格局越发复杂的社区空间。L社区685户住宅中，自住261套，整栋出租227套，租住混居197套，其中1 400余人的自住居民中超过65%为60周岁及以上的老年人，而4 500余人均为外来租户（2021年数据）。社区建设之初，L社区便面临毁绿种菜、窝棚养殖、主干道堆物等环境整治与移风易俗难题。随着周边工业区的发展，房屋分割出租现象日益普遍，总量大、流动率高、融入感低的外来租户为社区管理的环境与秩序提出了新挑战，亦出现了私设液化燃气钢瓶、私拉电线、电瓶车屋内充电等安全隐患。而囿于有限的空间、服务与资源，单靠蹒跚起步的社区管委会无法应对农民集中居住社区的各类管理难题，亦未能达成“桂香满园”的目标。

（1）理念转变难

面对全新的集中居住形式与陌生的社区管理模式，无论是居民还是社区管理者都遭遇了理念转变过程中的“水土不服”。

第一，社区居民从农村搬到了新建社区，而户口和组织关系还在原村委，农民的身份并未改变，与生俱来的乡土情结无法忘怀，来自农村的生活习惯也与锄头簸箕一同搬到了新居。“洗完衣服的脏水出门就泼，家里的垃圾出门就倒，爬藤作物占据了社区道路，公共绿地成了开心农场，夏季施肥臭气熏天……”对于常住于社区中的近千名来自农村的中老年居民来说，耕种与劳作已成为生产生活的一部分，长久以来对自身一亩三分地权利的珍视令他们将新居周边的空间都视作自家的“场地”，堆起从旧居搬来的房梁、瓦片、门板、农具等杂物，架起便于种菜养殖的窝棚，甚至会因争抢公共绿地种菜而爆发矛盾与冲突。现代社区管理的理念、规则与秩序无法被居民接受，居民自身也不理解美丽乡村、美丽家园建设与自己生活的关联。

第二，社区管理者大多来自农村，熟悉农村，并对社区居民与社区工作抱有深厚情感。他们能够通过丰富的调解经验与同乡的熟人关系巧妙化解社区邻里矛盾，但在“不起冲突”的传统理念限制下，社区管理者却对社区居住环境不断恶化的现实情况束手无策。虽然L社区配备了5人的专职社区工作者团队、组织起了社区骨干与片区志愿者，并由政府财政托底的物业负责保安、保洁、保绿服务，但是针对社区环境的几轮“运动式治理”均收效甚微，补种的麦冬由于滋生蚊虫而广受诟病，不久便又恢复为居民的小菜园。2017年，现任社区居委会书记沈莉青来到L社区时，看到的便是半条主干道堆满了杂物，公共绿化带上种满了蔬菜的场景。面对居民越发多元的服务诉求、越发复杂的社区治理难题、城市社区的考核标准与农民集中居住社区的实际状况，社区管理者急需提炼出新的抓手，以达成社区建设的目标。

(2) 协商参与难

在现代社区治理理念中，协商议事与参与构成了重要的自治力量。而面对复杂的人口构成与现有的自治组织形式，L社区的社区自治活力还有待点燃。

L社区同其他农民集中居住社区类似，社区骨干多为退休老年居民，他们拥有集体主义精神与饱满的参与热情，但往往是心有余而力不足；租户流动性高，归属感低，对社区自治漠不关心，不太愿意配合社区各项工作，也不愿参与社区各类自治活动；而年轻居民多将置换小别墅视作周末的"饭堂"或增收的"空房"，环境脏乱、管理混乱的L社区无法吸引这些社区自治的中坚力量参与其中。

2017年，L社区召开居民协商会议，讨论社区环境治理问题。居民代表们各抒己见，表达了对更为美好的生活环境的需求。但面对如何解决现有的乱种植、乱堆物等现实问题，居民代表们却又支支吾吾。协商会议仅是一种形式，如何通过协商与参与调动起居民的积极性，使其从社区建设的旁观者变为参与者才是关键。

与此同时，嘉定区响应《关于加强和完善城乡社区治理的意见》，在上海市"1+6"文件提出后，积极推动多维度社区治理体系的建设，为L社区提供了资金和技术上的支持，而安亭镇的社区管家"百千万"行动亦让L社区建立起一支100余人的社区骨干(志愿者)队伍。在这一契机下，该以何种形式凝聚起社区中"人"的力量，让社区自治真正发挥实效，并吸引更多人参与其中，成为L社区的破题思路。

(三) 破题思路：自治平台聚力量

L社区管理者积极挖掘社区已有资源，以蔷薇为媒介，以项目催生居民自治理念，通过"蔷薇巷"构建社区自治平台，增强社区自治力量，自主管理初见成效。

1. 项目起源：花墙脚下灵感迸发

初次协商会议没有达成共识，但这并未打消L社区突破现有困境的决心。L社区的工作人员开始分组走访居民，找准傍晚饭后居民纳凉的时间，了解每家每户的实际情况，并寻求可能的解题思路。2017年5月，沈莉青来到801弄的居民朱英家，满墙的蔷薇正热烈开放，篱笆上的蔷薇与小院里的风车花架形成了一片独特的美景。这带给了沈书记新的灵感：篱笆边种些蔷薇月季等爬墙植物是农村的习俗，美丽的庭院景色能提升社区整体环境，种花赏花的过程又能提高居民的生活品位，对社区来说一举多得。L社区迅速在居民中进行了初步的征询，以了解大家对于庭院改造的意向。在第二次协商会议时，朱英家的花园美景被投放在会议PPT上，庭院改造的设想得到了积极的响应，长期困扰社区的治理瓶颈终于找到了突破口。

每家每户的庭院建设并非社区管理者的一厢情愿，一时让所有人都接受将菜园变为花园也并不现实。对于L社区而言，将灵感与设想落实为具体的项目是摸着石头过河。经过反复的商量，综合涉及户数、居民总体意愿与可实现程度，L社区决定将邻近居委会的225弄小区作为社区的第一个改造点。确立改造范围后，协商会议的第一个议题便是确定改造内容。经过讨论，居民认为，蔷薇花易养活、耐虫害、观赏性高，最适合成片种植。而蔷薇花香，L社区又带“巷”字，蔷薇“巷”这一主题也应运而生。

2. 平台建设：自治理念生根发芽

协商议事平台勾勒出自治项目的轮廓，也出现了反对的声音。在具体征询过程中，有居民担心围墙爬藤会腐烂，有居民担心花刺扎人，有居民并不喜欢养花，还是希望保留自己的小菜园。面对试点阻力，L社区首先于2017年11月在225弄主干道公共区域的围墙上种植了第一批蔷薇花。次年年初，长势良好的蔷薇花含苞待放，成为周边居民的热门打卡点，225弄的试点项目也终于收到了更多积极的回应。

2018年3月，试点征询座谈会顺利召开，首批有13户居民同意将自家的庭院改造为小花园。经过协商讨论，225弄居民决定通过“众筹”的方式来购买和养护蔷薇花，个人出资多少全凭自愿，但必须对申领回家的花苗负责。通过社区自治项目资金补助与居民自愿付费认养相结合的形式，在40余户居民的支持下，居民自主筹款、自我管理的“蔷薇基金”顺利建立，居委会、物业、居民共同完成了挑选花苗与花肥的工作。个人出资购买的花苗自是分外珍惜，居民们热火朝天地参与自家庭院的建设，而将小菜园改造成小花园的过程，亦是邻里互助共享的过程。居民骨干老王伯伯便是首批13户居民之一，常年热爱园艺的他积极地参与庭院的改造，并热心指导邻居因地制宜进行花苗的选择、排布、移植、养护与修理等工作。至2018年5月，首批蔷薇花热烈开放，225弄其余居民也争相参与蔷薇巷的建设。截至2021年底，225弄参与“蔷薇巷”项目的居民户数已经超过95%，社区自治的理念在L社区萌芽成长。

3. 初步成果：自主管理初见成效

随着“蔷薇巷”项目的推广，L社区形成了由社区骨干核心引领、居民广泛参与、自治项目不断更新、自治规约不断完善、共营氛围越发浓厚的农民集中居住社区新景象，花美、景美、人更美，自主管理初见成效。美丽的蔷薇花将社区装点一新，亦催生了活跃的社区自组织，以蔷薇为核心，各类具有地方特色的社区活动丰富了居民的日常生活，亦强化了居民的社区主人翁意识。

从2017年至2019年，L社区参与志愿服务的人数从50人激增至近200人，志愿者结构也从原本以退休老年人为主向年轻化发展（见图8－1、图8－2）。维护社区美丽环境成为每一个居民的责任，家家户户都将宅前屋后打扫得干净整洁，即使是公共道路上的垃圾也会被志愿者们自发清理一空。社区自组织也蓬勃发展。蔷薇课堂每周定期开课，向居民介绍蔷薇种植技巧、蔷薇手工制品的开发、蔷薇美食制作等。居民建设美好家园的观念不断增强，巧手孃孃、妈咪美食工坊等活动形成的文创产品更是丰富了蔷薇巷的内涵。日常的清洁志愿者队伍、戏曲沙龙、舞蹈队等同蔷薇主题结合，催生了参与人员更广泛、形式更为多样的蔷薇花卉、蔷薇恰恰、百姓大家唱、精彩老来乐等新活动。

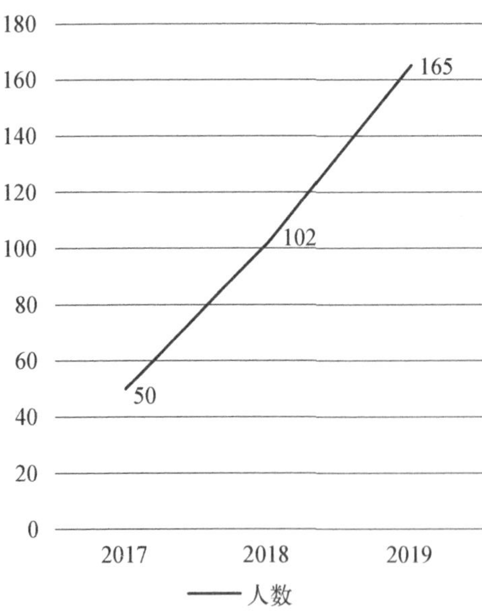

图8－1　参与志愿者人数变化（2017—2019）

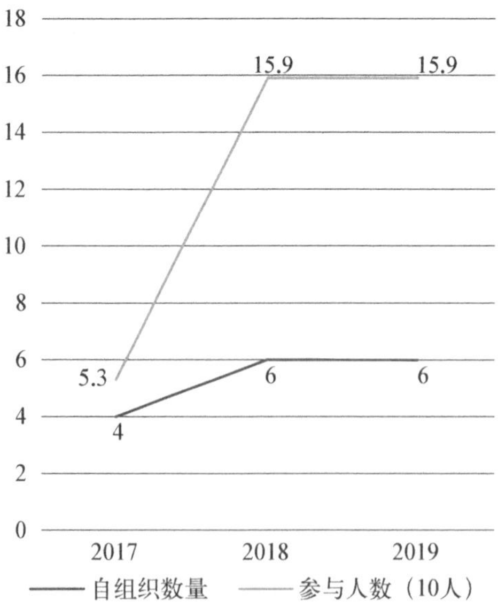

图8－2　社区自组织发展情况（2017—2019）

通过搭建自主管理平台、每月例行召开协商会议的方式，L社区凝聚起了社区的自治力量，居民的事居民商量，社区的问题一起解决，L社区已经相继推出了农民出租房管理规约、停车管理制度、文明养宠公约等社区制度。

(四) 推进经验：多元参与促创新

随着蔷薇巷试点的成功，L社区充分发挥党建引领作用，将治理经验推广至各片区，自治成果初现规模效益；在效能提升方面，配合社区营造课程，完成蔷薇巷1.0至5.0的“升级”；在社区发展方面，不断挖掘“骨二代”“骨三代”参与社区自治，为社区带来源源不断的自治活力。

1. 始动力量：党建引领社区自治

由于大多数社区居民的户籍与组织关系依旧在原村委会，因此L社区自成立起便实行党员“双报到”制度。在蔷薇巷项目试点初期，六十余名社区党员骨干力量的积极参与发挥了先锋作用。面对涉及居民切身利益的社区建设与改造，社区党员的先锋作用不仅体现在项目协商的出谋划策，还体现在最先试点的工作中。党建引领以点带面，L社区各片区的党员骨干的积极响应令周边居民直观地感受到社区环境改善带来的效益，从而推动更多的居民参与社区自治。

社区党员骨干老殷伯伯住在801弄小区，在邻里中具有号召力的他在生活中亦热爱花卉与园艺。在“蔷薇巷”项目未大规模推广时，老殷伯伯便仿照225弄的建设形式，从自家院落打造开始，号召并组织周边居民进行片区的自我管理。作为一名老党员，老殷伯伯深切认识到社区环境治理与居民自治对于社区整体发展的重要意义。在老殷伯伯的带领下，周边邻里都管好了自己的一亩三分地。

2. 效能提升：学习促进观念革新

蔷薇种植并非“蔷薇巷”项目的终点，居民积极的协商参与令社区面貌有了很大的改善，但改造的成果仅局限于居民自家的庭院，还没有覆盖至社区的其他公共区域。在协商参与的过程中，不少居民也提出了更多与社区生活相关的议题，如空地上的垃圾与乱停车，家中闲置物品无处可放，社区内没有休闲娱乐场所等。

公共议题的提出为蔷薇巷自治项目的进一步发展提供了新的方向。在这一基础上，2019 年 2 月起，L 社区的骨干居民与居委会、物业工作人员一同参与了由安亭镇组织的社区愿景规划师培训，培训课程见表 8－1。通过十堂专业主题课程的学习，在授课讲师的协助下，社区居民们将社区公共空间建设与公共议题相结合，讨论各环节的工作内容，规划工作流程，指定负责人员，绘制与修改设计图，充分利用社区已有的资源，于同年 4 月完成了社区公共空地的改造，建成了二十多处地景，并举办了首届地景艺术节，为前来游览的居民提供了沉浸式的文化体验。

表 8－1　愿景规划师课程内容

序　　号	授　课　主　题
1	社区资源调查的技巧与方法(一)
2	社区资源调查的技巧与方法(二)
3	项目时程管理与分工
4	社区大型活动推展与规划
5	最美院落的设计概念介绍
6	庭院常见植物科普
7	植物艺术造景、植栽达人经验分享
8	社区植物手册及宣传板基础教学
9	社区植物手册 DIY 实作
10	社区样板院落实务操作

首届地景艺术节也充分激发了居民们的创造力。650 弄居民受 225 弄试点的启发，买来油漆、手套、刷子等工具，亲自携手将路肩与垃圾房粉刷成了彩虹色；801 弄的院落改造不局限于蔷薇花种植，形成了错落有致、个性又不失美观的地景艺术；除此之外，可食用玫瑰基地、格桑花海、小花园、花苗基地、彩虹大道等自 2019 年建设完成以来，多年来都由居民自发维护，经过多年的花苗培育，负责居民都成了“园艺专家”与“社区规划师”，一盆盆的美景移栽至更多的院落，吸引了更多的社区居民自发参与美丽家园的建设。

2021 年初夏，新一届地景艺术节结束后，52 名居民志愿者齐心协力，仅用了两个半小时就把格桑花收割完毕，又撒上了百日菊的种子；金秋时节的L社区丹桂飘香，再次成为一片花海。“蔷薇巷”项目也还在进一步升级，L社区居民又针对住宅间隔弄环境脏乱的实际情况，着手进行了隔弄的改造。平日里草木稀疏、无人关注的公共角落被铺上了路石，种上了花草，摆上了长椅，邻里之间的“二尺巷”焕发新生，成为居民休闲议事的新去处。

3. 项目延续：社区骨干代代传承

令人欣喜的是，随着蔷薇巷项目的推进，社区环境显著改善令青年人看到了社区生活的无限可能，越来越多的年轻人从城市搬回了L社区，参与社区建设的社区骨干与志愿者已不再仅仅只有退休的老年人。“骨二代”“骨三代”的出现使L社区的志愿者中出现了年轻人的影子，他们的出现不仅在各种工作中发挥了重要的力量，更为蔷薇巷活动的进一步发展提供了新的思路。

在2020年的人口普查中，面对中老年志愿者大多不会操作手机填报系统的情况，L社区各片区都挖掘出了愿意参与人口普查工作的年轻居民。出租率高、老年人口多的L社区最终达到了86%的手机自主填报率，居安亭镇首位。而在举办地景艺术节的过程中，年轻人们亦发挥专长，设计了精美的导览地图、“梦想护照”等，方便社区内外的游客参与丰富多彩的活动。网红花海美景、特色文旅体验背后是年轻力量的支持。在端午、国庆期间，后备箱集市、节日夜市更是在社区花海周边热闹开展，有居民还将自己的家布置成了面馆，邀请邻里共度佳节。2019年国庆节，在老党员骨干的号召下，社区内还举办了一场老物件展览。1953年的土地证、手工织成的土布、女儿出嫁的嫁妆、烧柴取暖的汤婆……居民们将闲置在家中的老物件搜集起来，老年人向年轻人讲述村史、党史与共和国史，L社区的精神得到了更好的传承。

(五) 治理成果：幸福家园展新貌

经过数年的探索，L社区通过“蔷薇巷”自治项目，以平台聚集社区自治力量，以参与促进社区治理创新，令广大居民同享和谐、美丽、宜居的幸福家园，其中出现了小花园改造、地景艺术节等优秀成果。

1. 小花园改造项目

坐落于居委会前的88号小花园改造项目是愿景规划师培训后的试验成果，小花园原址是一片位于小区中间、邻近垃圾站点的空闲宅基地，常年无人管理，杂草丛生，成为居民停车和乱扔垃圾的场所。在社区资源调查学习的过程中，居民们意识到这片社区闲置空间迫切需要改造。通过团队合作，居民们制定了具体的建设规划与后续维护方案。回到社区后，居民们搜集家中的闲置物品，或上网采购相关材料，以较低的成本打造出了广受居民欢迎的 88 号小花园。

小花园中的螺旋式花坛由从农村搬来的石块、瓦片堆砌而成，并种上了各类花草。2019 年，小花园内专设了一片厚土堆肥基地；花园中挖了一口水井，既可用来浇花又可方便儿童洗手；隔弄里堆起的木材也被贡献出来，堆砌成一个"网红打卡点"；花园中的绿化有老王伯伯家移栽来的罗汉松，也有老殷伯伯贡献出的白玉兰，还有周边居民从隔弄中移栽来的绣球花；除去水泥基建由第三方工程队完成，88 号小花园改造与后续养护均由社区居民自行完成。

2. 地景艺术节

在镇地区办支持、居委会引导、居民共同讨论和规划之下，2019 年 5 月，首届地景艺术节成功举办，热烈绽放的蔷薇花墙、独具巧思的地景艺术、大片盛开的格桑花海吸引了社区内外众多游客前来参观拍照，L 社区一时成为"网红"景点。2021 年，第三届地景艺术节更是推出了"梦想护照"打卡活动，12 个打卡点遍布社区居民家中与社区公共空间，无论是 59 号"最美院落"提供的蔷薇文创产品、76 号提供的 Detox Water 制作体验，还是 133 号老伯伯家的多肉植物天地、143 号与社区同龄的大仙人掌……"赏蔷薇、品花茶、尝花饼、拍靓照"，L 社区朝着社区文旅跨出了重要的一步。

在安亭镇地区办的引导下，蔷薇花成为一张名片，"蔷薇满巷"的社区治理经验也已经走出了 L 社区，覆盖周边方翔、泰顺、讴象等农民集中居住社区。2022 年，由村民共同种下的格桑花海于 5 月再次盛放。美丽的鲜花静待人们的观赏，也描绘出一幅社区共建共治共享的美好图景。

（六）结语

L 社区是安亭镇典型的农民动迁小区，乱种植、乱搭建、乱租赁曾经一直是小区治理的顽疾。2017 年以来，L 社区从蔷薇巷自治项目着手，动员、组织居民建设美丽家园。以空间更新为切入点，积极调动居民参与社区自治的意愿、培养居民的自治能力，将环境问题突出的农民动迁社区打造成满墙生花的"蔷薇巷"现代化社区，形成了"蔷薇工作法"。形成从党员先锋先行到全民参与、协商共治的社区局面。L社区从一朵蔷薇花开始，坚持以党建为引领，以蔷薇为媒介，以项目营造为路径，以“百千万工程”为依托，以社区微更新、微改造为载体，创新打造出“蔷薇巷”社区治理品牌。在我们的后续跟踪中，L社区立足社区实际，将“蔷薇巷”人文特色、自然风光、文化资源转化为文化产业，打造蔷薇巷特色文化项目，使之成为上海国际化大都市的一座后花园。

综观L社区治理经验，以党建为引领，深入社区进行群众调研、意见征询，汇集居民自治合力，坚持持续创新，坚持自治制度的与时俱进。2022年伊始，随着L社区蔷薇巷自治项目再升级、再优化，居民自治意识再深入、再提升，全民参与隔弄畅想改造。居民们创办“美家美巷现场会”，协商讨论制定《美家美巷管理规约十条》，在801弄因地制宜制定《801弄美家美巷管理规约》。

L社区以全过程人民民主为价值、以党建为引领、以民主协商为方法，逐步探索超大型社区基层治理，创建出“全过程协商治理”“全链条自治项目”的新模式。截至2023年底，“蔷薇巷”项目团队也从最初5名党员先锋和居民骨干发展到200多名骨干和6 000多名行动者。回迁居民越来越多，从一个人到一群人，再到全体居民，真正实现了“共建共享，蔷薇满巷”，为全国基层治理迈向自治新阶段提供了生动案例。

思考题

1. 党为何要推进社区自治？其政治性和社会性意义何在？
2. 党建引领如何推动社区自治？面临着哪些挑战？
3. 社区治理全过程人民民主发挥什么作用？

二、案例目标定位

(一) 核心教学目标

(1) 社区自治的内容界定；

(2) 社区自治的战略意义；
(3) 社区善治的实现路径；
(4) 社区全过程人民民主。

(二) 应掌握的知识点

(1) 社区自治路径的发展变化；
(2) 党建引领在社区自治中的实现机制；
(3) 社区全过程人民民主的实现条件；
(4) 社区全过程人民民主的实现机制。

(三) 思维养成和观念转变

(1) 社区自治的可能性；
(2) 社区自治的可行性；
(3) 社区自治的可持续性；
(4) 社区自治与党建引领的良性互动。

(四) 能力提升

(1) 提升党建引领社区自治的操作能力；
(2) 增强运用全过程人民民主完善社区自治的能力；
(3) 助推居民全过程参与社区营造的能力；
(4) 践行全过程人民民主推进社区治理现代化的能力。

三、教学内容及要点分析

(一) 案例导入性问题

(1) 如果你是社区居委会成员，你如何推进社区自治工作？
(2) 如果你是社区居民，你会在社区协商的过程中如何行动？
(3) 如果你是党员骨干，你会如何通过党建引领实现社区自治？

(二)案例讨论要点

1. 现实困境:"农改居"社区的治理难题

农村曾是天然的共同体。一方面,由于地缘相近,业缘相同和血缘相亲,农村社会建立了一整套以礼俗为基础的道德体系,为日常生活中的人际交往和公共治理提供了基本的规则。另一方面,在传统的"双轨政治"体制下,皇权止于县政,国家权力很少直接介入农村社会,农村社会主要依靠自主治理实现道义与善治。然而,在城市文明的冲击下,农村社区的形态与结构发生变化,"农改居"一定程度上改善了原村民的居住环境与条件,亦引发了新的治理难题。国家与市场力量强势介入使费孝通眼中的以血缘、地缘为底色的"乡土中国"成为游走在城市社区与乡村社会之间的"过渡型社区"与城市化道路上的夹心层。

案例中的农村地区为上海的城市化发展提供了重要的土地、人力资本、农副产品等生产要素,尽管"农改居"社区居民享受到了城市发展带来的经济与社会保障红利,但却面临着社区治理现代化与社区居民市民化转型的阵痛。由于"农改居"社区"人户分离"的情况较为严重,实际居住在社区的本市人口多为老年人且大多户籍、组织关系与福利均挂靠在原行政村,实有人口中的外来租户往往超过半数。老年村民在养老服务和文化生活方面的需求日益增长,他们具有集体和奉献精神,但在社区事务上往往力不从心;外来租户对社区公共生活的参与度低,并不认同自身的社区居民身份,对公共事务漠不关心;年轻村民游离在农村社区之外,对社区的实际情况并不了解,原有的农村社区生活也暂时无法吸引他们返乡……拆散重组的"农转居"社区失去了原始乡村共同体的联系纽带,也尚未形成一套适应现有居住和交往形式的规则共识,社区公共生活的缺失制约着农村社区最终的治理效能。

案例中的L社区是由政府主导、为推进土地集约利用或提升整体村庄环境面貌而建设的农民集中居住社区,正面临着社区公共配套设施供给不均衡、社区公共空间管理与更新无抓手、社区公共事务治理机制滞后等治理难题,原社区管理委员会作为单一治理主体,难以回应和解决多元的居民诉求。首先,由于社区的公共配套设施缺乏总体规划、后续的建设和维护的资金投入亦不足,这些"农改居"社区大多距离城市中心的公共服务较远,急需相应的配套公共设施与公共服务的补充供给。其次,"农改居"社区农民生活方式的现代化仍遭遇困境，农村习惯与城市管理碰撞，出现“毁绿种菜”“户外堆物”“违章搭建”等现象。而“农改居”社区管理的财政成本大多采取镇级财政补贴和原村财政相结合的方式，完全市场化的物业管理模式在“农改居”社区公共空间中适应不良，而单一有限的财政投入也无法满足居民对更美好生活的需要。最后，在“农改居”社区设立与发展的过程中，城市与村庄的两种社区治理逻辑碰撞，传统农村社区的治理问题与现代城市社区的治理问题交织，且随着社区居住主体的多样化而复杂化，这为“农改居”社区的社会治理提出了更大的挑战。

在这一情况下，“农改居”社区必须抓住“人”这一核心要素，通过社区营造这一抓手吸纳多元治理主体与社会资源，赋予农村社区活力，构建形成基于“居住”的社区共同体，解决“未来农村居民将由谁来构成”这一核心问题。

2. 实践逻辑：重塑社区共同体的自治路径

转型中的“农改居”过渡型社区建设要想突破“共同体困境”，实现共建共治共享社会治理新格局，就需要社区管理者关注“人”在社区振兴中的主体地位。具体可以通过社区公共空间改造的方式，以社区中的公共空间为媒介，优化社区治理体系、深化社区自治的具体实践、培育和优化社区群团组织、充实和壮大社区集体经济和发展资源、传承社区优秀传统文化，以社区营造重塑社区共同体。

社区营造的实践逻辑就是以改造社区空间的方式促进社区共同体的建构。回顾蔷薇巷自治项目，以社区空间改造为抓手，L 社区走出了一条具有地方特色的社区振兴道路。作为一个具有代表性的农民集中居住社区，社区管理者从破解治理难题入手，通过建设社区自治平台促进社会资本的聚集与流动。居民在系统的学习、议事与互动中形成了较为具体的推进步骤与工作内容，社区治理能级不断提升，社区居民参与热情不断高涨。“蔷薇巷”通过社区营造重塑社区共同体的治理经验值得推广，具有人文底蕴的自治项目亦赋予了“蔷薇巷”更为深远的乡土情怀。

(1) 以人为本，直面社区矛盾与自治痛点

L 社区启动蔷薇巷自治项目的初衷就在于提高社区环境质量和居民的生活质量。这使得各类社区空间改造能够在不偏离环境治理主题的同时得到充分的讨论与论证，并在不同时期得到更新与调整，最终令居民在实际参与中感受到家园建设所带来的实际成果。从社区的实际治理难点与痛点入手，使社区建设能够精准定位居民的实际需求，令社区平台真正为居民服务。

(2) 以点带面,打造社区的自治力量

L社区在蔷薇巷建设之初就意识到了社区公共空间建设所带来的多重功能。以公共空间改造为试点,以党员骨干先锋为引领,这不仅改善了社区的人居环境,更吸引了居民对社区治理的关注,真正令社区居民从场外的观众成为场内的参与者。无论是社区管理者有意识地组建起的社区志愿者、骨干队伍及各类蔷薇主题相关的活动,还是社区建设中无意形成的各类生活、交往、议事与互动的空间与活动,都为社区自治项目从试点到铺开提供了重要的平台。社区空间改造不仅能够为居民带来美好的人居环境,更是促进居民参与社区自治的重要方式。

(3) 讲好故事,挖掘自治项目的文化力量

L社区从社区自身出发,挖掘社区能人骨干与传统文化习俗,社区管理人员能够真正“下沉”至邻里之中,从居民的日常生活中挖掘潜在的文化与精神力量,无论是对好人好事的宣传,还是对乡土记忆的传承,以及对“骨二代”“骨三代”的培养,L社区在拥抱“网红新经济”的同时又保留了一份乡愁,讲好了社区“蔷薇巷”的故事,这令“蔷薇巷”自治项目拥有了不可替代的文化力量。从社区实际入手,提炼或创造适合本社区的文化符号,不仅有利于增强社区凝聚力,更是对外宣传的一张闪亮的名片。

四、理论依据

民主意味着人民主权,即人民是国家政权的所有者和运作者。然而,在一个超大规模的国家,人民又如何实现有效“当权”呢?对此,西方民主理论的代表人物熊彼特认为,民主是一种政治制度安排,旨在通过争取人民选票而获得做出政治决策的权力。可见,在西式民主的理论话语中,选举和授权是“民主”的核心要素。然而,从现代民主政治的运作实践来看,民主并非只是一套关于竞争性选举和政策制定的规则体系,也是一个实现人民意志的国家治理过程。中国的政治语境更强调实质民主,而非形式民主,更强调民主的多维性、过程性和实效性。因此,中国式民主是一种全过程人民民主,既涵盖了选举、协商和治理等多种形式,也跨越了国家、地方和基层等多个场域。就基层治理场域而言,全过程人民民主主要表现为一种治理型民主,通过党组织领导下的多元参与、协同共治实现基层善治。这是对全过程人民民主操作层面,而非价值层

面的理解。从这个意义上讲，在基层治理领域，全过程人民民主主要体现为一系列紧密相连、相互协调，旨在实现人民意志的制度安排和组织机制。

一方面，从基层全过程人民民主的实践情况来看，全过程人民民主主要包括基层人大立法联系点建设、政协参与社区或片区协商、政策制定过程中的公众参与、基层公共服务供给过程中的价值共创与共同生产等内容。另一方面，就全过程人民民主的实现机制而言，全过程人民民主是一种复合型民主，通过利益需求满足、透明公开参与、理性协商共识、制约监督纠错的链式内在有机互动方式，实现回应式民主、参与式民主、协商式民主和监督式民主的有机结合。因此，在基层治理场域，全过程人民民主赋能城市社区治理应当以跨越科层制的协同治理和贯穿自治流程的公众参与，将人民性嵌入治理过程中，实现人民始终在场与有序参与。这意味着在社区治理实践中，党和国家应当注重民意征集、民主协商、民主投票和民主监督等关键结构性要素。与此同时，注重发挥传统组织机制的优势，以群众路线实现有效动员和持续监督。

全过程人民民主作为一种体现人民性的治理型民主，注重将全体人民纳入基层治理过程，强调治理主体的共享价值、能动参与和结果正义。可见，全过程人民民主与治理共同体具有内在价值的一致性，都强调以多元主体的有效参与实现国家的善治目标。这种治理过程中的多元参与不同于选举过程中的民众参与，它突破了周期性选举的范畴，将公众参与由瞬时状态拓展为全流程的持续状态，使得民众可以通过对话协商、共同生产等多种渠道由消极的接受者转变为积极的参与者，甚至是某些公共服务的提供者，去影响、塑造和实施公共服务与公共政策。从L社区“蔷薇巷”建设的实践经验来看，国家力量的介入为公众参与社区治理创设了公共议题、激发了参与意愿，增强了社区认同。整体而言，将公共事务与社区动员结合起来，可激活基层民主治理体系，实现活力与秩序的有效平衡。

(一) 制造公共议题，促进民意生成

群众路线作为独特的民主治理模式，在党和国家的治理过程中起着至关重要的作用。它不仅是中国特色社会主义的重要体现，更是民主话语的政治表达方式。在现代民主话语中国化的背景下，群众路线使得民主治理更加贴近人民群众的实际需求。群众路线基于党群合作和共治的理念，通过民意表达和政府回应，有效地将党员干部与人民群众紧密结合并构建治理共同体，实现民主的“全链条、全方位、全覆盖”，即全过程人民民主。

L社区为解决社区空间竞争引起的治理困境，通过走访调研广泛吸收民意，奠定社区治理的民主基础。L社区在党建引领下，组建了一支以党员为核心的骨干队伍，通过分片走访到户的方式，与居民拉家常。他们不仅发放了400多张问卷，征求居民对社区环境难题的意见，还通过实地考察和调研，了解居民的实际需求和问题。在这个过程中，他们发现社区环境存在一些问题，比如公共空间缺乏绿化和美化等。为了解决这些问题，他们反复协商推敲，最终凝聚居民意见后制定社区营造计划，实现社区居民高度参与的社区公共空间自治。

（二）建构协商平台，增强参与意识

在当今社会，由于利益分化和价值观的多元化，导致了一系列复杂的冲突和分歧。这些问题的妥善处理，已成为现代政治生活中的核心议题。传统的民主理论关注以选举为代表的实践，把选票聚合作为在价值多元时代体现公共意志的运作方式；然而，单纯依赖聚合和多数原则的方式，只是简单排除异质性意见，可能会引发群体间观念僵化甚至极化。与之不同，协商能促进多元主体之间的理性交流，更全面地考虑各种观点和利益，为各方利益诉求的整合提供了可能，旨在实现最广大人民的民主，有利于作出更为公正和民主的决策。

在"蔷薇巷"建设过程中，协商发挥至关重要的作用。确定建设经费的分摊标准是首要问题，关系到整个项目的资金来源和每户居民的出资额度。此外，关于花种的选择、方案设计以及日常维护的分工也需要经过充分的讨论和协商。这些环节都需要居民的积极参与和贡献，才能确保"蔷薇巷"建设的顺利进行。通过协商，居民们可以充分表达自己的意见和建议，共同商讨最佳方案，从而促进居民由原先的"冷漠"态度向积极参与转变。这种转变不仅有助于提高居民的归属感和参与度，还能为社区自治营造一个更加和谐、宜居的环境。

（三）依托公共事务，提升自治能力

随着社区公共事务增多，社区治理主体的理性对话能力、分工协调能力、提案建议能力和监督反馈能力得以不断提升。在公共事务治理中，理性对话是解决分歧和达成共识的基础。面对复杂的问题，社区成员需要以理性客观的态度进行深入讨论，充分表达自己的观点和立场，通过有效沟通促进共识达

成。同时，社区公共事务的增多也促进了社区成员分工协调能力的提升。在处理大量公共事务时，社区治理主体需要明确各自的责任和任务，在发挥各自的专业优势的基础上形成协同效应。此外，提案建议能力也是社区公共事务治理中不可或缺的能力。社区成员应关注社区发展中的问题，结合实际情况提出切实可行的解决方案和建议，为社区发展贡献智慧和力量。最后，监督反馈能力的提升有助于保障公共事务治理的公正性和有效性。社区成员应积极参与监督，及时反馈问题，促进公共事务治理的不断完善和改进。

从“蔷薇巷”建设后期的日常维护、志愿活动和“地景节”等社区公共事务的常态化增长，可以有效提升居民参与社区自治的能力。首先，公共事务可以提升 L 社区居民的理性对话能力。在参与公共事务的过程中，L 社区居民需要就各种问题通过理性对话来达成共识，提升自身在社区治理中的意见表达能力。其次，公共事务可以提升 L 社区居民的分工协调能力。在志愿活动和公共事务中，L 社区居民需要按照制度规则完成合作，通过社区治理实践更好地理解集体行动的重要意义，以便在社区治理中充分发挥自身作用。再次，公共事务可以提升 L 社区居民的提案建议能力。L 社区居民在积累治理经验后，提出建设性建议的能力也随之提升。最后，公共事务可以提升 L 社区居民的监督反馈能力。L 社区居民需要监督公共事务进展情况，并及时反馈问题和提出改进意见，有利于提升社区治理的责任意识。

（四）营造公共空间，巩固社区认同

公共空间为社区治理主体提供讨论公共事务并形成公共意见的实体性空间，体现政治整合功能并促进基层民主制度发展，表现社会治理功能并反映民主政策的实践效果，具备公共性生产功能并彰显民主价值。社区公共空间有利于增强社区凝聚力，为社区居民提供互动交流平台，培育社区居民共同体意识，强化社区内部的向心力和凝聚力；同时，社区公共空间有利于通过场景营造传承社区文化，加强社区居民的认同感和归属感；此外，社区公共空间能够通过为社区居民提供健康、娱乐等服务与支持，满足居民基本需求并增强居民对社区的依赖感。

“蔷薇巷”以及社区公共休闲娱乐场所作为社区的公共空间，发挥巩固社区认同的重要作用。首先，L 社区公共空间提供居民互动交流的平台，使得居民形成更加紧密的关系网络，从而增强社区的凝聚力。其次，L 社区公共空间通过组织文化活动，例如第三届地景艺术节“梦想护照”打卡活动，打造社区文

化并强化居民社区意识。最后，L社区公共空间为居民提供休闲娱乐场所，进一步增强居民对社区的依赖和认同感。通过以上方式，L社区通过打造公共空间，实现政治整合并推进全过程人民民主在社区治理中实施，也大力推动了社区自治的实现。

五、参考文献

[1] 斐迪南·滕尼斯.共同体与社会：纯粹社会学的基本概念[M].林荣远，译.北京：商务印书馆，1999.

[2] 郭明.空间变革中"村改居"社区共同体的式微及再造[J].科学社会主义，2020(3)：131-136.

[3] 项继权.重构农村居民主体，解决农村空心化问题[J].农村工作通讯，2018(22)：50.

[4] 熊易寒.国家助推与社会成长：现代熟人社区建构的案例研究[J].中国行政管理，2020(5)：99-105.

[5] 刘淑妍，吕俊延.城市治理新动能：以"微基建"促进社区共同体的成长[J].社会科学，2021(3)：3-14.

[6] 舒晓虎.社区共同体的空间建构：一个分析框架[J].学习与实践，2017(12)：90-97.

[7] 曹海林，石方军.现代农村社区共同体精神的重塑与再造[J].社会科学研究，2017(6)：88-94.

[8] 蔡静诚，熊琳.从再造空间到再造共同体：社区营造的实践逻辑[J].华南理工大学学报(社会科学版)，2019，21(2)：58-65.

[9] 桂华.国家资源下乡与基层全过程民主治理——兼论乡村"治理有效"的实现路径[J].政治学研究，2022(5)：27-38+152.

[10] 程同顺，王雪珂.基层治理的公共空间：全过程人民民主的多维政治链接[J].党政研究，2023(4)：101-112+127.

[11] 王炳权.论全过程人民民主与基层治理[J].甘肃社会科学，2023(1)：1-11.

[12] 张贤明.民主治理与协商治理：基层治理现代化之道[J].行政论坛，2023，30(1)：27-32.

[13] 孔凡义. 群众路线：一种新型民主治理模式[J]. 郑州大学学报(哲学社会科学版)，2023，56(1)：7－13.
[14] 房亚明，古慧琳. 全过程人民民主赋能城市基层治理的机制优化[J]. 天津行政学院学报，2023，25(1)：3－13.
[15] 贾双跃. 迈向"新集体行动的逻辑"：全过程人民民主嵌入基层公共事务治理的内在机理与优化路径[J]. 政治学研究，2022(6)：86－98＋159.
[16] 陈承新. 群众路线与民主治理：基层实践及思考[J]. 中央社会主义学院学报，2021(5)：38－48.

后　记

《中国公共治理实践案例：社区治理现代化》是继《中国公共治理实践案例：政府、市场与社会》《中国公共治理实践案例：城市秩序塑造》《中国公共治理实践案例：实现公共价值》的第四本公共管理系列教材，是我们对公共管理教学案例编写、公共管理案例教学及公共管理学科体系建设的持续探索。与前三册一样，本书选取8个典型案例，并按中国专业学位案例中心公共管理案例库教学案例的体例编写。

这些案例均来自我多年教学和科研实践积累，案例的素材或初稿多来自MPA同学的贡献。在成稿过程中，博士生杜力和硕士生陈岚两位同学参与了书稿的修改。各案例的参与和贡献情况具体如下。《情感融合社区——大型居住区“攀亲结对”》由钱佳丽、徐珍、杨颖和魏思琦同学合作完成；《多主体营造社区——“桑梓人家”共建》由廖丹、万吉梅、王琼与侯鹏飞同学合作完成，该案例已入选中国专业学位案例库；《政府引导社区——Z小区加装电梯》由陈高杨、张吟鹭、赵艳和章青同学合作完成。在该案例的调研过程中，葛佳嘉校友给予了大力支持，使调研更加顺利高效；《社区赋权参与——Y小区“群租”治理》由陆铭杰、林楚楚、翁小涵同学合作完成，该案例也已入选中国专业学位案例库；《社区协商共治——T社区电动车治理》由李骅、霍雨函、宋逸庭、冯元逸和苏菲同学合作完成；《社区合作生产——S小区破解“停车难”》由毛炜达、王慧欣、严德伦、杨悦同学合作完成；《社区价值共创——D居民区商居联盟》由单昭、任杰、陈洋和李天同学合作完成；《社区全过程自治——L社区实践》，来自一个由我主持的上海嘉定区地方治理的项目，由陈雨雁、陈岚、杜力三位同学合作完成。每个案例由初稿到成稿都经过多次修改和打磨，从案例故事到案例分析以及作为教学案例的具体设计等，我们尽量做到与时俱进地修改，力争在回应社区治理的现实问题同时体现社区治理现代化的新知识体系。本书所有的故事都来自一线社区生活，许多当事人耐心接受了我们的访谈；这些故事也曾进入我们的课堂，许多同学分享过他们对故事的见解；最终这一切都凝结成书中的文字。本书的案例分析参考了大量同行的真知灼见，提升了我们对案例的认知，深化了我们对实践的理解。在此感谢所有成就本书的受访者、同学和同行们。本书的出版要感谢上海交通大学国际与公共事务学院对案例开发和案例教学的重视，感谢上海交通大学研究生院对该教材编写工作的支持，感谢上海交通大学出版社的资助和编辑殷航的付出。多方面的支持使本书顺利出版。

郑晓华

2024 年夏